21 世纪高等院校应用人才培养规划教材·经济管理系列

高 等 教 育 "十 三 五" 规 划 教 材

税 收 基 础

主　编　康琳婕　李丽英　邢　梅

副主编　李亚红　刘沫行

主　审　马咏霞

北京大学出版社

PEKING UNIVERSITY PRESS

图书在版编目 (CIP) 数据

税收基础/康琳婕，李丽英，邢梅主编. —北京：北京大学出版社，2023.3
21 世纪高等院校应用人才培养规划教材. 经济管理系列

ISBN 978-7-301-33932-9

Ⅰ. ①税…　Ⅱ. ①康…②李…③邢…　Ⅲ. ①税收管理 – 中国 – 高等学校 – 教材
Ⅳ. ①F812.423

中国国家版本馆 CIP 数据核字（2023）第 068078 号

书　　　　名	税收基础	
	SHUISHOU JICHU	
著作责任者	康琳婕　李丽英　邢　梅　主编	
责 任 编 辑	吴坤娟	
标 准 书 号	ISBN 978-7-301-33932-9	
出 版 发 行	北京大学出版社	
地　　　址	北京市海淀区成府路 205 号　100871	
网　　　址	http://www.pup.cn　新浪微博：@北京大学出版社	
电 子 信 箱	zyjy@pup.cn	
电　　　话	邮购部 010-62752015　发行部 010-62750672　编辑部 010-62756923	
印 刷 者	河北滦县鑫华书刊印刷厂	
经 销 者	新华书店	
	787 毫米×1092 毫米　16 开本　13.5 印张　363 千字	
	2023 年 3 月第 1 版　2023 年 3 月第 1 次印刷	
定　　　价	45.00 元	

前　言

　　党的二十大报告强调,要完善思想政治工作体系,推进大中小学思想政治教育一体化建设。高校肩负着学习研究宣传马克思主义、培养中国特色社会主义事业建设者和接班人的使命任务。本书遵循"立德树人"的宗旨和"思政育人"的理念,将思政内容植于教材之中,力求体现税收法律法规的新内容,及时、准确地反映税收理论与实践改革的新成果,在传授税收管理知识的同时加强对学生的价值观引导,实现知识传授、价值塑造和能力培养的多元统一。

　　本书依据现行税收法律法规,围绕高等职业教育应用型人才培养目标,结合开放教育和成人教育学生的实际,在编写上突出了以下特点。

　　1. 体系完整、重点突出。本书对税收理论部分做了介绍,阐明了税法构成要素的基本知识、基本理论和基本内容,并融入思政元素,对每一个税种特别是重点税种做了系统、具体的阐述。

　　2. 内容新颖。本书吸收了我国税收制度的新内容,与现行规定保持一致。

　　3. 注重能力培养,注重应用性。本书阐释了现行税制及税收征管中的重点和难点问题并举例说明,每章开篇有"知识目标"和"能力目标",篇尾有"综合练习",以便学生高效率地掌握重点内容,检验学习效果。

　　本书可以作为职业教育、开放教育和成人教育会计学、工商管理等专业的教材,也可以作为企业初级会计人员、管理人员等的培训和自学用书。

　　本书由康琳婕、李丽英、邢梅主编。本书的编写分工如下:第一章、第三章、第七章由李丽英编写,第二章、第六章由康琳婕编写,第四章由李亚红编写,第五章由刘沫行编写,第八章、第九章由邢梅编写。全书由河北华文税务师事务所马咏霞主审。

　　本书在编写过程中得到了河北开放大学、邯郸开放大学和河北华文税务师事务所的大力支持,南振梅和段贵珠老师为本书的编写提出了宝贵的意见,在此深表感谢。

　　由于编者水平有限,书中难免存在一些错漏或不尽如人意之处,真诚希望专家、学者、同行等批评指正。

编　者

2023 年 3 月

目　录

第一章　税收基础知识

要求学生理解税收的概念和税法构成要素，了解纳税申报和税款缴纳的基础知识，掌握税务登记、发票管理的基本知识和要求。

通过学习本章，学生能根据企业类型和业务种类判断应纳税的种类，掌握企业税务登记流程。

税收取之于民　用之于民　造福于民

我国税收取之于民，用之于民，造福于民。如今的和谐社会，需要全国人民来实现，依法纳税是我们每一个公民对国家应尽的责任和义务。在我国，纳税人履行纳税义务，及时足额缴纳各项税款，是纳税人享有国家提供的公共产品和公共服务的前提和基础。国家将收取的税款用于社会事业各方面的发展建设，用于社会保障和社会福利，用于政府行政管理，进行国防建设，维护社会治安，保障国家安全，促进社会经济发展，改善民生，满足人民群众美好生活的愿望。

那么我国有哪些税种？每个税种各自的征税范围是什么？应纳税额是怎么计算出来的？

税收和我们每一个人息息相关。如果你买彩票中了500万大奖，能全部拿回家吗？如果不能，那么应缴纳多少税？这种税属于什么税种？如果你买房买车，又需要缴纳什么税？如果你投资工商业或服务业，办工厂、开商店，或者开饭店、跑运输……都需要缴纳哪些税？如果你是一名普通的员工，是否就不纳税呢？如果纳税，那么应该按照什么标准缴纳？……

学好本章，你就会知道答案了。

第一节 税法概述

一、税收的概念与特点

（一）税收的概念

税收是指国家为满足社会公共需要，凭借政治权力，按照法律所规定的标准和程序，参与国民收入分配，强制地、无偿地取得财政收入的一种形式。

理解税收的内涵需要从税收的分配关系本质、国家税权和税收目的三个方面来把握。

1. 税收是国家取得财政收入的一种重要工具，其本质是一种分配关系

国家要行使职能，就必须有一定的财政收入作为保障。取得财政收入的手段多种多样，如税收、发行货币、发行国债、收费、罚没等，其中税收是大部分国家取得财政收入的主要形式。在我国财政收入中，税收所占的比重最大。在社会再生产过程中，分配是连接生产与消费的必要环节，税收属于分配环节上多种分配形式中的一种特殊形式。在市场经济条件下，分配主要是对社会产品价值的分割。征税过程就是把一部分社会产品从社会成员手中强制地、无偿地转变为国家所有的分配过程，改变了社会产品原有的分配结构，是国家参与社会产品价值分配的法定形式，所以说税收属于分配范畴，体现的是一种分配关系。

2. 国家征税的依据是政治权力，有别于按生产要素进行的分配

国家通过征税，将一部分社会产品由纳税人所有转变为国家所有，因此征税的过程实际上是国家参与社会产品分配的过程。国家与纳税人之间形成的这种分配关系与社会再生产中的一般分配关系不同。分配涉及两个基本问题：一是分配的主体，二是分配的依据。税收分配是以国家为主体进行的分配，而一般分配则是以各生产要素的所有者为主体进行的分配；税收分配是国家凭借政治权力进行的分配，而一般分配则是基于生产要素进行的分配。

3. 国家征税的目的是满足国家社会公共需要

国家在履行其公共职能的过程中必然要有一定的公共支出。公共产品的特殊性决定了公共支出一般情况下不可能由个人、企业采取自愿出价的方式，而只能采用由国家（政府）强制征税的方式，由经济组织、单位和个人来负担。国家征税的目的是满足提供社会公共产品的需要，以及弥补市场失灵、促进公平分配等的需要。

（二）税收的特点

与其他财政收入形式相比，税收具有强制性、无偿性和固定性的特点。

1. 强制性

税收的强制性是指国家凭借政治权力依法征税，纳税人必须依法纳税，否则将受到法律制裁。强制性是国家取得财政收入的基本前提，也是国家满足社会公共需要的保证。

2．无偿性

税收的无偿性是指国家征税以后纳税人缴纳的货币随之转变为国家所有，既不需要返还给纳税人，也不需要对纳税人支付任何报酬。无偿性是税收的重要特征，体现了财政分配的本质。

3．固定性

税收的固定性是指国家在征税之前就通过法律形式，预先规定了征税范围和征收比例，便于征纳双方共同遵守。税收的固定性既包括时间上的连续性，又包括征税比例的限定性。

税收的固定性既是对国家的约束，又是对纳税人的约束。国家以法律形式规定征税范围和比例，在一定时期内保持相对稳定，纳税人要依法履行纳税义务，不能自行减免和降低标准，这表明国家与纳税人的根本关系具有固定性。国家通过法律规定了征税比例，使税收具有限度性。

税收的上述三个特点是由税收的本质决定的，是税收本质属性的外在表现。其中无偿性是核心，强制性是保障，固定性是对强制性和无偿性的一种规范和约束。

二、税法的概念与特点

（一）税法的概念

税法是国家制定的用以调整国家与纳税人之间在征纳税方面的权利及义务关系的法律规范的总称。税法是以宪法为依据的，是国家及纳税人依法征税、依法纳税的行为准则，其目的是保障国家的利益和纳税人的合法权益，维护正常的税收秩序，保证国家的财政收入。

（二）税法的特点

税法属于义务性法规、制定性法规和综合性法规。

1．义务性法规

从法律性质看，税法属于义务性法规，而不属于授权法规。即税法以规定纳税人的义务为主，并不是指税法没有规定纳税人的权利，而是指纳税人的权利是建立在其纳税义务的基础之上，处于从属地位。税法的这一特点是由税收的无偿性和强制性特点所决定的。

2．制定性法规

从立法过程看，税法属于制定法，而不属于习惯法。现代国家的税法都是经过一定的立法程序制定出来的，即税法是由国家制定而不是认可的，这表明税法属于制定法，而不是由习惯做法或司法判例认可的。其根本原因在于国家征税权凌驾于生产资料所有权之上。

3．综合性法规

税法具有综合性。税法不是单一的法律，而是由一系列单行税收法律法规及行政规章制度组成的体系，其内容涉及征税的基本原则、征纳双方的权利和义务、税收管理规则、法律责任、解决税务争议的法律规范等。税法综合性特点是由税收制度所调整的税收分配关系和税收法律关系的复杂性所决定的。

三、税收与税法的区别与联系

税收属于经济学概念,侧重解决分配关系。税法则属于法学概念,侧重解决权利义务关系。

税收与税法存在着密切的联系,税收活动必须严格依照税法的规定进行,税法是税收的法律依据和法律保障。税收以税法为依据和保障,而税法又必须以保障税收活动的有序进行为其存在的理由和依据。此外,税收作为一种经济活动,属于经济基础范畴;而税法则是一种法律制度,属于上层建筑范畴。国家和社会对税收与税收活动的客观需要,决定了与税收相对应的税法的存在;而税法则对税收的有序进行和税收目的的有效实现起着重要的法律保障作用。

四、税法的作用

税法是我国法律体系的一个主要组成部分,其调整对象涉及社会经济活动的各个方面,与国家的整体利益及企业、单位、个人的直接利益有着密切的关系,在我国社会主义市场经济发展中的作用越来越重要。

(一)税法是国家组织财政收入的法律形式

为了保证国家政权的正常运转,保持经济平稳健康发展和社会和谐稳定,必须筹集大量的财政资金。税收是国家机器运转的经济基础。在我国,税收收入是财政收入最主要的来源。为了保证税收组织财政收入职能的发挥,必须制定税法,以法律的形式确定企业、单位和个人履行纳税义务的具体项目、数额和纳税程序,惩治偷逃税款的行为,防止税款流失,保证国家依法征税,及时足额地取得税收收入。

(二)税法是国家宏观调控经济的法律手段

全面深化经济体制改革,强健我国经济"筋骨",促进我国经济发展水平向中高端迈进,需要运用法律、经济手段进行宏观经济调控。采用法律形式,可以将税收的经济优势与法律优势结合起来,使税收杠杆在宏观经济调控中更为灵敏、有力。同时,税法以平等为原则,均衡了城乡差距和地区差距,稳定了宏观税负。

(三)税法是维护经济秩序的重要的法律工具

税法的贯彻执行涉及从事生产经营活动的单位和个人,一切经营单位和个人通过办理税务登记、建账建制、纳税申报,其各项经营活动都将纳入税法的规范制约和管理范围,都将较全面地反映出纳税人的生产经营情况。这样,税法就确定了一个规范有效的纳税秩序和经济秩序,监督经营单位和个人依法经营,加强经济核算,提高经营管理水平;同时,税务机关按照税法规定对纳税人进行税务检查,严肃查处偷逃税款及其他违反税法规定的行为,也将有效地打击各种违法经营活动,为国民经济的健康发展创造一个良好、稳定的环境秩序。

(四)税法是国家保护纳税人合法权益的法律依据

税法在确定税务机关征税权力和纳税人履行纳税义务的同时,也规定了税务机关必须尽到的义务和纳税人享有的权利,如纳税人享有延期纳税权、申请减税免税权、多缴税款要求退还权、不服税务机关的处理决定申请复议或提起诉讼权等;税法还严格规定了对税务机关执法行为的监督制约制度,如进行税收征收管理必须按照法定的权限和程序行事,造成纳税人合法权益损失的要负赔偿责任等。所以,税法不仅是税务机关征税的法律依据,同时也是纳税人保护自身合法权益的重要法律依据。

(五)税法是国家维护其经济权益的法律保障

在国际经济交往中,任何国家对在本国境内从事生产经营的外国企业或个人都拥有税收管辖权,这是国家权益的具体体现。我国在平等互利的基础上,不断扩大和发展同各国、各地区的经济交流与合作,利用外资、引进技术的规模、渠道和形式都有了很大发展。我国在建立和完善涉外税法的同时,还同很多国家签订了避免双重征税的协定。这些税法规定既维护了国家的权益,又为鼓励外商投资、保护国外企业或个人在华合法经营、发展国家间平等互利的经济技术合作关系,提供了可靠的法律保障。

第二节 我国现行税法体系

一、税法体系概述

税法体系是指一个国家在一定时期内、一定体制下,以法定形式规定的各种税收法律、法规的总和。从税收工作的角度讲,税法体系往往被称为税收制度。一个国家的税收制度是指在既定的管理体制下设置的税种以及与这些税种的征收、管理有关的具有法律效力的各级成文法律、行政法规、部门规章等的总和。我国现行税法体系由税收实体法和税收征收管理法律制度构成。

目前,我国现行的税种共18个,分别是增值税、消费税、关税、企业所得税、个人所得税、资源税、土地增值税、城镇土地使用税、耕地占用税、房产税、车船税、契税、船舶吨税、印花税、车辆购置税、城市维护建设税、环境保护税和烟叶税。只有企业所得税、个人所得税、车船税、船舶吨税、环境保护税和烟叶税是通过全国人民代表大会立法的,其他绝大多数税收事项都是依靠行政法规、规章及规范性文件来规定的。

二、税收分类

(一)按征税对象性质分类

按征税对象的性质分类,可将税收分为流转税类、所得税类、资源税类、财产税类和行为税类。

1. 流转税类

流转税类是指以商品或劳务的流转额为征税对象的一类税,包括增值税、消费税和关税等,主要在生产、流通和服务领域发挥调节作用。

2. 所得税类

所得税类是指以纳税人的所得额为征税对象的一类税,包括企业所得税和个人所得税,主要对生产经营者的利润和个人的纯收入发挥调节作用。

3. 资源税类

资源税类是指对开发和利用的自然资源征税的一类税,包括资源税、土地增值税、城镇土地使用税等,主要对因资源条件差异形成的资源级差收入发挥调节作用。

4. 财产税类

财产税类是指以纳税人所拥有或控制的财产为征税对象的一类税,包括房产税、车船税、契税等。以财产为征税对象,有利于资源合理配置,促进财产的有效利用。

5. 行为税类

行为税也称特定目的税。行为税类是指以纳税人的某种特定对象和特定行为作为征税对象的一类税,包括城市维护建设税、印花税等,主要是为了特定目的,对特定对象发挥调节作用。

(二)按计税依据分类

按计税依据分类,可将税收分为从价税和从量税两类。

1. 从价税

从价税是指以作为征税对象的商品、财产或所得的价值(或价格)为依据,按一定比例计算征收的各种税的统称,如增值税、企业所得税、个人所得税等。

2. 从量税

从量税是指以征税对象的重量、数量、体积、面积等为依据,按定额税率计算征收的各种税的统称,如城镇土地使用税、耕地占用税、车船税等。此外,某些税种里的个别项目也实行从量计税,如计征消费税的啤酒、黄酒等,计征印花税的权利许可证照等。

(三)按税收与价格的关系分类

按税收与价格的关系分类,可将税收分为价内税和价外税两类。

1. 价内税

价内税是指将税金作为商品价格的构成要素而计入价格的各个税种的统称,如消费税、关税等。

2. 价外税

价外税是指税金不计入商品的价格而作为价格的附加部分的税种。增值税是典型的价外税。

(四)按税收负担能否转嫁分类

按税收负担能否转嫁分类,可将税收分为直接税和间接税两类。

1. 直接税

直接税是指税负由纳税义务人自己承担,不能发生转嫁关系的各种税,如所得税、财产税。

2. 间接税

间接税是指纳税义务人可以将已纳税款全部或部分地转嫁给他人负担的各种税。流转税类属于间接税,如增值税、消费税和关税。

三、税法构成要素

税法构成要素,是指构成税收法律、法规的组成要素。税收实体法构成要素一般包括总则、纳税义务人、征税对象、税目、税率、纳税环节、纳税期限、纳税地点、减税免税、罚则、附则等项目,其中纳税义务人、征税对象、税率是最基本的三项要素。

(一)纳税义务人

1. 概念

纳税义务人,简称纳税人,又称纳税主体,是税法规定的直接负有纳税义务的单位和个人。

2. 与纳税人相关的概念

在实际纳税过程中需要注意与纳税人紧密联系的两个概念:负税人、扣缴义务人。

(1)负税人。

纳税人是指直接负有纳税义务的单位和个人。负税人是指在经济上实际负担税款的单位和个人。纳税人不一定是税款的实际承担者,即纳税人不一定就是负税人。当纳税人所缴的税款是由自己负担时,纳税人与负税人是一致的。当纳税人通过一定的途径将税款转嫁给他人负担时,纳税人就不是负税人。

(2)扣缴义务人。

扣缴义务人是指法律、行政法规规定负有代扣代缴、代收代缴税款义务的单位和个人。扣缴义务人既可以是各种类型的企业,也可以是机关、社会团体、民办非企业单位、部队、学校和其他单位,或者是个体工商户、个人合伙经营者和其他自然人。举例来说,公司有代扣代缴其员工个人所得税的义务和责任,公司为其员工缴纳个人所得税,公司就是扣缴义务人。

扣缴义务人又可以分为代扣代缴义务人和代收代缴义务人。代扣代缴义务人是指负有代扣代缴义务,代替税务机关向纳税人扣缴应纳税款的纳税主体;代收代缴义务人是指负有代收代缴义务,代替税务机关向纳税人收缴应纳税款的纳税主体。

(二)征税对象

1. 概念

征税对象又叫课税对象、征税客体,是指税法规定对什么征税,是征纳税双方权利义务共同指向的客体或标的物,是区别一种税与另一种税的重要标志,体现了不同税种课税的基本范围和界限。税法其他要素的内容一般都是以征税对象为基础来确定的,征税对象是税收分类的主要依据。

征税对象是一个税种区别于另一个税种的主要标志,每一种税都必须明确规定对什么征税,体现着税收范围的广度。一般来说,不同的税种有着不同的征税对象,不同的征税对象决定着税种所应有的不同性质,如消费税是对消费品征税,其征税对象就是消费品(具体如烟、酒都是消费税的征税对象);房产税是对房屋征税,其征税对象就是房屋。征税对象是税制最基本的要素之一。因为它规定了征税与否的最基本界限,凡是被列为某一税种的征税对象的,就在这种税的征收范围内,就要征税;而没有被列为征税对象的,就不在这种税的征收范围内,就不征这种税。国家为了筹措财政资金和调节经济,可以根据客观经济状况选择征税对象。正确选择征税对象,是实现税制优化的关键。

2. 与征税对象相关的概念

(1)税目。

税目是指在税法中对征税对象分类规定的具体的征税项目,它反映了具体的征税范围,是对征税对象质的界定,代表征税的广度。从大多数税种来看,一般征税对象都比较复杂,且税种内部不同征税对象之间又需要采取不同的税率档次进行调节。这样就需要对征税对象做进一步的划分,做出具体的界定,这个规定的界限范围就是税目。

划分税目的主要作用:一是明确了具体的征税范围,体现了征税的广度,凡是列入税目的都征税,未列入税目的不征税;二是对不同的征税项目加以区分归类,并根据归类确定不同的税率。

(2)计税依据。

计税依据,又称税基,是据以计算征税对象应纳税款的直接数量依据,解决对征税对象课税的计算问题,是对征税对象的量的规定。按照计量单位的性质划分,计税依据有价值形态和物理形态两种基本形态。其中价值形态包括应纳税所得额、销售收入等,物理形态包括面积、体积、容积、重量等。以价值形态作为税基,又称从价计征;以物理形态作为税基,又称从量计征。

征税对象与计税依据的关系是:征税对象是征税的目的物,计税依据则是在目的物已经确定的前提下,对目的物据以计算税款的依据或标准;征税对象是从质的方面对征税所作的规定,而计税依据则是从量的方面对征税所作的规定,是征税对象量的表现。

(3)税源。

税源是指税收的最终来源,也是税收负担的最终归宿。在税务实际工作中所说的税源是指各个税种确定的征税对象,具体指与各个税种征税对象有密切联系的生产、销售、利润等在一定时期内的数量状况。

税源与征税对象虽有密切联系,但不是同一概念。征税对象是指对什么东西征税,而税源则是指税收的价值源泉,两者是有明显区别的。有的税种税源与征税对象一致,比如个人所得税的征税对象和税源都是个人所得。但也有很多税种税源与征税对象不一致,例如,房产税的征税对象是房产,税源则是房产收益或房产所有人的收入。只有在少数情况下,税源和征税对象是一致的;在多数情况下,税源和征税对象是不一致的。征税对象是据以征税的依据,税源则表明纳税人的负担能力。

(三)税率

1. 税率的概念

税率是应纳税额与征税对象之间的比例。税率是税法的核心要素,是计算税额的尺度,代表课税的深度,是衡量税负轻重的重要标志。

各税种的职能作用主要是通过税率来体现的,因此税率是整个税收范畴和税收制度的核心要素,是计算税额的依据和标准。在征税对象既定的前提下,国家征税的数量与纳税人的微观税收负担水平主要取决于税率,国家一定时期的税收政策导向也在很大程度上体现在税率方面。因此,科学合理地设计税率是税收负担在政策上能否公平、高效、合理分配的关键。

2．税率的形式

我国现行税制适用的税率有比例税率、累进税率、定额税率。

（1）比例税率。

比例税率是指对同一征税对象或税目，不论其数额大小，都规定按同一比例计算应纳税额的税率。我国现行增值税、企业所得税等采用的都是比例税率。实行比例税率，同一征税对象中不同的纳税人税负相同，具有负担稳定、计算简便、利于征管的优点。

（2）累进税率。

累进税率是指对同一征税对象，随着其数量的增加，征收比例也随之升高的税率。具体形式是将征税对象按数额大小划分为若干等级，对不同等级规定由低到高的不同税率。累进税率分为全额累进税率、超额累进税率、全率累进税率和超率累进税率。

（3）定额税率。

定额税率又称固定税额，是根据征税对象计量单位直接规定固定的征税数额。如城镇土地使用税、耕地占用税分别以平方米和亩为计量单位，消费税中成品油等以升为计量单位等。

（四）纳税环节

1．纳税环节的概念

纳税环节是指税法规定的征税对象在从生产到消费的流转过程中应当缴纳税款的环节。任何税种都要确定纳税环节，有的比较明确、固定，有的则需要在许多流转环节中选择确定。确定纳税环节是流转课税的一个重要问题。它关系到税制结构和税种的布局，关系到税款能否及时足额入库，关系到地区间税收收入的分配，同时关系到企业的经济核算以及是否便利纳税人缴纳税款等问题。

2．纳税环节的类型

每个税种都有其特定的纳税环节，一般有以下两种类型：单环节征税和多环节征税。

（1）单环节征税是指对征税对象从生产到消费流转过程中的某一特定环节征税。例如，我国的资源税只在开采环节征税。

（2）多环节征税是指对征税对象从生产到消费流转过程中的两个或两个以上的环节征税。例如，我国现行增值税对生产流通的每一环节的增值额都要征税。

（五）纳税期限

1．纳税期限的概念

纳税期限是指税法规定的关于税款缴纳时间方面的限定。规定纳税期限，有利于保证税收收入及时均衡地入库和便利征纳双方共同遵守。

我国税制中的纳税期限大致分为以下两种情况。

（1）按期纳税。

按期纳税即以纳税人发生纳税义务后的一定时期作为纳税期限。例如，企业所得税按年计征，按季或者按月预缴，年终汇算清缴，多退少补。

（2）按次纳税。

按次纳税即以纳税人应税行为发生的次数作为纳税期限。实行按次征收，税款在纳税义务发生后当即入库。例如,车辆购置税税款于纳税人办理纳税申报时一次缴清。

纳税人在规定的纳税期限内不能按期计算缴纳税款的,税务机关要依法给予处罚。

2. 纳税义务发生时间、纳税期限与缴库期限

这三个概念的界定见表 1-1。

表 1-1　纳税义务发生时间、纳税期限与缴库期限概念的界定

概念	界定
纳税义务发生时间	应税行为发生的时间
纳税期限	每隔固定时间汇总一次税款缴纳的时间
缴库期限	税法规定的纳税期满后,纳税人将应纳税款缴入国库的期限

需要注意的是,纳税申报的最后一日是法定节假日的,以休假日期满的次日为期限的最后一日;在期限内有连续 3 日(含 3 日)以上法定休假日的,按休假日天数顺延。

【例 1-1】 2022 年 3 月 15 日,某公司销售货物并开具发票。请说明该公司的纳税期限和缴库期限。

解答:

纳税期限:2022 年 3 月 15 日,销售货物并开具发票,纳税义务发生了。若以一个月为一个纳税期,则纳税期限为 3 月份。

缴库期限:如 3 月份结束后 15 日内申报纳税,即 4 月 15 日为缴库期限。

(六)纳税地点

纳税地点是指缴纳税款的场所。纳税地点关系到税收管辖权和是否便利纳税等问题,在税法中明确规定纳税地点有助于防止漏征或重复征税。

我国税法对纳税地点规定的总原则是纳税人在其所在地就地申报纳税。同时考虑到某些纳税人生产经营和财务核算的不同情况,对纳税地点也作了不同规定,主要有以下几种。

(1)企业所在地纳税。如增值税及各种国内企业所得税等。

(2)营业行为所在地纳税。营业行为所在地纳税主要适用于跨地区经营和临时经营的纳税人。

(3)口岸纳税。口岸纳税主要适用于关税,由纳税人向进出境地海关申报。

(七)减税、免税

1. 减税、免税的概念

减税、免税是指对某些纳税人和征税对象采取减少征税或者免予征税的特殊规定。设置减税、免税,可以把税收的严肃性和必要的灵活性结合起来,体现因地制宜和因事制宜的原则,更好地贯彻税收政策。

减税、免税是税收优惠的重要形式之一,是国家根据经济发展的需要,以法律的形式规定的对某些征税对象和纳税人的税收优惠措施。非经法律规定,任何单位和个人都不能擅自减税、免税。

2. 减税、免税的类型

（1）根据性质划分。

税收减免从性质上可以划分为政策性减免、困难性减免和一般性减免。政策性减免是指配合国家有关政策（如鼓励科技创新）所给予的减税、免税；困难性减免是指纳税人因特殊情况（如遭遇自然灾害）纳税有困难而给予的减税、免税；一般性减免是指其他一般性的减税、免税。

（2）根据时间划分。

税收减免从时间上可以划分为定期减免和不定期减免。定期减免限于在规定的期限以内减税、免税；不定期减免是指对特定的纳税人和征税对象在一定范围以内减税、免税，没有固定的时间限制。

3. 与减免税有直接关系的两个要素

起征点与免征额是不同的两个概念，是与减免税有直接关系的两个要素，不能混用，否则无法区分税法中的一些规定。

（1）起征点。

所谓起征点，是指税法规定对征税对象开始征税的数额。当征税对象的数额未达到起征点时不征税；当征税对象的数额达到或超过起征点时，则全数额依率征税。这体现了税收的重点照顾政策，如现行税制中的增值税。

（2）免征额。

所谓免征额，是指税法规定在征税对象总额中免予征税的数额。它是按照一定标准从征税对象总额中预先减除的数额。免征额部分不征税，只对超过免征额部分征税。这体现了税收的普遍优惠政策，如现行个人所得税的工资薪金所得项目等，现行的 5000 元个人所得税的工资薪金所得项目的扣除限额叫作"免征额"，而不应称作"起征点"。

【例 1-2】　张某的月收入是 5900 元，假设起征点和免征额都是 5000 元，所得税税率为 5%。试说明起征点与免征额二者的区别。

解答：

（1）起征点 5000 元，表明张某的收入达到了起征点，那么需要缴纳的所得税是 5900×5%＝295（元）。

（2）免征额 5000 元，表明张某收入的 5000 元部分可以免税，那么需要缴纳的所得税是（5900－5000）×5%＝45（元）。[①]

（八）罚则

罚则是指对纳税人违反税法的行为采取的处罚措施。制定并严格执行税务罚则对于严肃税收法纪、保证税收政策、法令、制度的贯彻执行具有重要意义。《中华人民共和国税收征收管理法》（以下简称《税收征收管理法》）规定的法律责任主要包括以下几种。

---

① 在实际会计业务操作中，所有金额至少保留小数点后 2 位有效数字（如 5000 元应写作 5000.00 元，5000.2 元应写作 5000.20 元），本书为了阅读、计算方便，以及因图书版式限制，除个别申报表外，其他作省略处理。

（1）罚款。

（2）补税并加收滞纳金。

（3）补税并罚款。

（4）强制执行措施。

（5）对纳税人严重违反税收法规并构成犯罪的，提请司法机关追究刑事责任。

第三节　税务登记，账证与发票管理及纳税申报、税款征收

税务登记是税务机关依据税法规定对纳税人的生产经营活动进行登记的一种基本制度。企业、企业在外地设立的分支机构和从事生产、经营的场所，个体工商户以及从事生产、经营的事业单位，均应根据相关规定办理税务登记。

一、营业执照申请核发

企业开业首先要到开业所在地的工商行政管理部门办理营业执照。营业执照是企业或组织合法经营权的凭证，营业执照分正本和副本，二者具有相同的法律效力。

2015 年 6 月 23 日，国务院办公厅发布了《关于加快推进"三证合一"登记制度改革的意见》（国办发〔2015〕50 号）。从 2015 年 10 月 1 日起，"三证合一"即营业执照、组织机构代码证、税务登记证改革正式实施，新设立企业、农民专业合作社领取由工商行政管理部门核发加载法人和其他组织统一社会信用代码的营业执照后，无须再次进行税务登记，不再领取税务登记证。企业办理涉税事宜时，在完成补充信息采集后，凭加载统一代码的营业执照，可代替税务登记证使用。2016 年 6 月 30 日，国务院办公厅又发布了《关于加快推进"五证合一、一照一码"登记制度改革的通知》（国办发〔2016〕53 号）。从 2016 年 10 月 1 日起，"五证合一、一照一码"登记制度改革正式实施，在"三证合一"基础上加入社会保险登记证和统计登记证，由工商行政管理部门核发加载统一代码的"一照一码"营业执照，社会保险登记证和统计登记证不再另行发放。除上述情形外，其他税务登记按照原有法律制度执行。

企业到工商行政管理部门办理"三证合一"营业执照时，所需要材料包括："企业'三证合一'登记补充信息表"，工商设立登记申请材料，质监设立登记申请材料（分支机构办理设立登记时，还应提供总机构的代码证书复印件），税务设立登记申请材料。

二、企业税务登记

企业税务登记包括开业税务登记、变更税务登记和停业、复业税务登记以及注销税务登记、外出经营报验登记等。

（一）开业税务登记

1. 开业税务登记的对象

开业税务登记的对象见表 1-2。

表 1-2　开业税务登记的对象

领取营业执照从事生产、经营的纳税人	① 企业;② 企业在外地设立的分支机构和从事生产、经营的场所;③ 个体工商户;④ 从事生产、经营的事业单位
其他纳税人	上述规定以外的纳税人,除国家机关和个人外,应当自纳税义务发生之日起 30 日内,持有关证件向所在地的主管税务机关申报办理税务登记

2. 税务登记申请材料

纳税人在申报办理税务登记时,应当根据不同情况向税务机关如实提供以下证件和资料:工商营业执照或其他核准执业证件;有关合同、章程、协议书;组织机构统一代码证书;法定代表人或负责人或业主的居民身份证、护照或者其他合法证件。其他需要提供的有关证件、资料,由省、自治区、直辖市税务机关确定。纳税人在申报办理税务登记时,还应当如实填写税务登记表。

3. 办理开业税务登记的时限要求

从事生产、经营的纳税人自领取营业执照之日起 30 日内,持有关证件,向税务机关申报办理税务登记。税务机关应当于收到申报的当日办理登记并发给税务登记证件。

从事生产、经营的纳税人自领取税务登记证件之日起 15 日内,将其财务、会计制度或者财务、会计处理办法报送主管税务机关备案;应当自开立基本存款账户或者其他存款账户之日起 15 日内,向主管税务机关书面报告其全部账号。

4. 开业税务登记的内容、程序

纳税人提交的证件和资料齐全且税务登记表的填写内容符合规定的,税务机关应当日办理并发放税务登记证件。纳税人提交的证件和资料不齐全或税务登记表的填写内容不符合规定的,税务机关应当场通知其补正或重新填报。

(二)变更税务登记

1. 变更税务登记的范围及时限要求

变更税务登记是指纳税人办理税务登记后,因税务登记内容发生变化,向税务机关申请将税务登记内容重新调整为与实际情况一致的一种税务登记管理制度。变更税务登记的情形及时限要求见表 1-3。

表 1-3　变更税务登记的情形及时限要求

情形	办理变更税务登记时限
税务登记内容发生变化,需要到工商行政管理机关或其他机关办理变更登记的	自工商行政管理机关或其他机关办理变更登记之日起 30 日内
税务登记内容发生变化,不需要到工商行政管理机关或其他机关办理变更登记的	自发生变化之日起 30 日内

2. 办理变更税务登记的程序

纳税人已在工商行政管理机关办理变更登记的,应当自工商行政管理机关变更登记之日起 30 日内,向原税务登记机关如实提供下列证件、资料,申报办理变更税务登记:工商登记变更表,纳税人变更登记内容的有关证明文件,税务机关发放的原税务登记证件(登记证正、副本和登记表等),其他有关资料。

纳税人按照规定不需要在工商行政管理机关办理变更登记,或者其变更登记的内容与工商登记内容无关的,应当自税务登记内容实际发生变化之日起 30 日内,或者自有关机关批准或者宣布变更之日起 30 日内,持下列证件到原税务登记机关申报办理变更税务登记:纳税人变更登记内容的有关证明文件,税务机关发放的原税务登记证件(登记证正、副本和税务登记表等),其他有关资料。

纳税人提交的有关变更登记的证件、资料齐全的,应如实填写税务登记变更表,符合规定的,税务机关应当日办理;不符合规定的,税务机关应通知其补正。

(三)停业、复业登记

停业、复业登记是指实行定期定额征收方式的纳税人,因自身经营的需要暂停经营或恢复经营而向主管税务机关申请办理的税务登记手续。

(1)实行定期定额征收方式的个体工商户需要停业的,应当在停业前向税务机关申报办理停业登记。纳税人的停业期限不得超过一年。

(2)纳税人在申报办理停业登记时,应如实填写停业复业报告书,说明停业理由、停业期限、停业前的纳税情况和发票的领、用、存情况,并结清应纳税款、滞纳金、罚款。税务机关应收存其税务登记证件及副本、发票领购簿、未使用完的发票和其他税务证件。

(3)纳税人在停业期间发生纳税义务的,应当按照税收法律、行政法规的规定申报缴纳税款。

(4)纳税人应当于恢复生产经营之前,向税务机关申报办理复业登记,如实填写停业复业报告书,领回并启用税务登记证件、发票领购簿及其停业前领购的发票。

(5)纳税人停业期满不能及时恢复生产经营的,应当在停业期满前向税务机关办理延长停业登记。

(四)注销税务登记

注销税务登记是指纳税人由于出现法定情形终止纳税义务时,向原主管税务机关申请办理的取消税务登记手续。办理注销税务登记的,该当事人不再接受原主管税务机关的管理。

1. 注销税务登记的范围及时限要求

(1)注销税务登记的范围。

① 纳税人因经营期限届满而自动解散。

② 企业由于改组、分立、合并等原因而被撤销。

③ 企业资不抵债而破产。

④ 纳税人住所、经营地点变动,分为以下两种情形进行不同的登记:一是改变住所、经营地点,但仍由同一主管税务机关管辖的,则进行变更登记;二是改变住所、经营地点,涉及不同主管税务机关管辖的,向原税务登记机关申报办理注销税务登记,并自注销税务登记之日起 30 日内向迁达地税务机关申报办理税务登记。

⑤ 纳税人被工商行政管理部门吊销营业执照。

⑥ 纳税人依法终止履行纳税义务的其他情形。

（2）注销税务登记的时限要求见表1-4。

表 1-4 注销税务登记的时限要求

情形	注销税务登记时限
一般情况（先税务，后工商）	在向工商行政管理机关或者其他机关办理注销登记前30日内
特殊情况	按规定不需要在工商行政管理机关或者其他机关办理注销登记的，自有关机关批准或宣告终止之日起15日内
被工商行政管理机关吊销营业执照或者被其他机关予以撤销登记的	自营业执照被吊销或者被撤销登记之日起15日内
境外企业在中国境内承包建筑、安装、装配、勘探工程和提供劳务的	项目完工、离开中国前15日内
因住所、经营地点变动而涉及改变主管税务机关的	注销税务登记之日起30日内向迁达地税务机关申报办理税务登记

2. 办理注销税务登记

纳税人办理注销税务登记前，应当向税务机关提交相关证明文件和资料，结清应纳税款、多退（免）税款、滞纳金和罚款，缴销发票、税务登记证件和其他税务证件，经税务机关核准后，办理注销税务登记手续。

办理注销税务登记需提供以下材料。

（1）"清税申报表"或"注销税务登记申请审批表"。

（2）经办人身份证件。

（3）法律、行政法规规定的应当提交的其他文件：未启用统一社会信用代码的纳税人提供税务登记证件和其他税务证件；被市场监督管理机关吊销营业执照的纳税人，提供市场监督管理机关发出的吊销工商营业执照决定复印件；单位纳税人提供上级主管部门批复文件或董事会决议复印件；非居民企业在中国境内承包建筑、安装、装配、勘探工程和提供劳务的，提供项目完工证明、验收证明等相关文件复印件；持有增值税防伪税控设备及其他应收缴的设备的，提供其持有的增值税防伪税控设备和其他应收缴的设备。

（五）外出经营报验登记

外出经营报验登记是指从事生产经营的纳税人到外县（市）临时从事生产经营活动时，按规定申报办理的税务登记手续。外出经营报验登记的规定如下。

（1）纳税人到外县（市）临时从事生产经营活动的，应当在外出生产经营以前，持税务登记证到主管税务机关开具"外出经营活动税收管理证明"（以下简称外管证）。

（2）税务机关按照一地一证的原则，发放外管证，外管证的有效期限一般为30日，最长不得超过180日。

（3）纳税人应当在外管证注明地进行生产经营前向当地税务机关报验登记，并提交下列证件、资料：税务登记证件副本，外管证。

纳税人在外管证注明地销售货物的，除提交以上证件、资料外，应如实填写"外出经营货物报验单"，申报查验货物。

（4）纳税人外出经营活动结束，应当向经营地税务机关填报"外出经营活动情况申报表"，并结清税款、缴销发票。

（5）纳税人应当在外管证有效期届满后 10 日内,持外管证回原税务登记地税务机关办理外管证缴销手续。

（六）非正常户处理

纳税人被列入非正常户超过 3 个月的,税务机关可以宣布其税务登记证件失效,其应纳税款的追征仍按《中华人民共和国税收征收管理法》及其实施细则的规定执行。

三、账证与发票管理

（一）账证的管理

1. 账簿的设置

从事生产、经营的纳税人应当自领取营业执照或者发生纳税义务之日起 15 日内,按照国家有关规定设置账簿;扣缴义务人应当自税收法律、行政法规规定的扣缴义务发生之日起 10 日内,按照所代扣、代收的税种分别设置代扣代缴、代收代缴税款账簿。同时,从事生产、经营的纳税人应当自领取税务登记证件之日起 15 日内,将其财务、会计制度或者财务、会计处理办法报送主管税务机关备案。

生产、经营规模小又确无建账能力的纳税人,可以聘请经批准从事会计代理记账业务的专业机构或者财会人员代为建账和办理账务。

2. 对会计核算的要求

纳税人、扣缴义务人会计制度健全,能够通过计算机正确、完整计算其收入和所得或者代扣代缴、代收代缴税款的,其计算机输出的完整的书面会计记录,可视同会计账簿。

账簿、会计凭证和报表,应当使用中文。民族自治地方可以同时使用当地通用的一种民族文字,外商投资企业和外国企业可以同时使用一种外国文字。

3. 账簿、凭证的保管

企业会计凭证(原始凭证和记账凭证)、会计账簿(总账、明细账、日记账、其他辅助账)、会计档案移交清册应当保管 30 年,月度、季度、半年度财务会计报告、银行存款余额调节表、银行对账单、纳税申报表应当保存 10 年,年度财务会计报表、会计档案保管清册、会计档案销毁清册、会计档案鉴定意见书永久保存。

（二）发票的管理

发票是指在购销商品、提供或接受劳务以及从事其他经营活动中,开具、收取的收付款凭证。国务院税务主管部门统一负责全国的发票管理工作。省、自治区、直辖市税务机关依据职责做好本行政区域内的发票管理工作。

1. 发票的申领

依法办理税务登记的单位和个人,在领取税务登记证后,可以向主管税务机关申请领用发票。临时到外地(指本省、自治区、直辖市以外)从事经营活动的单位和个人,凭所在地税务机关的证明,可以向经营地税务机关申请领购经营地的发票。

2. 发票的开具与保管

（1）开具发票应当按照规定的时限、顺序、栏目、全部联次一次性如实开具,并加盖发票专用章。

（2）任何单位和个人不得有下列虚开发票行为：① 为他人、为自己开具与实际经营业务情况不符的发票；② 让他人为自己开具与实际经营业务情况不符的发票；③ 介绍他人开具与实际经营业务情况不符的发票。

（3）安装税控装置的单位和个人，应当按照规定使用税控装置开具发票，并按期向主管税务机关报送开具发票的数据。

（4）任何单位和个人应当按照发票管理规定使用发票，不得有下列行为：① 转借、转让、介绍他人转让发票、发票监制章和发票防伪专用品；② 知道或者应当知道是私自印制、伪造、变造、非法取得或者废止的发票而受让、开具、存放、携带、邮寄、运输；③ 拆本使用发票；④ 扩大发票使用范围；⑤ 以其他凭证代替发票使用。

（5）除国务院税务主管部门规定的特殊情形外，任何单位和个人不得跨规定的使用区域携带、邮寄、运输空白发票，禁止携带、邮寄或者运输空白发票出入境。

（6）开具发票的单位和个人应当按照税务机关的规定存放和保管发票，不得擅自损毁。已经开具的发票存根联和发票登记簿应当保存 5 年。

《国家税务总局关于增值税发票开具有关问题的公告》（国家税务总局公告 2017 年第 16 号）规定，自 2017 年 7 月 1 日起，公司、非公司制企业法人、企业分支机构、个人独资企业、合伙企业和其他企业这些被统称为"企业"的，作为购买方索取增值税普通发票时，必须提供企业的纳税人识别号或统一社会信用代码。销售方开具发票时，通过销售平台系统与增值税发票税控系统后台对接，导入相关信息开票的，系统导入的开票数据内容应与实际交易相符，如不相符应及时修改完善销售平台系统。

四、纳税申报

纳税申报是指纳税人在发生纳税义务后，按照税务机关规定的内容和期限，向主管税务机关申明有关纳税事项及应纳税款所履行的法定手续。纳税申报是纳税程序的中心环节。

（一）纳税申报的对象

纳税申报的对象是指按照国家法律、行政法规的规定，负有纳税义务的纳税人或者负有代扣代缴、代收代缴税款义务的扣缴义务人。

纳税人必须依照法律、行政法规规定或者税务机关依照法律、行政法规的规定确定的申报期限、申报内容如实办理纳税申报，报送纳税申报表、财务会计报表以及税务机关根据实际需要要求纳税人报送的其他纳税资料。

扣缴义务人必须依照法律、行政法规规定或者税务机关依照法律、行政法规的规定确定的申报期限、申报内容如实报送代扣代缴、代收代缴税款报告表以及税务机关根据实际需要要求扣缴义务人报送的其他有关资料。

（二）纳税申报的期限

1. 各税种的申报期限

（1）缴纳增值税、消费税的纳税人，以一个月或一个季度为一期纳税的，于期满后 15 日内申报；以 1 日、3 日、5 日、10 日、15 日为一期纳税的，自期满之日起 5 日内预缴税款，于次月 1 日起 15 日内申报并结清上月应纳税款。

（2）企业所得税按年度计征，分月或者分季预缴，年终汇算清缴，多退少补。企业应当自月份或者季度终了之日起 15 日内，向税务机关报送预缴企业所得税纳税申报表，预缴税款。

企业应当自年度终了之日起 5 个月内，向税务机关报送年度企业所得税纳税申报表，并汇算清缴，结清应缴应退税款。企业在年度中间终止经营活动的，应当自实际经营终止之日起 60 日内，向税务机关办理当期企业所得税汇算清缴。企业应当在办理注销登记前，就其清算所得向税务机关申报并依法缴纳企业所得税。

（3）其他税种，税法已明确规定纳税申报期限的，按税法规定的期限申报。

（4）税法未明确规定纳税申报期限的，按主管国家税务机关根据具体情况确定的期限申报。

2．申报期限的顺延

纳税人办理纳税申报期限的最后一日是法定休假日的，以休假日期满的次日为期限的最后一日；在期限内有连续 3 日以上法定休假日的，按休假日天数顺延。

3．延期办理纳税申报

纳税人、扣缴义务人不能按期办理纳税申报或者报送代扣代缴、代收代缴税款报告表的，经税务机关核准，可以延期申报。

经核准延期办理以上规定的申报、报送事项的，应当在纳税期内按照上期实际缴纳的税额或者税务机关核定的税额预缴税款，并在核准的延期内办理税款结算。

（三）纳税申报的方式

经税务机关批准，纳税人、扣缴义务人可以采取的纳税申报方式为：直接申报、邮寄申报、数据电文、银行网点申报、代理申报等方式。邮寄申报以寄出的邮戳日期为实际申报日期。除上述方式外，实行定期定额缴纳税款的纳税人，可以实行简易申报、简并征期等申报纳税方式。

纳税人和扣缴义务人可根据自己的实际情况，申请选择税款缴纳方式，在规定的期限内缴纳税款。

五、税款征收

（一）税款征收的方式

税款征收是税务机关依照税收法律、行政法规的规定，将纳税人应当缴纳的税款组织入库的一系列活动的总称。税款征收是税收征收管理工作的中心环节，是全部税收征收工作的目的和归宿。目前的税款征收方式主要包括以下几种。

1．查账征收

查账征收是指税务机关对财务健全的纳税人，依据其报送的纳税申报表、财务会计报表和其他有关纳税资料，计算应纳税款，填写缴款书或完税凭证，由纳税人到银行划解税款的征收方式。这种征收方式较为规范，符合课税法定性的基本原则，适合于经营规模较大、财务会计制度健全、能够认真履行纳税义务的纳税人。

2．查定征收

查定征收是指税务机关根据纳税人的从业人数、生产设备、耗用原材料等因素，在正常生产条件下,对纳税人生产的应税产品查实核定产量、销售额,并据以计算应纳税款的一种方式。这种征收方式适用于生产经营规模较小、产品零星、会计核算不健全的小型厂矿和作坊。

3.查验征收

查验征收是指税务机关对纳税人的应税商品,通过查验数量,按市场一般销售单价计算其销售收入,并据以计算应纳税款的一种征收方式。这种方式一般适用于经营品种比较单一,经营地点、时间和商品来源不固定的纳税单位,如城乡集贸市场的临时经营者以及在火车站、机场、码头、公路交通要道等地方的经营者。

4.核定征收

核定征收是指税务机关对不能完整、准确提供纳税资料的纳税人采用特定方式确定其应纳税收入或应纳税款,纳税人据以缴纳税款的一种方式。核定征收适用于以下情况。

(1)依照法律、行政法规的规定可以不设置账簿的。

(2)依照法律、行政法规的规定应当设置账簿但未设置的。

(3)擅自销毁账簿或者拒不提供纳税资料的。

(4)虽设置账簿,但账目混乱,或者成本资料、收入凭证、费用凭证残缺不全,难以查账的。

(5)发生纳税义务,未按规定的期限办理纳税申报,经税务机关责令限期申报,逾期仍不申报的。

(6)纳税人申报的计税依据明显偏低,又无正当理由的。

5.定期定额征收

定期定额征收是指对小型个体工商户在一定经营地点、一定经营时期、一定经营范围内的应纳税经营额(包括经营数量)或所得额进行核定,并以此为计税依据,确定其应纳税款的一种征收方式。这种征收方式适用于生产、经验规模小,确实没有建账能力,经过主管税务机关审核,报经县级以上税务机关批准,可以不设置账簿或者暂缓建账的个体工商户(包括个人独资企业)。

6.代扣代缴

代扣代缴是指按照税法规定,负有扣缴税款义务的单位和个人,负责对纳税人应纳的税款进行代扣代缴的一种方式。即由支付人在向纳税人支付款项时,从所支付的款项中依法直接扣收税款并代为缴纳。其目的是对零星分散、不易控制的税源实行源泉控制。负有扣缴税款义务的单位和个人包括:向纳税人支付收入的单位和个人,为纳税人办理汇总存贷业务的单位。这种方式有利于加强对税源的控制,减少税款流失,降低税收成本,手续比较简单。

7.代收代缴

代收代缴是指按照税法规定,负有收缴税款义务的单位和个人,负责对纳税人应纳的税款进行代收代缴的一种方式。即由与纳税人有经济业务往来的单位和个人在向纳税人收取款项时依法收取税款,并向税务机关解缴。这种征收方式一般适用于税收网络覆盖不到或者很难控管的领域,如受托加工应缴消费税的消费品的税款,由受托方代收代缴消费税。

8.委托征收税款

委托征收是指税务机关委托代征人以税务机关的名义征收税款,并将税款缴入国库的方式。这种方式适用于小额、零散税源的征收。这种征收方式的适当使用有利于控制税源,方便征纳双方,降低征收成本。

9. 其他方式

除了以上方式,随着科技的发展和征收改革的不断推进,网络申报、IC 卡纳税、邮寄纳税等税款征收方式也有所发展和不断完善。

(二)税款的退还与追征

1. 税款的退还

纳税人超过应纳税额缴纳的税款,税务机关发现后应当立即退还;纳税人自结算缴纳税款之日起 3 年内发现的,可以向税务机关要求退还多缴的税款并加算银行同期存款利息,税务机关及时查实后应当立即退还。纳税人在结清缴纳税款之日起 3 年后向税务机关提出退还多缴税款要求的,税务机关不予受理。

2. 税款的追征

税款的追征具体有以下 3 种情形。

(1)因税务机关的责任,致使纳税人、扣缴义务人未缴或者少缴税款的,税务机关在 3 年内可以要求纳税人、扣缴义务人补缴税款,但是不得加收滞纳金。

(2)因纳税人、扣缴义务人计算错误等失误,未缴或者少缴税款的,税务机关在 3 年内可以追征税款、滞纳金;有特殊情况的(即数额在 10 万元以上的),追征期可以延长到 5 年。

(3)对因纳税人、扣缴义务人和其他当事人偷税、抗税、骗税等原因而造成未缴或者少缴的税款,或骗取的退税款,税务机关可以无限期追征。

综 合 练 习

一、单项选择题

1. 下列法律中,明确确定"中华人民共和国公民有依照法律纳税的义务"的是(   )。

A.《中华人民共和国宪法》   B.《中华人民共和国民法通则》

C.《中华人民共和国个人所得税法》   D.《中华人民共和国税收征收管理法》

2. 下列选项中作为国家征税依据的是(   )。

A. 管理权利   B. 政治权力

C. 社会权利   D. 财产权利

3. 下列关于税务登记和账簿、凭证管理时间规定的说法错误的是(   )。

A. 纳税人被工商行政管理机关吊销营业执照的,应自营业执照被吊销之日起 15 日内,向主管税务机关申报办理注销税务登记

B. 纳税人税务登记内容发生变化的,应当自工商行政管理机关或者其他机关办理变更登记之日起 30 日内,持有关证件向原税务登记机关申报办理变更税务登记

C. 从事生产、经营的纳税人应自领取工商营业执照之日起 15 日内按照国务院财政、税务部门的规定设置账簿

D. 扣缴义务人应当自税收法律、行政法规规定的扣缴义务发生之日起30日内,按照所代扣、代收的税种,分别设置代扣代缴、代收代缴税款账簿

4. 关于税收法律关系的特点,下列表述正确的是(　　)。

A. 作为纳税主体的一方只能是征税机关

B. 税收法律关系的成立、变更等以主体双方意思表示一致为要件

C. 权利义务关系具有对等性

D. 具有财产所有权单向转移的性质

5. 采用超率累进税率征收的税种是(　　)。

A. 资源税

B. 土地增值税

C. 个人所得税

D. 企业所得税

6. 按课税对象的单位直接规定固定征税数额的税率是(　　)。

A. 比例税率

B. 累进税率

C. 定额税率

D. 幅度税率

7. 负有代扣代缴义务的单位和个人称为(　　)。

A. 扣缴义务人

B. 纳税人

C. 负税人

D. 征税人

8. 税法的核心要素是(　　)。

A. 征税对象

B. 税率

C. 税基

D. 税源

9. 按照税法征收对象的不同,关税应属于(　　)。

A. 流转税税法

B. 所得税税法

C. 财产、行为税税法

D. 资源税税法

10. 在税法的构成要素中,(　　)是对课税对象的量的规定。

A. 纳税人

B. 税基

C. 税率

D. 税目

11. 下列情形中,企业应履行代收代缴税款义务的是(　　)。

A. 企业向员工交付工资

B. 企业受托加工应税消费品

C. 企业向境外支付特许权使用费

D. 联合企业收购未税矿产品

12. 下列与纳税人相关的表述中,正确的是(　　)。

A. 纳税人就是负税人

B. 在代扣代缴关系中,代扣人是真正的纳税人

C. 在代收代缴关系中,代收人是真正的纳税人

D. 纳税人与负税人有时候一致,有时候不一致

二、多项选择题

1. 关于税收和税法的规定,下列说法正确的是(　　)。

A. 税法的本质是调整纳税人之间的权利与义务关系

B. 税收是凭借政治权力,强制地、有偿地取得财政收入的一种形式

C. 税收的本质是社会产品分配关系

D. 税法是税收制度的法律表现形式

2. 下列税法要素各项的表述正确的有(　　)。

A. 对于累进税率,一般情况下,课税数额越大,适用税率越高

B. 比例税率是对同一征税对象,不分数额大小,规定相同的征收比例

C. 税目是各个税种所规定的具体征税项目

D. 纳税人又叫纳税主体

3. 下列各项属于间接税的有(　　)。

A. 增值税   B. 消费税

C. 关税   D. 个人所得税

4. 根据《关于增值税发票开具有关问题的公告》(国家税务总局公告 2017 年第 16 号)规定,下列各项正确的是(　　)。

A. 增值税普通发票需要填写购买方纳税人识别号或统一社会信用代码

B. 销售平台系统要与增值税发票税控系统后台对接

C. 个人和个体工商户也需提供纳税人识别号

D. 可以根据购买方的要求,填开与实际交易不符的内容

5. 我国现行税制中采用的累进税率的形式有(　　)。

A. 全额累进税率   B. 超率累进税率

C. 超额累进税率   D. 超倍累进税率

6. 计税依据按照计量单位来划分,有以下几种类型:(　　)。

A. 实物计征   B. 复合计征

C. 从价计征   D. 从量计征

7. 下列属于税法构成要素的有(　　)。

A. 纳税人   B. 征税对象

C. 税率   D. 减免税

8. 下列各项中,属于法定税务登记事项的有(　　)。

A. 开业税务登记   B. 注销税务登记

C. 停业税务登记   D. 临时经营税务登记

9. 纳税人进行纳税申报时,可以采取的申报方式有(　　)。

A. 直接申报   B. 委托申报

C. 邮寄申报   D. 数据电文申报

10. 下列说法正确的是(　　)。

A. 征税对象是衡量税负轻重与否的重要标志

B. 税目是在税法中对征税对象分类规定的具体征税项目

C. 税法的总则主要包括立法依据、立法目的、适用原则等

D. 纳税人是税法规定的直接负有纳税义务的单位

三、判断题

1. 税法是调整税务机关与纳税人关系的法律规范,其本质是税务机关依据国家的行政权力向公民进行课税。(　　)

2. 税法的作用就是组织国家财政收入。(　　)

3. 销售方开具增值税发票时,可以根据购买方要求填开与实际交易不符的内容。(　　)

4. 纳税人在纳税期内没有应纳税款的,不必办理纳税申报。(　　)

5. 负税人是最终承担税收负担的单位和个人,它与纳税人既有联系,又有区别。(　　)

6. 中华人民共和国现行税法体系是由税收实体法构成的。(　　)

7. 税务登记是税务机关依据税法规定对纳税人的生产经营活动进行登记的一种基本制度。(　　)

8. 纳税人在停业期间发生纳税义务的,应当按照税收法律、行政法规的规定申报缴纳税款。(　　)

四、案例分析

1. 甲公司 2022 年 1 月份计算王某的工资收入减除费用、专项扣除并扣除三险一金后为 7200 元,王某依法应当预缴的个人所得税为 510 元,但并非由王某直接向主管税务机关申报缴纳,而是由甲公司在向王某支付工资时,从所支付的工资中依法直接代扣税款并代为缴纳。甲公司应当实际支付给王某 7200−510＝6690(元)。请明确指出本案例中的纳税义务人和代扣代缴义务人。

2. A 企业是 2021 年 9 月新设立的有限责任公司,于当月 15 日领取了"五证合一、一照一码"营业执照,18 日开张正式营业后,便没有再到税务机关办理任何手续了。A 企业负责人认为 A 企业规模不大,业务不多,况且 2016 年 10 月 1 日全国推行"五证合一、一照一码"登记制度改革,因此不需要再到税务机关办理任何手续了,也没有进行纳税申报。试分析 A 企业办理税务登记和申报纳税方面是否有问题。

第二章　增值税纳税实务

知识目标

要求学生掌握增值税的基本规定、增值税应纳税额的计算、税收优惠和申报缴纳的相关规定，了解增值税专用发票的开具和管理相关规定。

能力目标

通过学习本章，学生能对增值税纳税人身份进行识别，能对纳税人发生业务适用税率进行判断，能对进项税额是否准予从销项税额中抵扣进行判断，能够根据纳税人所发生的业务正确计算增值税应纳税额，能填写"增值税纳税申报表"等相关资料。

案例引入

增值税的发展历程

1954年，一个新的税种在法国诞生，因其有效地解决了传统销售税的重复征税问题，迅速被世界各国采用，它就是增值税。

我国于1979年7月在湖北省襄阳市首次试行增值税；1984年增值税正式纳入我国税收体系，成为独立税种；1994年我国实施分税制改革，对增值税进行了大刀阔斧的改革，进一步完善增值税制度；2004年，我国开始在部分地区试点并于2008年全面进行增值税转型改革，由生产型增值税逐渐转变为消费型增值税；2012年，为了解决营业税重复计税以及营业税中断了增值税的抵扣链条等问题，我国选定了交通运输等部分行业进行"营改增"试点，2016年5月1日全面执行"营改增"；2017年增值税进行减税降负改革，增值税税率由17％、13％、11％、6％四档简并到17％、11％、6％三档；2018年5月1日起增值税税率下调至16％、10％、6％三档；2019年进一步降低增值税税率（下调至13％、9％、6％三档），扩大进项税额抵扣范围，正式建立留抵退税制度，推出阶段性加计抵减政策；2020年至2021年，结合疫情防控各阶段特点和需要，分批次密集出台多项扶持政策，并扩大部分先进制造业全额退还增量留抵税额政策范围；2022年，进一步加大普惠性增值税优惠政策支持力度，特别是实施大规模增值税留抵退税。

从我国增值税税收体制改革的历史演进过程中，我们可以看到中国经济的迅猛发展，以及国家让利于民的决心，我国政府为减轻企业负担、增强企业发展信心、激发企业创新活力所做出的巨大努力和重要贡献。

第一节　增值税的基本规定

一、增值税的概念和特点

现行的增值税基本规范是《中华人民共和国增值税暂行条例》（1993 年 12 月 13 日中华人民共和国国务院令第 134 号公布，2017 年第二次修订，以下简称《增值税暂行条例》）和《中华人民共和国增值税暂行条例实施细则》（2008 年 12 月 18 日财政部 国家税务总局令第 50 号公布，2011 年修订，以下简称《增值税暂行条例实施细则》）。

（一）增值税的概念

增值税是指以商品和劳务在流转过程中产生的增值额作为征税对象而征收的一种流转税。按照我国增值税法的规定，增值税是对在我国境内销售货物或者加工、修理修配劳务（以下简称劳务），销售服务、无形资产、不动产以及进口货物的单位和个人，就其销售货物、劳务、服务、无形资产、不动产的增值额和货物进口金额为计税依据而课征的一种流转税。

（二）增值税的特点

1. 普遍征收

增值税征收通常存在于包括生产、流通或消费过程中的各个环节，是以增值额或价差为计税依据的中性税种，理论上包括农业各个产业领域（种植业、林业和畜牧业）、采矿业、制造业、建筑业、交通和商业服务业等，或者原材料采购、生产制造、批发、零售与消费各个环节。

2. 实行价外计税

增值税实行价外计税，即以不含增值税税额的价格为计税依据。销售商品时，增值税专用发票上要分别注明增值税税款和不含增值税的价格，以消除增值税对成本、利润、价格的影响。

3. 避免重复征税

在全国范围内使用统一的增值税专用发票，实行根据发票上注明的税金进行税款抵扣的制度。即除直接向消费者销售货物或劳务、销售免税货物以及小规模纳税人销售货物和劳务等情形必要时应开具普通发票外，企业对外销售其他货物或劳务时，还必须向购买方开具增值税专用发票。这样，企业即可依据增值税专用发票上记载的销项税款与购买货物或劳务时所付进项税款相抵后的余额，核定企业当期应纳的增值税。增值税专用发票避免了重复征税，明确了购销双方之间的纳税利益关系。

二、增值税的纳税人

增值税的纳税人按会计核算水平和经营规模分为一般纳税人和小规模纳税人。

（一）一般纳税人的登记管理

增值税纳税人年应税销售额超过财政部、国家税务总局规定的小规模纳税人标准（以下简称规定标准）的，除以下两种情况外，应当向主管税务机关办理一般纳税人登记。

（1）按照政策规定，选择按照小规模纳税人纳税的。

（2）年应税销售额超过规定标准的其他个人。

年应税销售额，是指纳税人在连续不超过 12 个月或 4 个季度的经营期内累计应征增值税销售额，包括纳税申报销售额、稽查查补销售额、纳税评估调整销售额。

销售服务、无形资产或者不动产（以下简称应税行为）有扣除项目的增值税纳税人，其应税行为年应税销售额按未扣除之前的销售额计算。增值税纳税人偶然发生的销售无形资产、转让不动产的销售额，不计入应税行为年应税销售额。

年应税销售额未超过规定标准的增值税纳税人，会计核算健全，能够提供准确税务资料的，可以向主管税务机关办理一般纳税人登记。

这里所称会计核算健全，是指能够按照国家统一的会计制度规定设置账簿，根据合法、有效凭证进行核算。

（二）小规模纳税人的认定标准及管理

小规模纳税人的具体认定标准为年应税销售额 500 万元及以下。

年应税销售额超过规定标准的增值税纳税人按照政策规定，选择按照小规模纳税人纳税的，应当向主管税务机关提交书面说明。

一般纳税人符合以下条件的，在 2020 年 12 月 31 日前，可选择转登记为小规模纳税人：转登记日前连续 12 个月（以 1 个月为 1 个纳税期）或者连续 4 个季度（以 1 个季度为 1 个纳税期）累计应税销售额未超过 500 万元。

转登记纳税人按规定再次登记为一般纳税人后，不得再转登记为小规模纳税人。

三、增值税征税范围

（一）征税范围的一般规定

现行增值税征税范围包括销售货物、劳务、服务、无形资产、不动产和进口货物。

1. 销售货物

货物是指有形动产，包括电力、热力、气体在内。销售货物是指有偿转让货物的所有权。

2. 销售劳务

劳务是指纳税人提供的加工、修理修配劳务。加工是指受托加工货物，即委托方提供原料及主要材料，受托方按照委托方的要求，制造货物并收取加工费的业务。修理修配是指受托对损伤和丧失功能的货物进行修复，使其恢复原状和功能的业务。

销售劳务是指有偿提供加工、修理修配劳务。单位或者个体工商户聘用的员工为本单位或者雇主提供劳务，不包括在内。

3. 销售服务、无形资产和不动产

（1）这里的服务包括交通运输服务、邮政服务、电信服务、建筑服务、金融服务、现代服

务、生活服务。

①交通运输服务。交通运输服务,是指利用运输工具将货物或者旅客送达目的地,使其空间位置得到转移的业务活动,包括陆路运输服务、水路运输服务、航空运输服务和管道运输服务。

②邮政服务。邮政服务,是指中国邮政集团公司及其所属邮政企业提供邮件寄递、邮政汇兑和机要通信等邮政基本服务的业务活动,包括邮政普遍服务、邮政特殊服务和其他邮政服务。

③电信服务。电信服务,是指利用有线、无线的电磁系统或者光电系统等各种通信网络资源,提供语音通话服务,传送、发射、接收或者应用图像、短信等电子数据和信息的业务活动,包括基础电信服务和增值电信服务。

④建筑服务。建筑服务,是指各类建筑物、构筑物及其附属设施的建造、修缮、装饰,线路、管道、设备、设施等的安装以及其他工程作业的业务活动,包括工程服务、安装服务、修缮服务、装饰服务和其他建筑服务。

⑤金融服务。金融服务,是指经营金融保险的业务活动,包括贷款服务、直接收费金融服务、保险服务和金融商品转让。

⑥现代服务。现代服务,是指围绕制造业、文化产业、现代物流产业等提供技术性、知识性服务的业务活动,包括研发和技术服务、信息技术服务、文化创意服务、物流辅助服务、租赁服务、鉴证咨询服务、广播影视服务、商务辅助服务和其他现代服务。

⑦生活服务。生活服务,是指为满足城乡居民日常生活需求提供的各类服务活动,包括文化体育服务、教育医疗服务、旅游娱乐服务、餐饮住宿服务、居民日常服务和其他生活服务。提供餐饮服务的纳税人销售的外卖食品,按照"餐饮服务"缴纳增值税。

(2)销售无形资产,是指转让无形资产所有权或者使用权的业务活动。无形资产,是指不具实物形态,但能带来经济利益的资产,包括技术、商标、著作权、商誉、自然资源使用权和其他权益性无形资产。

(3)销售不动产,是指转让不动产所有权的业务活动。不动产,是指不能移动或者移动后会引起性质、形状改变的财产,包括建筑物、构筑物等。

(4)销售服务、无形资产或者不动产,是指有偿提供服务、有偿转让无形资产或者不动产,但属于下列非经营活动的情形除外。

①行政单位收取的同时满足以下条件的政府性基金或者行政事业性收费:由国务院或者财政部批准设立的政府性基金,由国务院或者省级人民政府及其财政、价格主管部门批准设立的行政事业性收费;收取时开具省级以上(含省级)财政部门监(印)制的财政票据;所收款项全额上缴财政。

②单位或者个体工商户聘用的员工为本单位或者雇主提供取得工资的服务。

③单位或者个体工商户为聘用的员工提供服务。

④财政部和国家税务总局规定的其他情形。

(二)征税范围的特殊规定

增值税的征税范围除了上述一般规定以外,还有对经济实务中某些特殊项目或行为的特殊规定。

1. 特殊项目的规定

（1）罚没物品免征增值税问题。

① 执罚部门和单位查处的属于一般商业部门经营的商品,具备拍卖条件的,由执罚部门或单位商同级财政部门同意后,公开拍卖。其拍卖收入作为罚没收入由执罚部门和单位如数上缴财政,不予征税。

② 执罚部门和单位查处的属于一般商业部门经营的商品,不具备拍卖条件的,由执罚部门、财政部门、国家指定销售单位会同有关部门按质论价,交由国家指定销售单位纳入正常销售渠道变价处理。执罚部门按商定价格所取得的变价收入作为罚没收入如数上缴财政,不予征税。国家指定销售单位将罚没物品纳入正常销售渠道销售的,应照章征收增值税。

③ 执罚部门和单位查处的属于专管机关管理或专营企业经营的财物,如金银(不包括金银首饰)、外币、有价证券、非禁止出口文物,应交由专管机关或专营企业收兑或收购。执罚部门和单位按收兑或收购价所取得的收入作为罚没收入如数上缴财政,不予征税。

（2）航空运输企业已售票但未提供航空运输服务取得的逾期票证收入,按照航空运输服务征收增值税。

（3）纳税人取得的中央财政补贴,不属于增值税应税收入,不征收增值税。

（4）融资性售后回租业务中,承租方出售资产的行为不属于增值税的征税范围,不征收增值税。

（5）药品生产企业销售自产创新药的销售额,为向购买方收取的全部价款和价外费用,其提供给患者后续免费使用的相同创新药,不属于增值税视同销售范围。

（6）根据国家指令无偿提供的铁路运输服务、航空运输服务,属于《营业税改征增值税试点实施办法》第十四条规定的用于公益事业的服务,不征收增值税。

（7）存款利息不征收增值税。

（8）被保险人获得的保险赔付不征收增值税。

（9）房地产主管部门或者其指定机构、公积金管理中心、开发企业以及物业管理单位代收的住宅专项维修资金,不征收增值税。

（10）纳税人在资产重组过程中,通过合并、分立、出售、置换等方式,将全部或者部分实物资产以及与其相关联的债权、负债和劳动力一并转让给其他单位和个人,其中涉及的不动产、土地使用权转让行为,不征收增值税。

2. 属于征税范围的特殊行为

（1）视同销售货物行为。

单位或者个体工商户的下列行为,视同销售货物:

① 将货物交付其他单位或者个人代销;

② 销售代销货物;

③ 设有两个以上机构并实行统一核算的纳税人,将货物从一个机构移送其他机构用于销售,但相关机构设在同一县(市)的除外;

④ 将自产或者委托加工的货物用于非增值税应税项目;

⑤ 将自产、委托加工的货物用于集体福利或者个人消费;

⑥ 将自产、委托加工或者购进的货物作为投资,提供给其他单位或者个体工商户;

⑦ 将自产、委托加工或者购进的货物分配给股东或者投资者；

⑧ 将自产、委托加工或者购进的货物无偿赠送其他单位或者个人；

⑨ 单位或者个体工商户向其他单位或者个人无偿提供服务、无偿转让无形资产或者不动产，但用于公益事业或者以社会公众为对象的除外；

⑩ 财政部和国家税务总局规定的其他情形。

（2）混合销售行为。

一项销售行为如果既涉及货物又涉及服务，为混合销售行为。从事货物的生产、批发或者零售的单位和个体工商户的混合销售行为，按照销售货物缴纳增值税；其他单位和个体工商户的混合销售行为，按照销售服务缴纳增值税。

上述从事货物的生产、批发或者零售的单位和个体工商户，包括以从事货物的生产、批发或者零售为主，并兼营销售服务的单位和个体工商户在内。

混合销售行为成立的行为标准有两点，一是其销售行为必须是一项，二是该项行为必须既涉及货物销售又涉及服务销售。

在确定混合销售行为是否成立时，其行为标准中的上述两点必须同时存在，如果一项销售行为只涉及销售服务，不涉及货物，这种行为就不是混合销售行为；反之，如果涉及销售服务和涉及货物的行为，不是存在于一项销售行为之中的，这种行为也不是混合销售行为。

四、增值税税收优惠

（一）《增值税暂行条例》规定的免税项目

（1）农业生产者销售的自产农产品。

农业，是指种植业、养殖业、林业、牧业、水产业。农业生产者，包括从事农业生产的单位和个人。农产品，是指初级农产品，具体范围由财政部、国家税务总局确定。

（2）避孕药品和用具。

（3）古旧图书，是指向社会收购的古书和旧书。

（4）直接用于科学研究、科学试验和教学的进口仪器、设备。

（5）外国政府、国际组织无偿援助的进口物资和设备。

（6）由残疾人的组织直接进口供残疾人专用的物品。

（7）销售自己使用过的物品。

（二）营改增规定的税收优惠政策

下列项目免征增值税。

（1）托儿所、幼儿园提供的保育和教育服务。

（2）养老机构提供的养老服务。

（3）残疾人福利机构提供的育养服务。

（4）婚姻介绍服务。

（5）殡葬服务。

（6）残疾人员本人为社会提供的服务。

（7）医疗机构提供的医疗服务。

（8）从事学历教育的学校提供的教育服务。

（9）学生勤工俭学提供的服务。

（10）农业机耕、排灌、病虫害防治、植物保护、农牧保险以及相关技术培训业务，家禽、牲畜、水生动物的配种和疾病防治。

（11）纪念馆、博物馆、文化馆、文物保护单位管理机构、美术馆、展览馆、书画院、图书馆在自己的场所提供文化体育服务取得的第一道门票收入。

（12）寺院、宫观、清真寺和教堂举办文化、宗教活动的门票收入。

（13）行政单位之外的其他单位收取的符合规定条件的政府性基金和行政事业性收费。

（14）个人转让著作权。

（15）其他符合规定的优惠政策。

（三）增值税的即征即退

（1）销售软件产品。增值税一般纳税人销售其自行开发生产的软件产品，在按13％的税率征收增值税后，对实际税负超过3％的部分实行即征即退。

一般纳税人将进口软件产品进行本地化改造（是指对进口软件产品进行重新设计、改进、转换等，单纯对进口软件产品进行汉字化处理不包括在内）后对外销售，也享受增值税即征即退政策。

（2）一般纳税人提供管道运输服务，对其增值税实际税负超过3％的部分实行增值税即征即退政策。

（3）经中国人民银行、银保监会或者商务部批准从事融资租赁业务的试点纳税人中的一般纳税人，提供有形动产融资租赁服务和有形动产融资性售后回租服务，对其增值税实际税负超过3％的部分，实行增值税即征即退政策。

（4）纳税人享受安置残疾人增值税即征即退优惠政策，这里的纳税人是指安置残疾人的单位和个体工商户。

五、增值税税率和征收率

我国增值税采用比例税率，按照一定的比例征收。为了发挥增值税的中性作用，原则上增值税的税率应该对不同行业不同企业实行单一税率，即基本税率。实践中为照顾一些特殊行业或产品，也增设了一档低税率，对出口产品实行零税率。增值税纳税人分为两类，针对这两类不同的纳税人又采用了不同的税率。

（一）增值税税率

（1）增值税一般纳税人销售、劳务、服务、无形资产、不动产或者进口货物，除下列（2）、（3）、（5）、（6）外，一律为13％的基本税率。

（2）纳税人销售或者进口下列货物，税率为9％：

粮食等农产品、食用植物油、食用盐；自来水、暖气、冷气、热水、煤气、石油液化气、天然气、二甲醚、沼气、居民用煤炭制品；图书、报纸、杂志、音像制品、电子出版物；饲料、化肥、农药、农机、农膜；国务院规定的其他货物。

（3）增值税一般纳税人提供交通运输、邮政、基础电信、建筑、不动产租赁服务，销售不动产，转让土地使用权，税率为9％。

（4）提供有形动产租赁服务，税率为13％。

（5）纳税人销售增值电信服务、金融服务、现代服务（租赁服务除外）、生活服务以无形资产（不含土地使用权），税率为 6％。

（6）纳税人出口货物（国务院另有规定的除外），境内单位和个人发生符合规定的跨境应税行为，税率为零。

（二）增值税征收率

增值税征收率是指对特定的货物或特定的纳税人发生应税销售行为在某一生产流通环节应纳税额与销售额的比率。增值税征收率适用于两种情况，一是小规模纳税人，二是一般纳税人发生应税销售行为按规定可以选择简易计税方法计税的。

（1）3％的征收率。销售货物、无形资产，提供应税服务，有形动产租赁，资管产品运营收益等，适用 3％的征收率。

（2）5％的征收率。销售不动产（不含自建），符合条件的不动产融资租赁、经营租赁（转让土地使用权），提供劳务派遣服务、人力资源外包服务等，适用 5％的征收率。

（三）兼营行为的税率选择

一般纳税人兼营销售货物、劳务、服务、无形资产或者不动产适用不同税率或者征收率的，应当分别核算适用不同税率或者征收率的销售额，未分别核算销售额的，按照以下方法适用税率或者征收率。

（1）兼有不同税率的销售货物、劳务、服务、无形资产或者不动产，从高适用税率。

（2）兼有不同征收率的销售货物、劳务、服务、无形资产或者不动产，从高适用征收率。

（3）兼有不同税率和征收率的销售货物、劳务、服务、无形资产或者不动产，从高适用税率。

六、增值税起征点

根据《增值税暂行条例》第十七条的规定，纳税人销售额未达到国务院财政、税务主管部门规定的增值税起征点的，免征增值税；达到起征点的，依照本条例规定全额计算缴纳增值税。

增值税起征点仅适用于按照小规模纳税人纳税的个体工商户和其他个人。

第二节　增值税应纳税额的计算

一、一般纳税人应纳税额的计算

我国目前对一般纳税人采用的计税方法是国际上通行的购进扣税法，即先按当期销售额和适用税率计算出销项税额，然后对当期购进项目已经缴纳的税款进行抵扣，从而间接计算出对当期增值额部分的应纳税额。

增值税一般纳税人发生应税销售行为的应纳税，等于当期销项税额抵扣当期进项税额后的余额。其计算公式如下：

当期应纳税额＝当期销项税额－当期进项税额

＝当期销售额×适用税率－当期进项税额

增值税一般纳税人当期应纳税额的多少,取决于当期销项税额和当期进项税额这两个因素。而前者的多少取决于当期销售额。

（一）销项税额的计算

销项税额是指纳税人发生应税销售行为时,按照销售额与规定税率计算并向购买方收取的增值税税额。销项税额的计算公式如下:

销项税额＝销售额×适用税率

1. 一般销售方式下的销售额

销售额是指纳税人发生应税销售行为时向购买方收取的全部价款和价外费用。由于增值税采用价外计税方式,用不含税价格作为计税依据,因而销售额中不包括向购买方收取的销项税额。

价外费用,包括价外向购买方收取的手续费、补贴、基金、集资费、返还利润、奖励费、违约金、滞纳金、延期付款利息、赔偿金、代收款项、代垫款项、包装费、包装物租金、储备费、优质费、运输装卸费及其他各种性质的价外收费,但下列项目不包括在内。

（1）受托加工应征消费税的消费品所代收代缴的消费税。

（2）同时符合以下条件的代垫运输费用:承运部门的运输费用发票开具给购买方的;纳税人将该项发票转交给购买方的。

（3）同时符合以下条件代为收取的政府性基金或行政事业性收费:

① 由国务院或财政部批准设立的政府性基金,由国务院或者省级人民政府及其财政、价格主管部门批准设立的行政事业性收费;

② 收取时开具省级以上财政部门印制的财政票据;

③ 所收款项全额上缴财政。

（4）以委托方名义开具发票代委托方收取的款项。

（5）销售货物的同时因代办保险等而向购买方收取的保险费,以及向购买方收取的代购买方缴纳的车辆购置税、车辆牌照费。

凡随同应税销售行为向购买方收取的价外费用,无论其会计制度如何核算,均应并入销售额计算应纳税额。

增值税一般纳税人向购买方收取的价外费用和逾期的包装物押金,应视为含税收入,在征税时应换算为不含税收入,再并入销售额。

2. 特殊销售方式下的销售额

在不同的销售方式下,销售方取得的销售额会有所不同。税法对几种具体销售方式下销售额的确定分别作了相应规定。

（1）采取折扣方式销售货物。在现实经济活动中,纳税人采取的折扣方式一般可区分为折扣销售、销售折扣、销售折让三种形式。

① 折扣销售,又称商业折扣,是指卖方在发生应税销售行为时,因买方购货数量较大等原因而给予购货方的价格优惠。根据相关规定,如果销售额和折扣额在同一张发票上分别注明,可按折扣后的销售额征收增值税;如果将折扣额另开发票,不论其在财务核算上如何处理,均不得从销售额中减除折扣额。另外,折扣销售仅限于货物价格的折扣。如果销售方

将自产、委托加工或购买的货物用于实物折扣(实物折扣,是指销货方在销售过程中,向购买方配送、赠送一定数量的货物),该实物款则不能从货物销售额中减除,应按"视同销售货物"中的"赠送他人"计算征收增值税。

② 销售折扣,又称现金折扣,是指卖方为鼓励买方尽早付清货款而在协议中许诺在价格方面给予买方的一种折扣优惠。由于这种折扣是在销售货物之后发生的,属于企业融资行为,是一种融资性质的理财费用,因此不得从销售额中减除。

③ 销售折让,是指货物卖出后买方发现其品种、质量有问题,但没有提出退货,而是要求卖方给予一定的价格折让。销售折让实质上属于因货物质量、品种等不符合要求而导致的原销售额减少,所以应以折让后的销售额作为计税销售额。

【例2-1】 2022年3月,甲企业向乙企业销售1000件玩具,每件不含税价格为20元,由于乙企业购买数量较多,甲企业按原件的8折优惠销售。则甲企业该项业务的销项税额是多少?

解答:

销项税额 $= 20 \times 80\% \times 1000 \times 13\% = 2080$(元)

(2)采取以旧换新方式销售货物。其销售额应按新货物的同期销售价格确定,不得减除旧货物的收购额。但对金银首饰的以旧换新业务,允许按销售方实际收取的不含增值税的全部价款征收增值税。

(3)采取还本销售方式销售货物。其销售额就是销售货物的价格,不得从销售额中减除还本支出。

(4)采取以物易物方式销售货物。购销双方都应做购销处理,以各自发出的货物核算销售额并计算销项税额,以各自收到的货物核算购货额并计算进项税额。

(5)包装物押金。纳税人为销售货物而出租出借包装物而收取的押金,单独记账核算的,时间在一年以内,又未逾期的,不并入销售额征税,但对因逾期未收回包装物而不再退还的押金,应按所包装货物的适用税率计算销项税额。由于包装物押金属于价外费用,应将其视为含税收入,需将其换算为不含税收入,再并入销售额征税。

(6)直销的税务处理。直销企业先将货物销售给直销员,直销员再将货物销售给消费者的,直销企业的销售额为其向直销员收取的全部价款和价外费用。直销员将货物销售给消费者时,应按照现行规定缴纳增值税。直销企业通过直销员向消费者销售货物,直接向消费者收取货款,直销企业的销售额为其向消费者收取的全部价款和价外费用。

(7)贷款服务的销售额。贷款服务,以提供贷款服务取得的全部利息及利息性质的收入为销售额。银行提供贷款服务按期计收利息的,结息日当日计收的全部利息收入,均应计入结息日所属期的销售额,按照现行规定计算缴纳增值税。

(8)直接收费金融服务的销售额。直接收费金融服务,以提供直接收费金融服务收取的手续费、佣金、酬金、管理费、服务费、经手费、开户费、过户费、结算费、转托管费等各类费用为销售额。

3. 按差额确定销售额

虽然原营业税的征税范围全行业均纳入增值税的征收范围,但是目前仍然有无法通过抵扣机制避免重复征税的情况存在,因此引入了差额征税的办法,解决纳税人税收负担增加问题。以下项目属于按差额确定销售额。

（1）金融商品转让的销售额,按照卖出价扣除买入价后的余额为销售额。

（2）经纪代理服务的销售额,以取得的全部价款和价外费用,扣除向委托方收取并代为支付的政府性基金或者行政事业性收费后的余额为销售额。向委托方收取的政府性基金或者行政事业性收费,不得开具增值税专用发票。

（3）融资租赁的销售额,经人民银行、银保监会或者商务部批准从事融资租赁业务的试点纳税人,提供融资租赁服务,以取得的全部价款和价外费用,扣除支付的借款利息（包括外汇借款和人民币借款利息）、发行债券利息和车辆购置税后的余额为销售额。

（4）融资性售后回租的销售额,经人民银行、银保监会或者商务部批准从事融资租赁业务的试点纳税人,提供融资性售后回租服务,以取得的全部价款和价外费用（不含本金）,扣除对外支付的借款利息（包括外汇借款和人民币借款利息）、发行债券利息后的余额作为销售额。

（5）航空运输企业的销售额,不包括代收的机场建设费和代售其他航空运输企业客票而代收转付的价款。

（6）一般纳税人提供客运场站服务,以其取得的全部价款和价外费用,扣除支付给承运方运费后的余额为销售额。

（7）纳税人提供旅游服务,可以选择以取得的全部价款和价外费用,扣除向旅游服务购买方收取并支付给其他单位或者个人的住宿费、餐饮费、交通费、签证费、门票费和支付给其他接团旅游企业的旅游费用后的余额为销售额。

4. 视同发生应税销售行为的销售额确定

纳税人发生应税销售行为价格明显偏低或者偏高且不具有合理商业目的的,或发生视同应税销售行为而无销售额的,主管税务机关有权按下列顺序确定其销售额。

（1）按纳税人最近时期同类货物的平均销售价格确定。

（2）按其他纳税人最近时期同类货物服务等的平均销售价格确定。

（3）按组成计税价格确定。组成计税价格的计算公式如下：

组成计税价格＝成本×(1＋成本利润率)

成本利润率由国家税务总局确定。

【例2-2】 甲针织厂为一般纳税人,2021年6月将自产的针织内衣作为福利发放给本厂职工。共发放A型内衣400件,同类产品每件销售价为150元。发放B型内衣200件,无同类产品销售价格,生产B型内衣的总成本为38 000元,规定的成本利润率为10%。那么这两项视同销售行为的销售额是多少?

解答：

A型内衣的销售额＝400×150＝60 000(元)

B型内衣的销售额＝38 000×(1＋10%)＝41 800(元)

这两项视同销售行为的销项税额＝(60 000＋41 800)×13%＝13 234(元)

5. 含税销售额的换算

一般纳税人发生应税销售行为,采用销售额和销项税额合并定价方法的,按下列公式计算销售额。

销售额＝含税销售额÷(1＋增值税税率)

【例 2-3】 甲商场向消费者销售电视机,2022 年 5 月销售 100 台,每台含税销售价为 1130 元,增值税税率为 13%。计算该商场 5 月份的销售额和销项税额。

解答:

该商场 5 月份的销售额和销项税额分别为:

不含税销售额＝(100×1130)÷(1＋13%)＝100 000(元)

销项税额＝100 000×13%＝13 000(元)

(二)进项税额的计算

进项税额,是指纳税人购进货物、劳务、服务、无形资产或者不动产所支付或者负担的增值税额。

1. 准予从销项税额中抵扣的进项税额

(1)从销售方取得的增值税专用发票上注明的增值税额。

(2)从海关取得的海关进口增值税专用缴款书上注明的增值税额。

(3)自境外单位或者个人购进劳务、服务、无形资产或者境内的不动产,从税务机关或者扣缴义务人取得的代扣代缴税款的完税凭证上注明的增值税额。

(4)购进农产品,除取得增值税专用发票或海关进口增值税专用缴款书外,按照农产品收购发票或销售发票上注明的农产品买价和 9% 的扣除率计算的进项税额,国务院另有规定的除外。其进项税额计算公式如下:

进项税额＝买价×扣除率

(5)增值税一般纳税人在资产重组过程中,将全部资产、负债和劳动力一并转让给其他增值税一般纳税人,并按程序办理注销税务登记的,其在办理注销登记前尚未抵扣的进项税额可结转至新纳税人处继续抵扣。

(6)纳税人支付的道路、桥、闸通行费,按照以下规定抵扣进项税额。这里所称通行费,是指有关单位依法或者依规设立并收取的过路、过桥和过闸费用。

① 纳税人支付的道路通行费,按照收费公路通行费增值税电子普通发票上注明的增值税额抵扣进项税额。

② 纳税人支付的桥、闸通行费,暂凭取得的通行费发票上注明的收费金额按照下列公式计算可抵扣的进项税额:

桥、闸通行费可抵扣进项税额＝桥、闸通行费发票上注明的金额÷(1＋5%)×5%

(7)按照规定不得抵扣且未抵扣进项税额的固定资产、无形资产、不动产,发生用途改变,用于允许抵扣进项税额的应税项目,可在用途改变的次月按照下列公式计算可以抵扣的进项税额:

可以抵扣的进项税额＝固定资产、无形资产、不动产净值÷(1＋适用税率)×适用税率上述可以抵扣的进项税额应取得合法有效的增值税扣税凭证。

（8）纳税人租入固定资产、不动产,既用于一般计税方法计税项目,又用于简易计税方法计税项目、免征增值税项目、集体福利或者个人消费的,其进项税额准予从销项税额中全额抵扣。

（9）提供保险服务的纳税人以实物赔付方式承担机动车辆保险责任的,自行向车辆修理劳务提供方购进的车辆修理劳务,其进项税额可以按规定从保险公司销项税额中抵扣。

（10）纳税人购进国内旅客运输服务,其进项税额允许从销项税额中抵扣。

2. 不得从销项税额中抵扣的进项税额

纳税人购进货物、劳务、服务、无形资产、不动产,取得的增值税扣税凭证不符合法律、行政法规或者国务院税务主管部门有关规定的,其进项税额不得从销项税额中抵扣。这里所称增值税扣税凭证,是指增值税专用发票、海关进口增值税专用缴款书、农产品收购发票和农产品销售发票和完税凭证。

按《增值税暂行条例》和《关于全面推开营业税改征增值税试点的通知》及营改增相关规定,下列项目的进项税额不得从销项税额中抵扣。

（1）用于简易计税方法计税项目、免征增值税项目、集体福利或个人消费的购进货物、劳务、服务、无形资产和不动产。

（2）非正常损失的购进货物,以及相关的劳务和交通运输服务。

（3）非正常损失的在产品、产成品所耗用的购进货物(不包括固定资产)、劳务和交通运输服务。

（4）非正常损失的不动产,以及该不动产所耗用的购进货物、设计服务和建筑服务。

（5）非正常损失的不动产在建工程所耗用的购进货物、设计服务和建筑服务。纳税人新建、改建、扩建、修缮、装饰不动产,均属于不动产在建工程。

（6）购进的旅客运输服务、贷款服务、餐饮服务、居民日常服务和娱乐服务。

（7）纳税人接受贷款服务向贷款方支付的与该笔贷款直接相关的投融资顾问费、手续费、咨询费等费用,其进项税额不得从销项税额中抵扣。

（8）财政部和国家税务总局规定的其他情形。

（9）适用一般计税方法的纳税人,兼营简易计税方法计税项目、免征增值税项目而无法划分不得抵扣进项税额的,按照下列公式计算不得抵扣的进项税额:

不得抵扣的进项税额＝当期无法划分的全部进项税额×（当期简易计税方法计税项目销售额＋免征增值税项目销售额）÷当期全部销售额

（10）一般纳税人已抵扣进项税额的固定资产、无形资产或者不动产,发生《营业税改征增值税试点实施办法》第二十七条规定不得从销项税额中抵扣进项税额情形的,按照下列公式计算不得抵扣的进项税额:

不得抵扣的进项税额＝固定资产、无形资产或者不动产净值×适用税率

固定资产、无形资产或者不动产净值,是指纳税人根据财务会计制度计提折旧或摊销后的余额。

（11）有下列情形之一者,应当按照销售额和增值税税率计算应纳税额,不得抵扣进项税额,也不得使用增值税专用发票:

① 一般纳税人会计核算不健全,或者不能够提供准确税务资料的;

② 应当办理一般纳税人资格登记而未办理的。

该规定是为了加强对符合一般纳税人条件的纳税人的管理,防止利用一般纳税人和小规模纳税人的两种不同的征税办法少缴税款。

（三）应纳税额的计算

增值税一般纳税人发生应税销售行为的应纳税额应当等于当期销项税额抵扣当期进项税额后的余额。其计算公式如下:

当期应纳税额＝当期销项税额－当期进项税额

由于增值税实行购进扣税法,有时企业当期购进的货物很多,在计算应纳税额时会出现当期销项税额小于当期进项税额而不足抵扣的情况。根据《增值税暂行条例》第四条的规定,当期销项税额小于当期进项税额不足抵扣时,其不足部分可以结转下期继续抵扣。

【例2-4】 甲企业为增值税一般纳税人,2022年6月发生以下业务:

① 购进纪念品,取得增值税专用发票上注明增值税3200元,将其全部用于集体福利;

② 从某增值税小规模纳税人处购进原材料,取得普通发票,支付运输企业（增值税一般纳税人）不含税运输费10 000元,取得增值税专用发票;

③ 销售汽车装饰物品,取得不含税收入20 000元,提供汽车修理劳务取得不含税收入12 000元,出租汽车取得不含税租金收入5000元;

④ 当月将本企业使用过的2008年购入的一台机器设备销售,该机器设备购入时不得抵扣且未抵扣进项税额,取得含税销售收入25 750元,甲企业未放弃减税。

（其他相关资料:上述增值税专用发票的抵扣联均已经过认证）

要求:根据上述资料,按照下列序号计算回答问题,每一小题均须计算出合计数。

（1）计算该企业当月准予抵扣的进项税额。

（2）计算该企业当月的增值税销项税额。

（3）计算该企业当月增值税应纳税额。

解答:

（1）业务①:外购货物用于集体福利,不属于增值税视同销售货物行为,相应的货物进项税额不得抵扣;

业务②:从增值税小规模纳税人处购进原材料,由于取得的是普通发票,所以不得抵扣原材料的进项税额,但是支付的运费取得了增值税专用发票,可以凭票抵扣进项税额,准予抵扣的进项税额＝10 000×9％＝900(元)。

（2）业务③销售汽车装饰物品、提供汽车修理劳务、出租汽车,均属于增值税征收范围。该企业当月的增值税销项税额＝(20 000＋12 000＋5000)×13％＝4810(元)。

（3）业务④应缴纳的增值税＝25 750÷(1＋3％)×2％＝500(元);

该企业当月增值税应纳税额＝4810＋500－900＝4410(元)。

二、简易计税方法应纳税额的计算

纳税人发生应税销售行为适用简易计税方法的,应该按照销售额和征收率计算增值税应纳税额,并且不得抵扣进项税额,其增值税应纳税额的计算公式如下:

增值税应纳税额＝销售额×征收率

小规模纳税人一律采用简易计税方法计税。

按简易计税方法计税的销售额为不含税销售额,按下列公式可将含税销售额转化为不含税销售额:

销售额＝含税销售额÷(1＋征收率)

小规模纳税人因销货退回或折让退还给购买方的销售额,应从发生销货退回或折让当期的销售额中冲减。

> **【例 2-5】** 甲饭店为增值税小规模纳税人,2021 年 5 月取得含增值税的餐饮收入总额为 15.45 万元。计算该饭店 5 月增值税应纳税额。
>
> **解答:**
>
> 5 月取得的不含税销售额＝15.45÷(1＋3%)＝15(万元)
>
> 5 月增值税应纳税额＝15×3%＝0.45(万元)

三、进口货物应纳税额的计算

纳税人进口货物,按组成计税价格和《增值税暂行条例》规定的税率计算增值税应纳税额,不得抵扣任何税额。其计算公式如下:

组成计税价格＝关税完税价格＋关税＋消费税

增值税应纳税额＝组成计税价格×税率

> **【例 2-6】** 某外贸公司 2020 年 4 月进口 20 辆小轿车,每辆关税完税价格为 8 万元(人民币,下同),该公司当月售出其中 18 辆,每辆价税合并售价为 24 万元。已知小轿车每辆关税为 6.4 万元,消费税税率为 5%,增值税税率为 13%。
>
> 请计算该公司当月销售小轿车增值税应纳税额(保留小数点后两位数字)。
>
> **解答:**
>
> 当月进口小轿车增值税应纳税额＝(关税完税价格＋关税＋消费税)×税率
>
> ＝[8×20＋6.4×20＋(8×20＋6.4×20)÷(1－5%)×5%]×13%
>
> ≈39.41(万元)
>
> 当月销售小轿车销项税额＝18×24÷(1＋13%)×13%≈49.70(万元)
>
> 当月销售小轿车增值税应纳税额＝49.70－39.41＝10.29(万元)

四、出口退(免)税

出口货物、劳务和跨境应税行为退(免)税是国际贸易中通常采用的并为世界各国普遍接受的,目的在于鼓励各国出口货物公平竞争的一种退还或免征间接税(目前我国主要包括增值税、消费税)的税收措施,即对出口货物、劳务和跨境应税行为已承担或应承担的增值税和消费税等间接税实行退还或者免征。

(一)出口货物退(免)税的基本政策

目前,我国的出口货物税收政策分为以下三种形式。

1. 出口免税并退税

出口免税是指对货物、劳务和跨境应税行为在出口环节不征增值税、消费税;出口退税是指把货物出口环节与出口前实际承担的间接税税负,按规定的退税率计算后予以退还。

2. 出口免税不退税

出口免税与上述第1项的含义相同;出口不退税是指适用这个政策的出口货物、劳务和跨境应税行为因在前一道生产、销售环节或进口环节是免税的,出口时该货物的价格中本身就不含税,因而无须退税。

3. 出口不免税也不退税

出口不免税是指对国家限制或禁止出口的某些货物、劳务和跨境应税行为的出口环节视同内销环节,照常征税;出口不退税是指对这些货物、劳务和跨境应税行为出口不退还出口前其所负担的税款。

(二)出口货物退(免)税的适用范围

对下列出口货物、劳务和跨境应税行为,除适用《关于出口货物劳务增值税和消费税政策的通知》第六条(适用增值税免税政策的出口货物劳务)和第七条(适用增值税征税政策的出口货物劳务)规定以外,实行免征和退还增值税[以下称增值税退(免)税]政策。

(1)出口企业出口货物。
(2)出口企业或其他单位视同出口的货物。
(3)出口企业对外提供加工修理修配劳务。
(4)融资租赁货物出口退税。

(三)出口货物的退税率

除财政部和国家税务总局根据国务院决定而明确的增值税出口退税率外,出口货物的退税率为其适用税率。

服务和无形资产的退税率为其按照《增值税暂行条例》规定适用的增值税税率。

(四)出口货物退税的计算方法

我国现行增值税的出口退税制度是根据纳税人和出口贸易方式的不同,实行不同的退税办法,其退税额的计算方法也不相同。

(1)免抵退税办法。适用增值税一般计税方法的生产企业出口自产货物与视同自产货物、对外提供加工修理修配劳务,以及列名的74家生产企业出口非自产货物,免征增值税,相应的进项税额抵减应纳增值税税额(不包括适用增值税即征即退、先征后退政策的应纳增值税额),未抵减完的部分予以退还。

(2)免退税办法。不具有生产能力的出口企业或其他单位出口货物劳务,免征增值税,相应的进项税额予以退还。

第三节 增值税的申报与缴纳

一、增值税纳税义务发生时间

（一）基本规定

增值税纳税义务发生时间是指纳税人发生应税销售行为应当承担纳税义务的起始时间。规定纳税义务发生时间对增值税管理非常重要，因为纳税义务发生时间一经确定，必须按此时间计算应缴税款。税法明确规定纳税义务发生时间的作用在于：一是正式确认纳税人和扣缴义务人在已经发生属于税法规定的应税行为时，应承担纳税和扣缴义务；二是有利于税务机关实施税务管理，合理规定申报期限和纳税期限，监督纳税人切实履行纳税义务。

（二）具体规定

1. 纳税义务发生时间

纳税人发生应税行为，纳税义务发生时间为收讫销售款项或者取得索取销售款项凭据的当天；先开具发票的，为开具发票的当天。

（1）采取直接收款方式销售货物，不论货物是否发出，均为收到销售款或取得索取销售款项凭据的当天。

（2）采取托收承付和委托银行收款方式销售货物，为发出货物并办妥托收手续的当天。

（3）采取赊销和分期收款方式销售货物，为书面合同约定的收款日期的当天，无书面合同的或书面合同没有约定收款日期的，为货物发出的当天。

（4）采取预收货款方式销售货物，为货物发出的当天，但生产销售生产工期超过 12 个月的大型机械设备、船舶、飞机等货物，为收到预收款或者书面合同约定的收款日期的当天。

（5）委托其他纳税人代销货物，为收到代销单位销售的代销清单或者收到全部或者部分货款的当天；未收到代销清单及货款的，为发出代销商品满 180 天的当天。

（6）销售劳务，为提供劳务同时收讫销售款或取得索取销售款的凭据的当天。

（7）纳税人发生视同销售货物行为，为货物移送的当天。

（8）纳税人进口货物，其纳税义务发生时间为报关进口的当天。

除了上述一般规定外，一些行业的纳税义务发生时间规定如下：

（1）纳税人提供建筑服务、租赁服务采取预收款方式的，其纳税义务发生时间为收到预收款的当天。

（2）纳税人从事金融商品转让的，为金融商品所有权转移的当天。

（3）纳税人发生视同销售服务、无形资产或者不动产情形的，其纳税义务发生时间为服务、无形资产转让完成的当天或者不动产权属变更的当天。

2. 增值税扣缴义务发生时间

增值税扣缴义务发生时间为纳税人增值税纳税义务发生的当天。

二、纳税期限

（一）增值税纳税期限的规定

增值税的纳税期限分别为 1 日、3 日、5 日、10 日、15 日、1 个月或者 1 个季度。纳税人的具体纳税期限，由主管税务机关根据纳税人应纳税额的大小分别核定；不能按照固定期限纳税的，可以按次纳税。

（二）增值税报缴税款期限的规定

（1）纳税人以 1 个月或者 1 个季度为 1 个纳税期的，自期满之日起 15 日内申报纳税；以 1 日、3 日、5 日、10 日或者 15 日为 1 个纳税期的，自期满之日起 5 日内预缴税款，于次月 1 日起 15 日内申报纳税并结清上月应纳税款。

（2）纳税人进口货物，应当自海关填发进口增值税专用缴款书之日起 15 日内缴纳税款。

（3）纳税人出口货物适用退（免）税规定的，应当向海关办理出口手续，凭出口报关单等有关凭证，在规定的出口退（免）税申报期内按月向主管税务机关申报办理该项出口货物的退（免）税；境内单位和个人跨境销售服务和无形资产适用退（免）税规定的，应当按期向主管税务机关申报办理退（免）税。

三、纳税地点

（1）固定业户应当向其机构所在地主管税务机关申报纳税。总机构和分支机构不在同一县（市）的，应当分别向各自所在地主管税务机关申报纳税；经国务院财政、税务主管部门或者其授权的财政、税务机关批准，可以由总机构汇总向总机构所在地主管税务机关申报纳税。固定业户的总分支机构不在同一县（市），但在同一省（自治区、直辖市）范围内的，经省（自治区、直辖市）财政厅（局）、国家税务局审批同意，可以由总机构汇总向总机构所在地的主管税务机关申报缴纳增值税。

（2）固定业户到外县（市）销售货物或者劳务，应当向其机构所在地的主管税务机关报告外出经营事项，并向其机构所在地的主管税务机关申报纳税；未报告的，应当向销售地或者劳务发生地的主管税务机关申报纳税；未向销售地或者劳务发生地的主管税务机关申报纳税的，由其机构所在地的主管税务机关补征税款。

（3）非固定业户销售货物或者劳务，应当向销售地或者劳务发生地的主管税务机关申报纳税；未向销售地或者劳务发生地的主管税务机关申报纳税的，由其机构所在地或居住地的主管税务机关补征税款。

（4）其他个人提供建筑服务，销售或者租赁不动产，转让自然资源使用权，应向建筑服务发生地、不动产所在地、自然资源所在地主管税务机关申报纳税。

（5）扣缴义务人应当向其机构所在地或者居住地的主管税务机关申报缴纳扣缴的税款。

四、增值税纳税申报资料

增值税纳税申报资料包括纳税申报表及其附列资料和纳税申报其他资料。纳税申报表及其附列资料为必报资料。纳税申报其他资料的报备要求由各省、自治区、直辖市和计划单列市国家税务局确定。

纳税人申报增值税时,应一并申报附征的城市维护建设税、教育费附加和地方教育附加等附加税费。附加税费是随增值税附加征收的,附加税费单独申报易产生与增值税申报不同步等问题,整合主税附加税费申报表按照"一表申报、同征同管"的思路,将附加税费申报信息作为增值税申报表附列资料(附表),实现增值税和附加税费信息共用(共享数据),已有数据可由系统自动预填,降低纳税人申报错误几率,减轻纳税人的填报负担,提高办税效率。

(一)增值税及附加税费申报表(一般纳税人适用),见表 2-1

表 2-1　增值税及附加税费申报表
(一般纳税人适用)

根据国家税收法律法规及增值税相关规定制定本表。纳税人不论有无销售额,均应按税务机关核定的纳税期限填写本表,并向当地税务机关申报。

税款所属时间:自　年　月　日至　年　月　日　　填表日期:　年　月　日　　金额单位:　元(列至角分)

纳税人识别号(统一社会信用代码):□□□□□□□□□□□□□□□□□□□□　　所属行业:

纳税人名称:		法定代表人姓名		注册地址		生产经营地址	
开户银行及账号			登记注册类型			电话号码	

项目		栏次	一般项目		即征即退项目	
			本月数	本年累计	本月数	本年累计
销售额	(一)按适用税率计税销售额	1				
	其中:应税货物销售额	2				
	应税劳务销售额	3				
	纳税检查调整的销售额	4				
	(二)按简易办法计税销售额	5				
	其中:纳税检查调整的销售额	6				
	(三)免、抵、退办法出口销售额	7			——	——
	(四)免税销售额	8			——	——
	其中:免税货物销售额	9			——	——
	免税劳务销售额	10			——	——
税款计算	销项税额	11				
	进项税额	12				
	上期留抵税额	13				——
	进项税额转出	14				
	免、抵、退应退税额	15				
	按适用税率计算的纳税检查应补缴税额	16				
	应抵扣税额合计	17=12+13−14−15+16				——
	实际抵扣税额	18(如 17<11,则为17,否则为 11)				
	应纳税额	19=11−18				
	期末留抵税额	20=17−18				
	简易计税办法计算的应纳税额	21				
	按简易计税办法计算的纳税检查应补缴税额	22				
	应纳税额减征额	23				
	应纳税额合计	24=19+21−23				

续表

项目		栏次	一般项目		即征即退项目	
			本月数	本年累计	本月数	本年累计
税款缴纳	期初未缴税额(多缴为负数)	25				
	实收出口开具专用缴款书退税额	26			——	——
	本期已缴税额	27=28+29+30+31				
	① 分次预缴税额	28			——	——
	② 出口开具专用缴款书预缴税额	29			——	——
	③ 本期缴纳上期应纳税额	30				
	④ 本期缴纳欠缴税额	31				
	期末未缴税额(多缴为负数)	32=24+25+26-27				
	其中:欠缴税额(≥0)	33=25+26-27				
	本期应补(退)税额	34=24-28-29				
	即征即退实际退税额	35		——		
	期初未缴查补税额	36				
	本期入库查补税额	37				
	期末未缴查补税额	38=16+22+36-37				
附加税费	城市维护建设税本期应补(退)税额	39			——	——
	教育费附加本期应补(退)费额	40			——	——
	地方教育附加本期应补(退)费额	41			——	——
声明:此表是根据国家税收法律法规及相关规定填写的,本人(单位)对填报内容(及附带资料)的真实性、可靠性、完整性负责。 纳税人(签章): 年 月 日						
经办人: 经办人身份证号: 代理机构签章: 代理机构统一社会信用代码:			受理人: 受理税务机关(章): 受理日期: 年 月 日			

(二)增值税及附加税费申报表(小规模纳税人适用),见表 2-2

表 2-2 增值税及附加税费申报表
(小规模纳税人适用)

纳税人识别号(统一社会信用代码):□□□□□□□□□□□□□□□□□□□□

纳税人名称: 金额单位: 元(列至角分)

税款所属期: 年 月 日至 年 月 日 填表日期: 年 月 日

项目		栏次	本期数		本年累计	
			货物及劳务	服务、不动产和无形资产	货物及劳务	服务、不动产和无形资产
一、计税依据	(一)应征增值税不含税销售额(3%征收率)	1				
	增值税专用发票不含税销售额	2				
	其他增值税发票不含税销售额	3				
	(二)应征增值税不含税销售额(5%征收率)	4				
	增值税专用发票不含税销售额	5				
	其他增值税发票不含税销售额	6				
	(三)销售使用过的固定资产不含税销售额	7(7≥8)			——	——
	其中:其他增值税发票不含税销售额	8			——	——

续表

项目	栏次	本期数		本年累计	
		货物及劳务	服务、不动产和无形资产	货物及劳务	服务、不动产和无形资产
（四）免税销售额	9＝10＋11＋12				
其中：小微企业免税销售额	10				
未达起征点销售额	11				
其他免税销售额	12				
（五）出口免税销售额	13（13≥14）				
其中：其他增值税发票不含税销售额	14				
二、税款计算　本期应纳税额	15				
本期应纳税额减征额	16				
本期免税额	17				
其中：小微企业免税额	18				
未达起征点免税额	19				
应纳税额合计	20＝15－16				
本期预缴税额	21			——	——
本期应补（退）税额	22＝20－21			——	——
三、附加税费　城市维护建设税本期应补（退）税额	23				
教育费附加本期应补（退）费额	24				
地方教育附加本期应补（退）费额	25				

声明：此表是根据国家税收法律法规及相关规定填写的，本人（单位）对填报内容（及附带资料）的真实性、可靠性、完整性负责。

纳税人（签章）：　　　年　月　日

经办人：	受理人：
经办人身份证号：	
代理机构签章：	受理税务机关（章）：
代理机构统一社会信用代码：	受理日期：　　年　月　日

第四节　增值税发票管理

增值税一般纳税人发生应税销售行为，应使用增值税发票管理新系统（以下简称新系统）开具增值税专用发票、增值税普通发票、增值税电子普通发票或者机动车销售统一发票。

一、增值税专用发票

（一）专用发票的联次

专用发票由基本联次或者基本联次附加其他联次构成，基本联次为三联：发票联、抵扣联和记账联。发票联，作为购买方核算采购成本和增值税进项税额的记账凭证；抵扣联，作为购买方报送主管税务机关认证和留存备查的凭证;记账联,作为销售方核算销售收入和增值税销项税额的记账凭证。其他联次用途由一般纳税人自行确定。

（二）专用发票的开具

（1）一般纳税人发生应税销售行为,可汇总开具专用发票。汇总开具专用发票的,同时使用增值税防伪税控系统开具"销售货物或者提供应税劳务清单",并加盖财务专用章或者发票专用章。

（2）保险机构作为车船税扣缴义务人,在代收车船税并开具增值税发票时,应在增值税发票备注栏中注明代收车船税税款信息,具体包括：保险单号、税款所属期（详细至月）、代收车船税金额、滞纳金金额、金额合计等。该增值税发票可作为纳税人缴纳车船税及滞纳金的会计核算原始凭证。

除上述规定外,营改增还结合实际情况对专用发票的开具作了如下规定。

（1）自2016年5月1日起,纳入新系统推行范围的试点纳税人及新办增值税纳税人,应使用新系统根据《商品和服务税收分类与编码》选择相应的编码开具增值税发票。

（2）按照现行政策规定适用差额征税办法缴纳增值税,且不得全额开具增值税发票的（财政部、税务总局另有规定的除外）,纳税人自行开具或者税务机关代开增值税发票时,通过新系统中差额征税开票功能,录入含税销售额（或含税评估额）和扣除额,系统自动计算税额和不含税金额,备注栏自动打印"差额征税"字样,发票开具不应与其他应税行为混开。

（3）提供建筑服务、纳税人自行开具或者税务机关代开增值税发票时,应在发票的备注栏注明建筑服务发生地县（市、区）名称及项目名称。

（4）销售不动产,纳税人自行开具或者税务机关代开增值税发票时。应在发票"货物或应税劳务、服务名称"栏填写不动产名称及房屋产权证书号码（无房屋产权证书的可不填写）,"单位"栏填写面积单位,备注栏注明不动产的详细地址。

（5）出租不动产,纳税人自行开具或者税务机关代开增值税发票时,应在备注栏注明不动产的详细地址。

（6）个人出租住房适用优惠政策减按1.5%征收,纳税人自行开具或者税务机关代开增值税发票时,通过新系统中征收率减按1.5%征收开票功能录入含税销售额,系统自动计算税额和不含税金额,发票开具不应与其他应税行为混开。

（7）税务机关代开增值税发票时,"销售方开户行及账号"栏填写税收完税凭证字轨及号码或系统税票号码（免税代开增值税普通发票可不填写）。

（8）税务机关为跨县（市、区）提供不动产经营租赁服务、建筑服务的小规模纳税人（不包括其他个人）代开增值税发票时,在发票备注栏中自动打印"YD"字样。

（三）专用发票的领购

一般纳税人凭"发票领购簿"、IC卡和经办人身份证明领购专用发票。一般纳税人有下列情形之一的,不得领购开具专用发票。

（1）会计核算不健全,不能向税务机关准确提供增值税销项税额、进项税额、应纳税额数据及其他有关增值税税务资料的。

（2）有《税收征收管理法》规定的税收违法行为,拒不接受税务机关处理的。

（3）有下列行为之一,经税务机关责令限期改正而仍未改正的：

① 虚开增值税专用发票。

② 私自印制专用发票。

③ 向税务机关以外的单位和个人买取专用发票。

④ 借用他人专用发票。

⑤ 未按规定的要求开具专用发票。

⑥ 未按规定保管专用发票和专用设备。

⑦ 未按规定申请办理增值税防伪税控系统变更发行。

⑧ 未按规定接受税务机关检查。

有上列情形的,如已领购专用发票,主管税务机关应暂扣其结存的专用发票和IC卡。

（四）专用发票开具范围

（1）一般纳税人发生应税销售行为,应向购买方开具专用发票。

（2）商业企业一般纳税人零售的烟、酒、食品、服装、鞋帽（不包括劳保专用部分）、化妆品等消费品不得开具专用发票。

（3）增值税小规模纳税人需要开具专用发票的,可向主管税务机关申请代开。

（4）销售免税货物不得开具专用发票,法律、法规及国家税务总局另有规定的除外。

（5）纳税人提供应税服务,应当向索取增值税专用发票的接受方开具增值税专用发票,并在增值税专用发票上分别注明销售额和销项税额。属于下列情形之一的,不得开具增值税专用发票:

① 向消费者个人提供应税服务。

② 适用免征增值税规定的应税服务。

（6）增值税小规模纳税人（其他个人除外）发生增值税应税行为,需要开具增值税专用发票的,可以自愿使用增值税发票管理系统自行开具。选择自行开具增值税专用发票的小规模纳税人,税务机关不再为其代开增值税专用发票。

二、增值税普通发票

增值税普通发票的格式、字体、栏次、内容与增值税专用发票完全一致。增值税普通发票所标价款是含税价,增值税专用发票上税款与价格是分开填列的。

三、增值税电子普通发票

为了满足纳税人开具增值税电子普通发票的需求,国家税务总局于2015年11月发布了《关于推行通过增值税电子发票系统开具的增值税电子普通发票有关问题的公告》。推行通过增值税电子发票系统开具的增值税电子普通发票,对降低纳税人经营成本,节约社会资源,方便消费者保存使用发票,营造健康公平的税收环境有着重要作用。

四、机动车销售统一发票

根据《国家税务总局关于使用新版机动车销售统一发票有关问题的通知》的规定,凡从事机动车零售业务的单位和个人,从2006年8月1日起,在销售机动车（不包括销售旧机动车）收取款项时,必须开具税务机关统一印制的新版机动车销售统一发票,并在发票联加盖财务专用章或发票专用章,抵扣联和报税联不得加盖印章。

增值税税额和不含税价计算公式：

增值税税额＝价税合计－不含税价

不含税价＝价税合计÷(1＋增值税税率或征收率)

五、营改增后纳税人发票的使用

(1) 增值税一般纳税人销售货物、提供加工修理修配劳务和应税行为,使用新系统开具增值税专用发票、增值税普通发票、机动车销售统一发票、增值税电子普通发票。

(2) 增值税普通发票(卷式)启用前,纳税人可通过新系统使用国税机关发放的现有卷式发票。

(3) 门票、过路(过桥)费发票、定额发票、客运发票和二手车销售统一发票继续使用。

(4) 采取汇总纳税的金融机构,省、自治区所辖地市以下分支机构可以使用地市级机构统一领取的增值税专用发票、增值税普通发票、增值税电子普通发票;直辖市、计划单列市所辖区县及以下分支机构可以使用直辖市、计划单列市机构统一领取的增值税专用发票、增值税普通发票、增值税电子普通发票。

综 合 练 习

一、单项选择题

1. 目前我国采用的增值税类型属于( )。

A. 消费型增值税 　　　　　　　　　　　B. 收入型增值税

C. 生产型增值税 　　　　　　　　　　　D. 混合型增值税

2. 某个体户(增值税小规模纳税人)开设的修车店,负责修理自行车、三轮车、摩托车,2020 年 5 月取得收入 108 800 元,该个体户当月增值税应纳税额是( )元。

A. 3264 　　　　　B. 3168.93 　　　　　C. 2530.6 　　　　　D. 3912.56

3. 增值税纳税人的销售额中的价外费用不包括( )。

A. 收取的手续费 　　　　　　　　　　　B. 收取的包装物租金

C. 收取的违约金 　　　　　　　　　　　D. 收取的销项税额

4. 增值税一般纳税人向农业生产者购买的免税农产品,准予按照农产品收购发票或者销售发票上注明的农产品买价和( )的扣除率计算抵扣进项税。

A. 3％ 　　　　　　　B. 7％ 　　　　　　C. 9％ 　　　　　　D. 13％

5. 某商场(一般纳税人)采用以旧换新方式销售洗衣机一台,旧冰箱折价 300 元,向消费者收取现金 700 元,该笔业务的销项税额为( )元。

A. 80.53 　　　　　B. 91 　　　　　C. 115.04 　　　　　D. 130

6. 一般纳税人支付的下列运费均已取得货物运输业增值税专用发票并经认证,其中不得抵扣进项税额的是( )。

A. 销售原材料支付的运费

B. 外购生产设备支付的运费

C. 外购用于非增值税应税项目的货物支付的运费

D. 购买免税农产品支付的运费

7. 某企业为增值税一般纳税人,生产销售甲(增值税税率为13%)和乙(增值税税率为9%)两种产品,但该企业未将两种产品分开核算,则甲、乙两种产品适用的增值税税率( )。

A. 分别为13%和9%　　　　　　　　B. 均为9%

C. 均为11%　　　　　　　　　　　D. 均为13%

8. 不可以作为增值税扣税凭证的有( )。

A. 增值税普通发票　　　　　　　　B. 增值税专用发票

C. 海关进口增值税专用缴款书　　　D. 农产品收购凭证

9. 以下可以开具增值税专用发票的是( )。

A. 向消费者销售应税项目　　　　　B. 一般纳税人销售免税货物

C. 生产者向批发商出售应税货物　　D. 将货物用于非应税项目

10. 商业企业一般纳税人零售下列货物,可以开具增值税专用发票的是( )。

A. 烟酒　　　　　B. 食品　　　　　C. 化妆品　　　　　D. 劳保专用鞋帽

11. 甲公司是专门从事认证服务的增值税一般纳税人,2022年6月份取得认证服务收入,开具防伪税控增值税专用发票,价税合计为106万元;购进一台经营用设备,取得防伪税控增值税专用发票,注明金额20万元,税额2.6万元;接受其他单位提供的设计服务,取得防伪税控增值税专用发票,注明金额5万元,税额0.3万元。已知增值税税率为6%。有关甲公司本月应缴纳的增值税,下列计算正确的是( )。

A. $106 \div (1+6\%) \times 6\% - 2.6 - 0.3$

B. $106 \times 6\% - 2.6 - 0.3$

C. $106 \div (1+6\%) \times 6\% - 2.6$

D. $106 \times 6\% - 2.6$

12. 下列项目的进项税额可从销项税额中抵扣的是( )。

A. 用于生产免税产品的原材料

B. 办公用品

C. 因管理不善发生霉烂变质等损失的外购原材料

D. 未按规定取得并保存增值税扣税凭证的外购低值易耗品

13. 某企业为增值税小规模纳税人,本月销售一批货物,取得含增值税销售额206 000元。已知,该企业当月没有其他业务,征收率为3%。该企业当月增值税应纳税额为( )元。

A. 6000　　　　　B. 7923.08　　　　　C. 11 660.38　　　　　D. 29 931.62

14. 小规模纳税人适用的纳税期限为( )。

A. 10天　　　　　B. 15天　　　　　C. 1个季度　　　　　D. 1个月

15. 2021年5月企业外购一批小礼品,取得专用发票上注明的价款8.7万元,其中赠送客户部分价值6.7万元,其余部分发给了职工,则增值税销项税额是( )万元。

A. 0.26　　　　　B. 0.75　　　　　C. 0.87　　　　　D. 1.13

16. 下列项目所包含的进项税额不得从销项税额中抵扣的是( )。

A. 生产过程中出现的报废产品

B. 用于返修产品修理的易损害配件

C. 生产企业用于经营管理的办公用品

D. 纳税人的交际应酬费

17. 如果纳税人销售货物或应税劳务的价格明显偏低又无正当理由,或者发生视同销售行为,应由主管税务机关核定其销售额。具体确认顺序和办法如下:(1)按纳税人当月同类货物的平均销售价格确定;(2)按纳税人近期同类货物的平均销售价格确定;(3)按组成计税价格确定,其计算公式为( )。

A. 组成计税价格＝成本×(1－成本利润率)

B. 组成计税价格＝成本÷(1＋成本利润率)

C. 组成计税价格＝成本÷(1－成本利润率)

D. 组成计税价格＝成本×(1＋成本利润率)

二、多项选择题

1. 根据增值税法律制度的规定,下列各项中,属于"金融服务"的有( )。

A. 贷款服务　　　　B. 融资性售后回租　　C. 人身保险服务　　D. 金融商品转让

2. 下列视同销售货物的有( )。

A. 自产货物用于非应税项目　　　　　　B. 购买的货物用于投资

C. 委托加工的货物无偿赠送他人　　　　D. 自产的货物交付他人代销

3. 某企业为增值税一般纳税人,在生产经营过程中发生如下进项税额,其中( )可以按规定从销项税额中抵扣。

A. 从农户直接购买其自产农产品计算的进项税额

B. 购买固定资产计算的进项税额

C. 购进原材料而取得承运部门开具的运输发票,根据运费计算的进项税额

D. 购进原材料,但未按规定取得增值税扣税凭证

4. 下列选项中,属于增值税征税范围的有( )。

A. 销售热力　　　　　　　　　　　　　B. 销售房屋

C. 转让土地使用权　　　　　　　　　　D. 销售机器设备

5. 下列各项中,属于增值税征税范围的有( )。

A. 美容美发　　　　　　　　　　　　　B. 鉴证咨询

C. 电影放映　　　　　　　　　　　　　D. 工程勘探

6. 企业发生的下列行为中,应当视同销售货物缴纳增值税的有( )。

A. 将本企业生产的商品用于集体福利

B. 将委托加工收回的商品分配给投资者

C. 将外购的货物用于扩建本企业的办公楼

D. 将外购的货物投资给其他单位

7. 根据增值税法律制度的规定,增值税一般纳税人下列项目的进项税额不得从销项税额中抵扣的有( )。

A. 不动产在建工程使用的外购物资

B. 为生产应税产品购入的原材料

C. 因管理不善变质的库存购进商品

D. 因管理不善被盗的产成品所耗用的购进原材料

8. 一般纳税人具有( )行为,不得领购增值税专用发票。

A. 会计核算不健全

B. 不能向税务机关准确提供增值税销项税额、进项税额的资料

C. 私自印制专用发票

D. 借用他人专用发票

9. 下列情形中可以开具增值税专用发票的有( )。

A. 向消费者销售应税项目

B. 向小规模纳税人销售应税项目

C. 销售报关出口的货物

D. 锅炉厂向使用单位销售锅炉而使用单位索要专用发票的

10. 以下各项可以抵扣进项税额的有( )。

A. 自制货物用于利润分配　　　　　　B. 自制货物用于集体福利

C. 外购货物用于个人消费　　　　　　D. 外购货物无偿赠送他人

三、判断题

1. 卫星电视信号落地转接服务,不征收增值税。( )

2. 商场将购进货物作为福利发放给职工,应作视同销售计征增值税。( )

3. 已抵扣进项税额的购进货物,如果因自然灾害而造成损失,应将损失货物的进项税额从当期发生的进项税额中扣减。( )

4. 设有两个以上机构并实行统一核算的纳税人,将货物从一个机构移送至其他机构用于销售的,视同销售货物,但相关机构设在同一县(市)的除外。( )

5. 纳税人将购买的货物无偿赠送他人,因该货物购买时已缴增值税,因此,赠送他人时可不再计入销售额征税。( )

6. 销项税额＝销售额×税率,其中销售额是指纳税人提供应税服务取得的全部价款和价外费用。( )

7. 小规模纳税人销售货物,按 3% 的征收率计算应纳税额,一般不得抵扣进项税额。( )

8. 增值税一般纳税人购进货物,从海关取得的海关进口增值税专用缴款书注明的增值税额,准予从销项税额中抵扣进项税额。( )

9. 纳税人提供建筑业劳务的,应当向其机构所在地的主管税务机关申报缴纳增值税。( )

10. 增值税小规模纳税人不得自行开具增值税专用发票,需要开具增值税专用发票的,可向当地主管税务机关申请代开。( )

四、计算题

1. 某商店(增值税一般纳税人)向消费者销售电视机,2022 年 8 月销售 100 台,每台含税销售价为 1130 元,则该商店当月的销售额是多少?

2. 甲商场为增值税一般纳税人,2021 年 6 月本月售出 A 产品 100 套,合计含税售价为 11 115 元;为回馈老客户,当月又无偿赠送 B 产品 80 套,B 产品在甲商场正常的零售单价为 58 元。计算甲商场上述业务的销项税额。

3. 某企业为增值税小规模纳税人,2021 年 8 月销售自产货物取得含税收入 10 300 元, 销售自己使用过 2 年的设备一台,取得含税收入 80 000 元,当月购入货物取得的增值税专用发票上注明金额 8000 元,增值税税额 1360 元,则该企业当月应缴纳增值税是多少?

4. 长春某银行为增值税一般纳税人,2021 年 8 月提供贷款服务,取得利息收入 100 万元;转让金融商品,买入价为 100 万元,卖出价为 120 万元。已知上述金额均为不含增值税的金额,则该银行当月的销项税额是多少?

5. 某企业 2021 年 6 月发生火灾,烧毁库存材料一批,其购进时的含税价格为 60 000 元; 烧毁库存品,其中成本为 200 000 元,其中原材料成本 100 000 元。应转出的进项税额是多少?

五、计算选择题

1. 某商业企业(增值税一般纳税人)2021 年 7 月发生如下业务:

(1) 取得化妆品不含税销售收入 400 万元,采取以旧换新方式销售冰箱 100 台,新冰箱的零售价格为 1.13 万元/台,旧冰箱的含税作价为 0.2 万元/台,收取的含税差价款为 0.93 万元/台。

(2) 采取预收货款方式销售电脑一批,当月取得预收款 150 万元,合同约定电脑于 8 月 15 日发出;将闲置办公设备出租,租赁期为 2021 年 7 月到 2023 年 6 月,每月不含税租金 15 万元,当月预收 2 个月的租金。

(3) 购入一批货物,取得的增值税专用发票上注明价款 150 万元,增值税税额 24 万元; 委托甲运输企业(增值税一般纳税人)运输货物,取得的增值税专用发票上注明运费 5 万元; 接受乙广告公司(增值税一般纳税人)提供的广告服务,取得的增值税专用发票上注明金额 20 万元。

(4) 月末进行盘点时发现,当月因管理不善造成上月从某增值税一般纳税人企业购入的服装被盗,该批服装(已抵扣进项税额)账面价值为 24 万元,其中运费成本 4 万元。

假定相关票据在本月均通过认证并允许抵扣。

要求:根据上述资料,回答下列问题。

(1) 该企业业务(1)应确认的增值税销项税额为( )万元。

A. 62.7　　　　B. 65　　　　C. 66.69　　　　D. 75

(2) 该企业业务(2)应确认的增值税销项税额为( )万元。

A. 23.4　　　　B. 19.5　　　　C. 3.9　　　　D. 1.95

(3) 该企业当月准予抵扣的进项税额为( )万元。

A. 22.69　　　　B. 23.21　　　　C. 24.45　　　　D. 25.65

(4) 该企业当月增值税应纳税额为( )万元。

A. 72.75　　　　B. 53.25　　　　C. 56.21　　　　D. 46.21

2. 甲公司为一家综合服务公司,为增值税一般纳税人,2021 年 8 月,发生业务如下:

(1) 下设一家金融公司,提供贷款服务,当月收取含税利息收入 100 000 元。

(2) 将一栋 2 个月前购买的办公楼出租,租期 12 个月,每月不含税租金收入 100 000 元,当月一次性收取全部租金 1 200 000 元。

（3）下设一家 KTV,当月提供唱歌服务取得不含税收入 160 000 元,同时销售酒水取得不含税收入 30 000 元。

（4）下设一家运输公司,当月提供交通运输服务,取得不含税收入为 50 000 元。

已知:金融服务的增值税税率为 6%,不动产租赁服务的增值税税率为 9%,生活服务的增值税税率为 6%,交通运输服务的增值税税率为 9%。

要求:

根据上述资料,回答下列问题。

（1）甲公司 2021 年 8 月提供贷款服务的销项税额为（　　）元。

A. 3000　　　　　　B. 2912.62　　　　　　C. 5660.38　　　　　　D. 6000

（2）甲公司 2021 年 8 月出租办公楼的销项税额为（　　）元。

A. 108 000　　　　　B. 9000　　　　　　C. 13 000　　　　　D. 117 000

（3）甲公司下设的 KTV2021 年 8 月的销项税额为（　　）元。

A. 32 300　　　　　B. 25 000　　　　　C. 14 400　　　　　D. 11 400

（4）甲公司 2021 年 8 月提供交通运输服务的销项税额为（　　）元。

A. 2500　　　　　　B. 3000　　　　　　C. 4500　　　　　　D. 6500

第三章　消费税纳税实务

知识目标

要求学生掌握消费税的基本规定、计税依据的确定、应纳税额的计算、税收优惠和申报缴纳的相关规定。

能力目标

通过学习本章,学生能运用所学的知识准确判断消费税纳税人和征税范围,正确计算销售额、消费税税额,能填写消费税纳税申报表等。

案例引入

消费税改革稳步推进

党的十八大以来,以习近平同志为核心的党中央坚定不移全面深化改革,财税体制改革是其中的重要内容。新一轮财税体制改革是一场关系国家治理体系和治理能力现代化的深刻变革,是立足全局、着眼长远的制度创新。

十年来,税制改革层层深入、落地见效,始终与国家治理体系与治理能力现代化同频共振、同向发力,更好发挥了税收在国家治理中的基础性、支柱性、保障性作用。

调整消费税是整个税制改革的重要组成部分,优化了税负结构,凸显了改革的环保指向。

十年来,消费税改革包括调整优化征收范围、税率和环节,涉及成品油、小汽车、电池、涂料、烟酒、化妆品等多个品目,引导合理消费,促进调结构、转方式。比如,2015年5月10日起,将卷烟批发环节从价税税率由5%提高至11%,并按0.005元/支加征从量税。自2015年2月1日起,对电池、涂料产品征收消费税,税率为4%。同时,对无汞原电池、锂原电池、镍氢蓄电池、太阳能电池等符合国家产业政策的环保型产品免征消费税。2016年10月1日起,取消对普通美容、修饰类化妆品征收消费税,将"化妆品"税目名称更名为"高档化妆品",征收范围包括高档美容、修饰类化妆品、高档护肤类化妆品和成套化妆品,将税率由30%调整为15%。2016年12月1日起,在"小汽车"税目下增设"超豪华小汽车"子税目,对超豪华小汽车,在生产(进口)环节按现行税率征收消费税基础上,在零售环节加征10%的消费税。

税务部门按照党中央、国务院决策部署,稳妥有序实施消费税改革,适应了经济社会发展和消费水平变化,既满足了人民群众对消费升级的需求,又凸显了对高消费的精准调节,助推了人们树立现代消费理念。

第一节　消费税的基本规定

一、消费税的概念和特点

(一) 概念

消费税是指对在我国境内从事生产、委托加工和进口应税消费品的单位和个人，就其销售额或销售数量，在特定环节征收的一种税。简单地说，消费税是对特定的消费品和消费行为征收的一种税。

消费税是世界各国广泛实行的税种。我国的消费税是 1994 年税制改革中新设置的税种，现行的消费税基本规范是《中华人民共和国消费税暂行条例》(1993 年 12 月 13 日中华人民共和国国务院令第 135 号发布，2008 年修订，以下简称《消费税暂行条例》)和《中华人民共和国消费税暂行条例实施细则》(1993 年 12 月 25 日财政部发布，2008 年修订，以下简称《消费税暂行条例实施细则》)。

(二) 消费税的特点

一般来说，消费税的征税对象主要是与居民消费相关的最终消费品和消费行为。与其他税种比较，消费税具有如下几个特点。

1. 征税范围具有选择性

各国目前征收的消费税实际上都属于对特定消费品或消费行为征收的税种。尽管各国的征税范围宽窄不一，但都是在人们普遍消费的大量消费品或消费行为中有选择地确定若干个征税项目，在税法中列举征税。

为适应我国产业结构、消费水平和消费结构以及节能、环保等方面要求，经国务院批准，财政部、国家税务总局联合下发通知，规定自 2006 年 4 月 1 日起，对消费税的征收范围进行增减调整。

从 2014 年 11 月 29 日起，提高了成品油消费税定额税率；从 2014 年 12 月 1 日起取消了对酒精、汽车轮胎、气缸容量在 250 毫升以下小排量摩托车等产品征收消费税；从 2015 年 2 月 1 日起，对电池、涂料征收消费税。

2. 征税环节具有单一性

消费税在生产、委托加工和进口或消费的某一环节一次性征收，而在其他环节(如流通、消费等)不再征税，即通常所说的一次课征制(从 2009 年 5 月 1 日起，对卷烟在批发环节加征一道消费税)。

3. 征税方法具有多样性

消费税的计税方法比较灵活，为适应不同应税消费品的情况，在征收方法上有所不同。有些产品采取从价定率的方式征收；有些产品则采取从量定额的方式征收；有些产品在实行从价定率方式征收的同时，还对其实行从量定额征收。

4. 税收调节具有特殊性

消费税属于国家运用税收杠杆对某些消费品或消费行为进行特殊调节的税种。这一特殊性表现在两个方面：一是不同征税项目税负差异较大，对需要限制或控制消费的消费品规定较高的税率，体现特殊的调节目的；二是消费税往往同有关税种配合，达到加重或双重调节的目的，通常采取增值税与消费税双重调节的办法，即在征收增值税的同时，再征收一道消费税，形成一种特殊的对消费品双层次调节的税收调节体系。

5. 税收负担具有转嫁性

消费税是一种价内税，不论在哪一个环节征收，消费品价格中所含的消费税最终都会转嫁到消费者身上，由消费者负担，因此其税收负担具有转嫁性。

6. 一般没有减免税规定

由于开征消费税是为了对特殊消费品和消费行为进行调节，消费税征收范围具有选择性，因此除特殊情况外，一般不予减免。根据《消费税暂行条例》第十一条的规定，对纳税人出口应税消费品（不含国家限制出口的产品），免征消费税；国务院另有规定的除外。

二、消费税的纳税人和征税范围

（一）消费税的纳税人

在中华人民共和国境内（以下简称中国境内）从事生产、委托加工和进口应税消费品的单位和个人，以及国务院确定的销售应税消费品的其他单位和个人，为消费税的纳税人。"在中国境内"是指生产、委托加工和进口属于应当缴纳消费税的消费品的起运地或者所在地在境内；"单位"是指企业、行政单位、事业单位、军事单位、社会团体及其他单位；"个人"是指个体工商户及其他个人。

此外，根据我国消费税相关规定，对委托加工的应税消费品，以委托方为纳税人，受托方为代收代缴义务人；对进口的应税消费品，以进口人或其代理人为纳税人。

（二）消费税的征税范围

根据《消费税暂行条例》第一条的规定，消费税的征税范围为在中国境内生产、委托加工和进口《消费税暂行条例》规定的消费品。

确定消费税征税范围的原则是：立足于我国的经济发展水平、国家的消费税政策和产业政策，充分考虑人民的生活水平、消费水平和消费结构状况，注重保证国家财政收入的稳定增长，并适当借鉴国外征收消费税的成功经验和国际通行做法。消费税征税范围具体包括以下 4 类。

（1）过度消费会对人身健康、社会秩序、生态环境等方面造成危害的特殊消费品，如烟、酒、鞭炮、焰火等。

（2）非生活必需品，如化妆品、贵重首饰、珠宝玉石等。

（3）高能耗及高档消费品，如小汽车、游艇等。

（4）使用和消耗不可再生和不可替代的稀缺资源的消费品，如成品油、实木地板等。

消费税的征税范围并不是一成不变的，随着我国经济的发展，根据国家的政策和经济情况及消费结构的变化，对消费税的征税范围会有适当调整。

三、消费税税目、税率

（一）税目

消费税的征税范围包括烟、酒、化妆品等 15 个税目,有的税目还进一步划分若干子目,具体如下。

1. 烟

凡是以烟叶为原料加工生产的产品,不论使用何种辅料,均属于本税目的征收范围。本税目下设卷烟、雪茄烟、烟丝、电子烟 4 个子目。

2. 酒

本税目下设白酒、黄酒、啤酒、其他酒 4 个子目。其他酒指除白酒、黄酒、啤酒以外,酒精度在 1 度以上的各种酒。

3. 高档化妆品

高档化妆品包括高档美容、修饰类化妆品,高档护肤类化妆品和成套化妆品。高档美容、修饰类化妆品和高档护肤类化妆品是指生产(进口)环节销售(完税)价格(不含增值税)在 10 元/毫升(克)或 15 元/片(张)及以上的美容、修饰类化妆品和护肤类化妆品。

4. 贵重首饰及珠宝玉石

贵重首饰及珠宝玉石包括各种金银珠宝首饰和经采掘、打磨、加工的各种珠宝玉石。下设"金银首饰、铂金首饰和钻石及钻石饰品"和"其他贵重首饰和珠宝玉石"2 个子目。

5. 鞭炮、焰火

这里的鞭炮、焰火不包括体育上用的发令纸、鞭炮药引线。

6. 成品油

本税目下设汽油、柴油、航空煤油、石脑油、溶剂油、润滑油、燃料油 7 个子目。

7. 摩托车

摩托车指最大设计车速超过 50 公里/小时,发动机气缸总工作容积超过 50 毫升,空车质量不超过 400 公斤的两轮和三轮机动车。本税目下设"气缸容量 250 毫升"和"气缸容量在 250 毫升(不含)以上的"2 个子目。

8. 小汽车

小汽车指由动力驱动,具有 4 个或 4 个以上车轮的非轨道承载的车辆。本税目下设乘用车、中轻型商用客车和超豪华小汽车 3 个子目。

9. 高尔夫球及球具

高尔夫球及球具指从事高尔夫球运动所需的各种专用设备,包括高尔夫球、高尔夫球杆及高尔夫球包(袋)等。高尔夫球杆的杆头、杆身和握把属于本税目征收范围。

10. 高档手表

高档手表指销售价格(不含增值税)每只在 10 000 元(含)以上的各类手表。

11. 游艇

游艇是指长度大于 8 米小于 90 米,船体由玻璃钢、钢、铝合金、塑料等多种材料制作,可以在水上移动的水上浮载体。按照动力划分,游艇分为无动力艇、帆艇和机动艇。

12. 木制一次性筷子

木制一次性筷子又称卫生筷子,包括各种规格的木制一次性筷子。

13. 实木地板

实木地板征税范围包括各类规格的实木地板,实木指接地板,实木复合地板及用于装饰墙壁、天棚的侧端面为榫、槽的实木装饰板。

14. 电池

电池征税范围包括原电池、蓄电池、燃料电池及其他电池。

15. 涂料

涂料是指涂于物体表面能形成具有保护、装饰或特殊性能的固态涂膜的一类液体或固体材料。涂料由主要成膜物质、次要成膜物质等构成。

(二) 税率

现行消费税税率根据课税对象的具体情况,采用了三种形式:一是比例税率,最低1%,最高56%;二是定额税率,适用于啤酒、黄酒、成品油;三是比例加定额的复合税率,适用于卷烟、白酒。现行消费税税目税率具体规定见表3-1。

表 3-1　消费税税目税率

税目	税率
一、烟 1. 卷烟 生产环节(含进口) 　　甲类卷烟 　　乙类卷烟 批发环节 2. 雪茄烟 3. 烟丝 4. 电子烟 生产环节(含进口) 　　批发环节	 56%加0.003元/支 36%加0.003元/支 11%加0.005元/支 36% 30% 36% 11%
二、酒 1. 白酒 2. 黄酒 3. 啤酒 (1) 甲类啤酒 (2) 乙类啤酒 (3) 娱乐业、饮食业自制的 4. 其他酒	 20%加0.5元/500克 (或者500毫升) 240元/吨 250元/吨 220元/吨 250元/吨 10%
三、高档化妆品	15%
四、贵重首饰及珠宝玉石 1. 金银首饰、铂金首饰和钻石及钻石饰品 2. 其他贵重首饰和珠宝玉石	 5% 10%
五、鞭炮、焰火	15%

续表

税目	税率
六、成品油 1. 汽油 2. 柴油 3. 航空煤油 4. 石脑油 5. 溶剂油 6. 润滑油 7. 燃料油	1.52 元/升 1.20 元/升 1.20 元/升 1.52 元/升 1.52 元/升 1.52 元/升 1.20 元/升
七、摩托车 1. 气缸容量(排气量,下同)等于 250 毫升 2. 气缸容量大于 250 毫升	 3% 10%
八、小汽车 1. 乘用车 (1) 气缸容量(排气量,下同)在 1.0 升(含 1.0 升)以下的 (2) 气缸容量在 1.0 升以上至 1.5 升(含 1.5 升)的 (3) 气缸容量在 1.5 升以上至 2.0 升(含 2.0 升)的 (4) 气缸容量在 2.0 升以上至 2.5 升(含 2.5 升)的 (5) 气缸容量在 2.5 升以上至 3.0 升(含 3.0 升)的 (6) 气缸容量在 3.0 升以上至 4.0 升(含 4.0 升)的 (7) 气缸容量在 4.0 升以上的 2. 中轻型商用客车 3. 超豪华小汽车	 1% 3% 5% 9% 12% 25% 40% 5% 在生产(进口)环节按子税目 1 和子税目 2 规定的税率征收, 在零售环节再加征 10%
九、高尔夫球及球具	10%
十、高档手表	20%
十一、游艇	10%
十二、木制一次性筷子	5%
十三、实木地板	5%
十四、电池	4%
十五、涂料	4%

四、消费税税收优惠

如前所述,由于消费税征收范围具有选择性,因此除特殊情况外,一般不予减免税。根据《消费税暂行条例》第十一条的规定,纳税人出口应税消费品(不含国家限制出口的产品),可以免征消费税。

（一）出口应税消费品免征消费税的规定

有出口经营权的生产性企业自营出口或生产企业(包括有出口经营权和没有出口经营权的生产企业)委托外贸企业代理出口自产的应税消费品,依据实际出口货物销售额或出口数量免征消费税,不存在退税问题,即只免税不退税。因为在此出口环节前的其他环节没有征过消费税,在出口环节免税后其出口价格中已不含消费税,因而不能再给予退税。

（二）出口应税消费品消费税退（免）税税率

出口应税消费品的消费税退（免）税比例税率或定额税率为《消费税暂行条例》中规定的比例税率或定额税率。当出口货物属于应纳消费税的消费品时,应退（免）的消费税按应税消费品所适用的消费税税率计算,这是退（免）消费税与退（免）增值税的一个重要区别。出口企业应将适用不同税率的出口应税消费品分开核算和申报,适用税率划分不清的,一律按从低的适用税率计算退（免）税额。

第二节 消费税的计算

一、消费税的计税依据

（一）从价定率计征消费税的计税依据

1. 计税销售额的确定

消费税的计税销售额为纳税人销售应税消费品向购买方收取的全部价款和价外费用。价外费用是指价外向购买方收取的手续费、补贴、基金、集资费、返还利润、奖励费、违约金、滞纳金、延期付款利息、赔偿金、代收款项、代垫款项、包装费、包装物租金、储备费、优质费、运输装卸费及其他各种性质的价外收费。

2. 向购买方收取的增值税税款的处理

消费税计税销售额不包括向购买方收取的增值税税款。如果纳税人应税消费品的销售额中未扣除增值税税款或因不得开具增值税专用发票而发生价款和增值税税款合并收取的,应当换算为不含增值税税款的销售额。

应税消费品的销售额＝含增值税的销售额÷(1＋增值税税率或征收率)

（二）从量定额计征消费税的计税依据

1. 计税数量的确定

计税数量是指应税消费品的销售数量。具体为：
(1)销售应税消费品的,为应税消费品的销售数量。
(2)自产自用应税消费品的,为应税消费品的移送使用数量。
(3)委托加工应税消费品的,为纳税人收回的应税消费品数量。
(4)进口的应税消费品,为海关核定的应税消费品进口征税数量。

2. 计量单位的换算

定额税率中的酒类和成品油分别用吨和升作为计税单位,但实际销售中纳税人往往混用计量单位,为了便于计算税额,《消费税暂行条例实施细则》第十条规定了吨与升两个计量单位的换算标准：

啤　酒 1 吨＝988 升	黄　酒 1 吨＝962 升	汽　油 1 吨＝1388 升
柴　油 1 吨＝1176 升	石脑油 1 吨＝1385 升	溶剂油 1 吨＝1282 升
润滑油 1 吨＝1126 升	燃料油 1 吨＝1015 升	航空煤油 1 吨＝1246 升

（三）复合计征消费税的计税依据

现行消费税的征税范围中，只有卷烟、白酒采用复合计征的方法。从价计征部分的计税依据为应税销售额，从量计征部分的计税依据为销售数量。销售数量确定如下：

（1）生产销售卷烟、白酒从量定额计税依据为实际销售数量。

（2）自产自用卷烟、白酒从量定额计税依据为移送使用数量。

（3）委托加工卷烟、白酒从量定额计税依据为委托方收回数量。

（4）进口卷烟、白酒从量定额计税依据为海关核定的进口征税数量。

（四）消费税计税依据的特殊规定

（1）纳税人通过自设非独立核算的门市部销售自产应税消费品的，以门市部对外销售额或销售数量为计税数量。

（2）纳税人用于换取生产资料和消费资料、投资入股或抵偿债务时应以纳税人同类应税消费品的最高销售价格作为计税依据。

（3）自产自用应税消费品。自产自用的应税消费品按其使用方向可分为两种情况，因而其计税销售额也可分为如下两种情况。

① 纳税人生产的应税消费品用于本企业连续生产应税消费品的，移送使用时不征税。用于本企业连续生产应税消费品是指纳税人将自产自用应税消费品作为直接材料生产最终应税消费品，自产自用的消费品构成最终应税消费品的实体。在这种情况下，对自产自用的应税消费品不征税，只就最终应税消费品征税，因而不存在对自产自用的应税消费品确定计税销售额问题。

② 纳税人生产的应税消费品用于其他方面的，视同销售，征收消费税。"用于其他方面"是指用于生产非应税消费品、在建工程、管理部门、非生产机构、提供劳务、馈赠、赞助、集资、广告、样品、职工福利、奖励等方面。这种用于其他方面的自产自用的应税消费品，均视同对外销售，于移送使用时按照纳税人生产的同类消费品的销售价格计算应纳税额。同类消费品的销售价格是指纳税人或代收代缴义务人当月销售的同类消费品的销售价格。如果当月同类消费品各期销售价格高低不同，则应按销售数量加权平均计算。如果销售的应税消费品价格明显偏低又无正当理由，或者无销售价格，则不得加权平均计算。如果当月没有发生销售或当月未完结，应以同类消费品上月或最近月份的销售价格计算纳税。对于没有同类消费品销售价格的，按照组成计税价格计算纳税。

（4）委托加工的应税消费品以受托方同类消费品的销售价格作为计税依据；没有同类消费品销售价格的，按照组成计税价格计算纳税。

委托加工是一种特定的生产方式，委托加工的应税消费品是指由委托方提供原料和主要材料，受托方只收取加工费和代垫部分辅助材料加工的应税消费品。对于由受托方提供原材料生产的应税消费品，或者受托方先将原材料卖给委托方，然后再接受加工的应税消费品，以及由受托方以委托方名义购进原材料生产的应税消费品，不论在财务上是否作销售处理，都不得作为委托加工应税消费品，而应按照销售自制应税消费品缴纳消费税。

（5）进口应税消费品，按照组成计税价格计算纳税。

（6）纳税人兼营不同税率的应税消费品，即生产销售两种税率以上的应税消费品时，应当分别核算不同税率应税消费品的销售额、销售数量，未分别核算销售额、销售数量，或将不同税率的应税消费品组成成套消费品销售的，从高适用税率。

二、消费税应纳税额的计算

（一）实行从价定率计税方法计算消费税应纳税额

1. 生产销售环节应纳消费税的计算

纳税人在生产销售环节应缴纳的消费税，包括直接对外销售应税消费品应缴纳的消费税和自产自用应税消费品应缴纳的消费税。

（1）直接销售的应税消费品。

消费税应纳税额＝应税消费品的销售额×比例税率

> **【例 3-1】** 某烟花厂 2021 年 12 月份销售焰火 600 箱，鞭炮 1000 箱，取得不含增值税的销售收入 424 000 元。请计算该厂当月消费税应纳税额。
>
> **解答：**
>
> 消费税应纳税额＝销售额×税率＝424 000×15％＝63 600（元）

（2）自产自用应税消费品。

纳税人生产的应税消费品如果用于本企业连续生产应税消费品的，不纳税。如果纳税人生产的应税消费品用于生产非应税消费品和其他方面消费的，则在移送使用时纳税。计算应纳税额时，一般按照纳税人生产的同类消费品的销售价格计算纳税；如果没有同类消费品的销售价格，则可以按照组成计税价格计算纳税。

组成计税价格＝（成本＋利润）÷（1－比例税率）

消费税应纳税额＝组成计税价格×比例税率

公式中的"成本"是指应税消费品的生产成本，"利润"是指根据国家税务总局确定的应税消费品的全国平均成本利润率计算的利润。

应税消费品全国平均成本利润率由国家税务总局确定，见表 3-2。

表 3-2 应税消费品全国平均成本利润率

货物名称	利润率/%
甲类卷烟	10
乙类卷烟	5
雪茄烟	5
烟丝	5
粮食白酒	10
薯类白酒	5
其他酒	5
高档化妆品	5
鞭炮、焰火	5
贵重首饰和珠宝玉石	6
摩托车	6
高尔夫球及球具	10

续表

货物名称	利润率/%
高档手表	20
游艇	10
木制一次性筷子	5
实木地板	5
乘用车	8
中轻型商用客车	5
电子烟	10(暂定)

【例3-2】 某企业将生产的成套高档化妆品作为年终奖励发给本厂职工,查知无同类产品销售价格,其生产成本为15 000元。国家税务总局核定的该产品的成本利润率为5%,高档化妆品适用税率为15%。请针对此行为计算该企业消费税应纳税额。

解答:

组成计税价格=(15 000+15 000×5%)÷(1-15%)=15 750÷85%=18 529.41(元)

消费税应纳税额=18 529.41×15%=2779.41(元)

2. 委托加工环节应纳消费税的计算

委托加工的应税消费品,按照受托方同类消费品的销售价格计算应纳税额;没有同类消费品销售价格的,按照组成计税价格计算应纳税额:

组成计税价格=(材料成本+加工费)÷(1-比例税率)

消费税应纳税额=组成计税价格×比例税率

公式中的"材料成本"是指委托方提供加工材料的实际成本。委托方必须在加工合同中如实注明(或以其他方式提供)材料成本。凡未提供材料成本的,受托方所在地主管税务机关有权核定其材料成本。"加工费"是指受托方加工应税消费品向委托方所收取的全部费用(包括代垫辅助材料的实际成本)。材料成本及加工费中均不得含增值税,如含有增值税,应先剔除增值税后,再按此公式计算组成计税价格。

【例3-3】 甲企业于2021年12月委托乙企业加工了一批应税消费品,甲企业所提供原材料等的实际成本为40 000元,并支付乙企业加工费3200元。已知该消费品适用的消费税税率为10%,请计算该批委托加工应税消费品的消费税应纳税额。

解答:

组成计税价格=(40 000+3200)÷(1-10%)=48 000(元)

消费税应纳税额=48 000×10%=4800(元)

值得注意的是:委托加工应税消费品在完工提货时,由受托方代收代缴委托方应缴纳的消费税,委托方收回后直接出售时,不再缴纳消费税;如继续加工成新应税消费品出售,按销售额计算应纳消费税,但加工环节已纳的消费税可按相关办法扣除。

3. 进口应税消费品消费税的计算

进口应税消费品实行从价定率计税办法的,按照组成计税价格计算纳税。

组成计税价格＝(关税完税价格＋关税)÷(1－比例税率)

消费税应纳税额＝组成计税价格×比例税率

公式中的"关税完税价格"是指海关核定的关税计税价格。

【例3-4】　某企业2021年6月从境外进口一批应税消费品,已知核定的关税完税价格为54 000元,进口关税税率为50%,消费税税率为10%,请计算该批应税消费品的消费税应纳税额。

解答:

进口消费品应纳关税为 54 000×50%＝27 000(元)

组成计税价格＝(54 000＋27 000)÷(1－10%)＝90 000(元)

消费税应纳税额＝ 90 000×10%＝9000(元)

(二) 实行从量定额计税方法计算消费税应纳税额

现行消费税只对黄酒、啤酒、成品油实行从量定额征税。

1. 对外销售或自产自用应税消费品

直接对外销售或自产自用的应税消费品,其应纳税额计算公式如下:

消费税应纳税额＝应税消费品的销售数量×定额税率

【例3-5】　某酒厂为一般纳税人,2021年10月份销售甲类啤酒200吨给副食品公司,开具税控专用发票注明价款620 000元。请计算本月该啤酒厂消费税应纳税额。

解答:

销售甲类啤酒,适用定额税率250元/吨。

消费税应纳税额＝销售数量×定额税率＝200×250＝50 000(元)

2. 进口应税消费品

进口应税消费品实行从量定额办法的,其应纳税额计算公式为:

消费税应纳税额＝进口应税消费品数量×定额税率

(三) 实行复合计税方法计算消费税应纳税额

1. 对外销售或自产自用应税消费品

直接对外销售或自产自用的应税消费品,其应纳税额计算公式如下:

消费税应纳税额＝应税消费品的销售额或组成计税价格×比例税率＋应税消费品的销售数量×定额税率

组成计税价格分情况计算如下:

组成计税价格＝(成本＋利润＋自产自用数量×定额税率)÷(1－比例税率)

组成计税价格＝(材料成本＋加工费＋委托加工数量×定额税率)÷(1－比例税率)

【**例3-6**】 某酒厂2021年10月份销售白酒20吨,不含税单价6000元/吨,销售散装白酒8吨,不含税单价4500元/吨。请计算本月该酒厂消费税应纳税额。

解答:

白酒采用复合税率征税,定额税率0.5元/500克,比例税率为20%。

首先将吨换算为斤,销售数量=1000×2×(20+8)=56 000(斤)

消费税应纳税额=销售数量×定额税率+销售额×比例税率

$$=56\ 000×0.5+(20×6000+8×4500)×20\%$$
$$=28\ 000+31\ 200=59\ 200(元)$$

2. 进口应税消费品

进口应税消费品,其应纳税额计算公式如下:

消费税应纳税额=进口应税消费品的组成计税价格×比例税率+进口数量×定额税率

组成计税价格=(关税完税价格+关税+进口数量×定额税率)÷(1-比例税率)

(四)已纳消费税扣除额的计算

1. 外购或委托加工应税消费品已纳消费税的扣除规定

下列应税消费品准予从消费税应纳税额中扣除原料已纳的消费税税额:

(1)以外购或委托加工收回已税烟丝为原料生产的卷烟。

(2)以外购或委托加工收回已税高档化妆品为原料生产的高档化妆品。

(3)以外购或委托加工收回已税珠宝玉石为原料生产的贵重首饰和珠宝玉石。

(4)以外购或委托加工收回已税鞭炮、焰火为原料生产的鞭炮、焰火。

(5)以外购或委托加工收回已税杆头、杆身和握把为原料生产的高尔夫球杆。

(6)以外购或委托加工收回已税木制一次性筷子为原料生产的木制一次性筷子。

(7)以外购或委托加工收回已税实木地板为原料生产的实木地板。

(8)以外购或委托加工收回已税石脑油、润滑油、燃料油为原料生产的应税消费品。

(9)以外购或委托加工收回已税汽油、柴油为原料连续生产的汽油、柴油。

(10)纳税人从葡萄酒生产企业购进、进口葡萄酒连续生产的应税葡萄酒。

当期准予扣除外购或委托加工收回的应税消费品的已纳消费税税款,应按当期生产领用数计算。

委托方将收回的应税消费品以不高于受托方的计税价格出售的,不再缴纳消费税;委托方以高于受托方的计税价格出售的,不属于直接出售,需按照规定申报缴纳消费税,在计税时准予扣除受托方已代收代缴的消费税。

2. 应税消费品已纳消费税扣除额的计算

按照不同行为,应税消费品已纳消费税扣除额的计算分别如下。

(1)外购应税消费品(从价定率)用于连续生产应税消费品:

当期准予扣除的外购应税消费品已纳税款=当期准予扣除的外购应税消费品买价×
外购应税消费品适用税率

当期准予扣除的外购应税消费品买价=期初库存的外购应税消费品的买价+当期购进的外购应税消费品买价-期末库存的外购应税消费品的买价

【例3-7】 某化妆品厂期初库存高档化妆品 30 000 元,本期外购高档化妆品 80 000 元,本期月末库存 20 000 元,该厂将生产的高档化妆品对外销售,取得不含税销售额 250 000 元,高档化妆品消费税税率为 15%。请计算该化妆品厂本期消费税应纳税额。

解答:

准予扣除消费税＝(30 000＋80 000－20 000)×15%＝13 500(元)

消费税应纳税额＝250 000×15%－13 500＝24 000(元)

(2) 外购应税消费品(从量定额)用于连续生产应税消费品:

当期准予扣除的外购应税消费品已纳税款＝当期准予扣除的外购应税消费品数量×外购应税消费品定额税率

当期准予扣除的外购应税消费品数量＝期初库存的外购应税消费品数量＋当期购进的外购应税消费品数量－期末库存的外购应税消费品数量

(3) 委托加工收回的应税消费品用于连续生产应税消费品,计算公式为:

当期准予扣除的委托加工应税消费品已纳税款＝期初库存的委托加工应税消费品已纳税款＋当期收回的委托加工应税消费品已纳税款－期末库存的委托加工应税消费品已纳税款

【例3-8】 某日化公司委托另一企业加工某高档化妆品用于连续生产另一种高档化妆品,支付原材料费及加工费合计 20 万元,对方开具普通发票,该公司将生产的高档化妆品对外销售,取得含税收入 30 万元,请针对该业务计算该公司消费税应纳税额。

解答:

消费税应纳税额＝30÷(1＋13%)×15%－20÷(1＋13%)×15%≈1.33(万元)

第三节　消费税的申报与缴纳

一、消费税的纳税义务发生时间

消费税纳税义务发生时间可分为以下几种情况。

(1) 销售应税消费品。

纳税人销售应税消费品的,其纳税义务发生时间,按不同的销售结算方式分别为:

① 采取赊销和分期收款结算方式的,为书面合同规定的收款日期的当天,书面合同没有约定收款日期或者无书面合同的,为发出应税消费品的当天;

② 采取预收货款结算方式的,为发出应税消费品的当天;

③ 采取托收承付和委托银行收款方式的,为发出应税消费品并办妥托收手续的当天;

④ 采取其他结算方式的,为收讫销售款或者取得索取销售款凭据的当天。

(2) 纳税人自产自用的应税消费品,为移送使用的当天。

(3) 纳税人委托加工的应税消费品,为纳税人提货的当天。

(4) 纳税人进口的应税消费品,为报关进口的当天。

二、消费税的纳税期限

消费税的纳税期限分别为1日、3日、5日、10日、15日、1个月或者1个季度。纳税人的具体纳税期限,由主管税务机关根据纳税人应纳税额的大小分别核定;不能按照固定期限纳税的,可以按次纳税。

纳税人以1个月或者1个季度为1个纳税期的,自期满之日起15日内申报纳税;以1日、3日、5日、10日、15日为1个纳税期的,自期满之日起5日内预缴税款,于次月1日起15日内申报纳税并结清上月应纳税款。

纳税人进口应税消费品,自海关填发进口消费税专用缴款书之日起15日内缴纳税款。

三、消费税的纳税环节

消费税的征收范围是应税消费品的生产环节和进口环节,一般对流通环节不征消费税(个别商品除外),具体规定如下。

(1)纳税人生产的应税消费品由生产者于销售时纳税。其中生产者自产自用的应税消费品,用于本企业连续生产的不征;用于其他方面的,于移送使用环节时纳税。

(2)委托加工的应税消费品,由受托方于委托方提货时代收代缴税款。

(3)进口的应税消费品,由报关者于进口报关时纳税。

(4)批发环节:自2009年5月1日起,对卷烟,除生产环节外,在批发环节加征从价税。自2015年5月10日起,提高从价税税率,同时加征从量税。

(5)零售环节:金银首饰(包括金、银和金基、银基合金首饰,以及金、银和金基、银基合金的镶嵌首饰)、铂金首饰的消费税在零售环节征收。

四、消费税的纳税地点

消费税纳税地点分为以下几种情况。

(1)纳税人销售的应税消费品以及自产自用的应税消费品,除国家另有规定的以外,应当向纳税人机构所在地或者居住地的主管税务机关申报纳税。

(2)委托加工的应税消费品,除受托方为个人外,由受托方向机构所在地或者居住地主管税务机关报缴消费税税款。

(3)进口的应税消费品,由进口人或其代理人向报关地海关申报纳税。此外,个人携带或者邮寄进境的应税消费品,连同关税由海关一并计征。

(4)纳税人到外县(市)销售或委托外县(市)代销的自产应税消费品,于应税消费品销售后,向机构所在地或者居住地主管税务机关申报纳税。

(5)纳税人的总机构与分支机构不在同一县(市)的,应当分别向各自机构所在地的主管税务机关申报纳税;经财政部、国家税务总局或者其授权的财政、税务机关批准,可以由总机构汇总向总机构所在地的主管税务机关申报纳税。

五、消费税纳税申报

消费税纳税人应按照有关规定及时办理纳税申报,并如实填写纳税申报表。"消费税及附加税费申报表"见表3-3。

表 3-3　消费税及附加税费申报表

税款所属期：自　　年　月　日至　　年　月　日

纳税人识别号(统一社会信用代码)：□□□□□□□□□□□□□□□□□□□□

纳税人名称：

金额单位：人民币(列至角分)

项目\\应税消费品名称	适用税率		计量单位	本期销售数量	本期销售额	本期应纳税额
	定额税率	比例税率				
	1	2	3	4	5	6＝1×4＋2×5
合计	——	——	——			

	栏次	本期税费额
本期减(免)税额	7	
期初留抵税额	8	
本期准予扣除税额	9	
本期应扣除税额	10＝8＋9	
本期实际扣除税额	11[10＜(6－7)，则为 10，否则为 6－7]	
期末留抵税额	12＝10－11	
本期预缴税额	13	
本期应补(退)税额	14＝6－7－11－13	
城市维护建设税本期应补(退)税额	15	
教育费附加本期应补(退)费额	16	
地方教育附加本期应补(退)费额	17	

　　声明：此表是根据国家税收法律法规及相关规定填写的，本人(单位)对填报内容(及附带资料)的真实性、可靠性、完整性负责。

纳税人(签章)：　　年　月　日

经办人： 经办人身份证号： 代理机构签章： 代理机构统一社会信用代码：	受理人： 受理税务机关(章)： 受理日期：　　年　月　日

填表说明：

(1) 本表作为"消费税及附加税费申报表"的主表，由消费税纳税人填写。

(2) 本表"税款所属期"：指纳税人申报的消费税应纳税额所属时间，应填写具体的起止年、月、日。

(3) 本表"纳税人识别号(社会统一信用代码)"：填写纳税人识别号或者统一社会信用代码。

(4) 本表"纳税人名称"：填写纳税人名称全称。

(5) 本表"应税消费品名称"栏、第 1 栏"定额税率"、第 2 栏"比例税率"和第 3 栏"计量单位"：按照"应税消费品名称、税率和计量单位对照表"内容对应填写。

(6) 本表第 4 栏"本期销售数量"：填写国家税收法律、法规及相关规定(以下简称"税法")规定的本期应当申报缴纳消费税的应税消费品销售数量(不含出口免税销售数量)。用自产汽油生产的乙醇汽油，按照生产乙醇汽油所耗用的汽油数量填写；以废矿物油生产的润滑油基础油为原料生产的润滑油，按扣除耗用的废矿物油生产的润滑油基础油后的数量填写。

(7) 本表第 5 栏"本期销售额"：填写税法规定的本期应当申报缴纳消费税的应税消费品销售额(不含出口免税销售额)。

（8）本表第 6 栏"本期应纳税额"：计算公式如下。

实行从价定率办法计算的应纳税额＝销售额×比例税率

实行从量定额办法计算的应纳税额＝销售数量×定额税率

实行复合计税办法计算的应纳税额＝销售额×比例税率＋销售数量×定额税率 暂缓征收的应税消费品，不计算应纳税额。

（9）本表第 7 栏"本期减（免）税额"：填写本期按照税法规定减免的消费税应纳税额，不包括暂缓征收的应税消费品的税额以及出口应税消费品的免税额。本期减免消费税应纳税额情况，需同时填报"本期减（免）税额明细表"。本栏数值应等于"本期减（免）税额明细表"第 8 栏"减（免）税额""合计"栏数值。

（10）本表第 8 栏"期初留抵税额"：填写上期申报表第 12 栏"期末留抵税额"数值。

（11）本表第 9 栏"本期准予扣除税额"：填写税法规定的本期外购、进口或委托加工收回应税消费品用于连续生产应税消费品准予扣除的消费税已纳税额，以及委托加工收回应税消费品以高于受托方计税价格销售的，在计税时准予扣除的消费税已纳税额。

成品油消费税纳税人：本表"本期准予扣除税额"栏数值＝"本期准予扣除税额计算表（成品油消费税纳税人适用）"第 6 栏"本期准予扣除税额""合计"栏数值。

其他消费税纳税人：本表"本期准予扣除税额"栏数值＝"本期准予扣除税额计算表"第 19 栏"本期准予扣除税款合计""合计"栏数值。

（12）本表第 10 栏"本期应扣除税额"：填写纳税人本期应扣除的消费税税额，计算公式为：本期应扣除税额＝期初留抵税额＋本期准予扣除税额

（13）本表第 11 栏"本期实际扣除税额"：填写纳税人本期实际扣除的消费税税额，计算公式为：当本期应纳税额合计－本期减（免）税额≥本期应扣除税额时，本期实际扣除税额＝本期应扣除税额；当本期应纳税额合计－本期减（免）税额＜本期应扣除税额时，本期实际扣除税额＝本期应纳税额合 计－本期减（免）税额。

（14）本表第 12 栏"期末留抵税额"：计算公式为：期末留抵税额＝本期应扣除税额－本期实际扣除税额

（15）本表第 13 栏"本期预缴税额"：填写纳税申报前纳税人已预先缴纳入库的本期消费税额。

（16）本表第 14 栏"本期应补（退）税额"：填写纳税人本期应纳税额中应补缴或应退回的数额，计算公式为：

本期应补（退）税额＝本期应纳税额合计－本期减（免）税额－本期实际扣除税额－本期预缴税额

（17）本表第 15 栏"城市维护建设税本期应补（退）税额"：填写"消费税附加税费计算表""城市维护建设税"对应的"本期应补（退）税（费）额"栏数值。

（18）本表第 16 栏"教育费附加本期应补（退）费额"：填写"消费税附加税费计算表""教育费附加"对应的"本期应补（退）税（费）额"栏数值。

（19）本表第 17 栏"地方教育附加本期应补（退）费额"：填写"消费税附加税费计算表""地方教育费附加"对应的"本期应补（退）税（费）额"栏数值。

（20）本表为 A4 竖式，所有数字小数点后保留两位。一式二份，一份纳税人留存，一份税务机关留存。

综 合 练 习

一、单项选择题

1. 以下关于消费税说法不正确的有（　　）。

A. 消费税是选择少量消费品征收的

B. 消费税纳税人同时也是增值税纳税人

C. 增值税纳税人同时也是消费税纳税人

D. 征收消费税的货物属于增值税征收范围

2. 消费税应纳税额的计算方法不包括（　　）。

A. 从价定率　　　　　　　　　　　B. 从量定额

C. 从价定率和从量定额复合计税　　　D. 累进计税

3. 委托加工的应税消费品的纳税地点不正确的是(　　)。

A. 委托加工的应税消费品,除受托方为个人外,由受托方向机构所在地或者居住地的主管税务机关解缴消费税税款

B. 委托加工的应税消费品,受托方为个人的,由受托方向机构所在地或者居住地的主管税务机关解缴消费税税款

C. 委托加工的应税消费品,受托方为个人的,由委托方向机构所在地或者居住地的主管税务机关解缴消费税税款

D. 委托加工的应税消费品,受托方为企业的,由受托方向机构所在地或者居住地的主管税务机关解缴消费税税款

4. 消费税纳税人以 1 日、3 日、5 日、10 日或者 15 日为 1 个纳税期的,自期满之日起 5 日内预缴税款,于次月(　　)内申报纳税并结清上月应纳税款。

A. 1 日起 15 日　　　　　　　　　　B. 1 日起 7 日

C. 1 日起 10 日　　　　　　　　　　D. 1 日起 5 日

5. 下列关于消费税纳税义务时间规定不正确的是(　　)。

A. 纳税人自产自用应税消费品的,为移送使用的当天

B. 纳税人委托加工应税消费品的,为纳税人提货的当天

C. 纳税人进口应税消费品的,为报关进口的当天

D. 纳税人销售应税消费品的,为收到货款的当天

6. 以下应税消费品,国家税务总局核定计税价格的不包括(　　)。

A. 卷烟　　　　　B. 白酒　　　　　C. 小汽车　　　D. 成品油

7. 下列商品中,征收消费税的是(　　)。

A. 冰箱　　　　　B. 彩电　　　　　C. 空调　　　　D. 白酒

8. 下列应税消费品中,适用定额税率的有(　　)。

A. 白酒　　　　　B. 其他酒　　　　C. 卷烟　　　　D. 成品油

9. 下列消费品中,应在零售环节征收消费税的有(　　)。

A. 化妆品　　　　B. 卷烟　　　　　C. 金银首饰　　D. 鞭炮

10. 以下属于视同销售应税消费品的有(　　)。

A. 自制卷烟出售　　　　　　　　　　B. 自制烟丝连续生产卷烟

C. 委托加工收回烟丝直接出售　　　　D. 自产小客车用于对外实物投资

11. 纳税人自产的应税消费品用于下列项目的,不应征收消费税的有(　　)。

A. 连续生产应税消费品　　　　　　　B. 用于样品

C. 用于赠送　　　　　　　　　　　　D. 用于集体福利

12. 自产自用应税消费品的消费税,其纳税环节为(　　)。

A. 消费环节　　　　　　　　　　　　B. 生产环节

C. 移送使用环节　　　　　　　　　　D. 加工环节

13. 确定消费税的应税销售额时,不能计入销售额的项目是(　　)。

A. 消费税　　　　　　　　　　　　　B. 价外费用

C. 增值税　　　　　　　　　　　　　D. 加工费

14. 依据消费税的有关规定,下列消费品中属于消费税征税范围的是(　　)。

A. 高尔夫球包
B. 竹制筷子
C. 护肤护发品
D. 电动汽车

15. 以下应税消费品中,适用比例税率的有(　　)。

A. 啤酒
B. 汽油
C. 黄酒
D. 其他酒

二、多项选择题

1. 以下关于消费税说法正确的有(　　)。

A. 消费税是在对所有货物普遍征收增值税的基础上选择少量消费品征收的
B. 消费税纳税人同时也是增值税纳税人
C. 增值税纳税人同时也是消费税纳税人
D. 征收消费税的货物属于增值税征收范围

2. 以下关于消费税纳税规定正确的是(　　)。

A. 纳税人生产的应税消费品,于纳税人销售时纳税
B. 纳税人自产自用的应税消费品,用于连续生产应税消费品的,不纳税
C. 纳税人自产自用的应税消费品,用于其他方面的,于移送使用时纳税
D. 进口的应税消费品,于报关时纳税

3. 消费税应纳税额的计算方法有(　　)。

A. 从价定率
B. 从量定额
C. 从价定率和从量定额复合计税
D. 累进计税

4. 关于消费税征收机关说法正确的是(　　)。

A. 非进口消费税由税务机关征收
B. 进口的应税消费品的消费税由海关代征
C. 都由税务机关征收
D. 部分由财政部门征收

5. 关于消费税纳税地点正确的有(　　)。

A. 纳税人销售的应税消费品,以及自产自用的应税消费品,除国务院财政、税务主管部门另有规定外,应当向纳税人机构所在地或者居住地的主管税务机关申报纳税
B. 委托加工的应税消费品,除受托方为个人外,由受托方向机构所在地或者居住地的主管税务机关解缴消费税税款
C. 进口的应税消费品,应当向报关地海关申报纳税
D. 委托加工的应税消费品,除受托方为个人外,由委托方向机构所在地或者居住地的主管税务机关解缴消费税税款

6. 纳税人将自产应纳消费税货物用于以下方面,应计算缴纳消费税的是(　　)。

A. 生产非应税消费品
B. 在建工程
C. 管理部门、非生产机构
D. 广告、样品

7. 以下关于消费税应税数量的说法正确的是(   )。

A. 销售应税消费品的,为应税消费品的销售数量

B. 自产自用应税消费品的,为应税消费品的移送使用数量

C. 委托加工应税消费品的,为纳税人收回的应税消费品数量

D. 进口应税消费品的,为海关核定的应税消费品进口征税数量

8. 以下关于应税消费品计税价格核定说法正确的有(   )。

A. 卷烟、白酒和小汽车的计税价格由国家税务总局核定

B. 卷烟、白酒和小汽车以外应税消费品的计税价格由省、自治区和直辖市税务局核定

C. 进口的应税消费品的计税价格由海关核定

D. 由主管税务机关核定

9. 消费税纳税人的总机构与分支机构不在同一县(市),下列说法正确的是(   )。

A. 分别向各自机构所在地的主管税务机关申报纳税

B. 经财政部、国家税务总局或者其授权的财政、税务机关批准,可以由总机构汇总向总机构所在地的主管税务机关申报纳税

C. 经财政部、国家税务总局或者其授权的财政、税务机关批准,可以选择一处申报纳税

D. 以上都可以

10. 下列应征消费税的消费品有(   )。

A. 高级化妆品

B. 啤酒屋利用啤酒设备生产的啤酒

C. 酒厂自设非独立核算的门市部零售的白酒

D. 出国人员免税商店销售的金银首饰

三、判断题

1. 消费税是在对所有货物普遍征收增值税的基础上选择少量消费品征收的,因此消费税纳税人同时也是增值税纳税人。(   )

2. 委托加工的应税消费品,由受托方在向委托方交货时代收代缴税款。(   )

3. 消费税实行从价定率、从量定额,或者从价定率和从量定额复合计税的办法计算应纳税额。(   )

4. 连续生产应税消费品,是指纳税人将自产自用的应税消费品作为直接材料生产最终应税消费品,自产自用应税消费品构成最终应税消费品的实体。(   )

5. 已税委托加工的应税消费品直接出售的,不再缴纳消费税。(   )

6. 应税消费品采取赊销和分期收款结算方式的,纳税义务发生时间为书面合同约定的收款日期的当天,书面合同没有约定收款日期或者无书面合同的,纳税义务发生时间为发出应税消费品的当天。(   )

7. 委托个人加工的应税消费品,由委托方向其机构所在地或者居住地主管税务机关申报纳税。(   )

8. 进口的应税消费品,由进口人或者其代理人向主管税务机关申报纳税。(   )

9. 纳税人兼营不同税率的应税消费品,将不同税率的应税消费品组成成套消费品销售的,凡是分别核算不同税率的消费品的销售额,应按各自适用税率计算缴纳消费税。(   )

10. 实行从价定率办法计算应纳税额的应税消费品连同包装物销售的，无论包装物是否单独计价，也不论在会计上如何核算，均应并入应税消费品的销售额中征收消费税和增值税。（　　）

四、实务题

1. 某烟厂4月外购烟丝，取得的增值税专用发票上注明税款为8.5万元，本月生产卷烟领用烟丝80%，期初尚有库存的外购烟丝2万元，期末库存烟丝12万元。请计算该企业本月应纳消费税中可扣除的消费税。

2. 某酒厂2021年12月份生产一种新的粮食白酒，广告样品使用0.2吨，已知该种白酒无同类产品出厂价，生产成本每吨35 000元，成本利润率为10%，粮食白酒定额税率为每斤0.5元，比例税率为20%。请计算该厂当月消费税应纳税额。

3. 某日化厂2021年6月发生下列业务：

（1）将本企业生产的成本为5万元的高档化妆品分给职工作为福利，将成本为6万元的高档化妆品用于广告样品；

（2）销售高档化妆品取得不含税销售收入100万元，货款已经收回；

（3）没收逾期未归还的包装物押金5850元。

请计算该企业上述业务的消费税应纳税额（假设成本利润率5%，高档化妆品消费税税率15%）。

4. 某公司从境外进口10箱甲类卷烟（每标准箱50 000支），经海关核定，关税的完税价格为100 000元，关税25 000元。请计算该公司进口该批卷烟的消费税应纳税额。

五、计算选择题

某葡萄酒有限公司8月8日从其他葡萄酒生产企业购进葡萄酒290万元，取得增值税专用发票；12日生产领用上述购进葡萄酒200万元，15日生产领用进口葡萄酒110万元。本月期初库存葡萄酒160万元，期初留抵税额21万元，17日直接销售进口葡萄酒11万元。本月共生产销售各类应征消费税的葡萄酒取得收入1900万元（葡萄酒适用"酒"税目下的"其他酒"子目，税率10%）。

1. 本月期末库存葡萄酒（　　）元。

A. 1 400 000 　　　　　　　　　B. 1 290 000

C. 4 500 000 　　　　　　　　　D. 1 500 000

2. 本月准予抵扣的消费税税额为（　　）元。

A. 210 000 　　　　　　　　　　B. 310 000

C. 510 000 　　　　　　　　　　D. 100 000

3. 本月消费税应纳税额为（　　）元。

A. 310 000 　　　　　　　　　　B. 150 000

C. 210 000 　　　　　　　　　　D. 1 900 000

4. 本期应补缴的消费税税额为（　　）元。

A. 100 000 　　　　　　　　　　B. 160 000

C. 1 390 000 　　　　　　　　　D. 1 800 000

第四章　关税纳税实务

知识目标

要求学生掌握关税的基本规定、完税价格的确定、应纳税额的计算、税收优惠和申报缴纳的相关规定。

能力目标

通过学习本章,学生能运用所学的知识正确计算关税完税价格、应纳税额,会办理关税的日常纳税申报。

案例引入

海南离岛旅客免税购物政策

离岛免税政策是指对乘飞机、火车、轮船离岛(不包括离境)旅客实行限值、限量、限品种免进口税购物,在实施离岛免税政策的免税商店内或经批准的网上销售窗口付款,在机场、火车站、港口码头指定区域提货离岛的税收优惠政策。离岛免税政策免税税种为关税、进口环节增值税和消费税。

2011 年 3 月,中国财政部发布《关于开展海南离岛旅客免税购物政策试点的公告》,2011 年 4 月 20 日起,海南省试点执行。2020 年 6 月 29 日,财政部、海关总署、税务总局联合发布《关于海南离岛旅客免税购物政策的公告》,7 月 1 日起,离岛旅客每年每人免税购物额度提高至 10 万元,且不限次数。离岛免税商品品种增至 45 种,手机等电子消费类产品纳入其中;同时取消了单件商品 8000 元免税限额规定。

据海口海关统计,从 2020 年 7 月 1 日至 2022 年 6 月底,海口海关共监管离岛免税商品销售金额 906 亿元、销售件数 1.25 亿件、购物旅客 1228 万人次,日均购物金额 1.24 亿元,较新政策实施前增长 257%。离岛免税新政红利持续释放,海南自贸港正在成为游客心目中的"购物天堂"。

第一节 关税的基本规定

一、关税的概念和特点

（一）关税的概念

关税是指海关依法对准许进出口的货物、进境物品征收的一种税。中华人民共和国海关是国家的进出境（以下简称进出境）监督管理机关。海关依照《中华人民共和国海关法》（1987年1月22日第六届全国人民代表大会常务委员会第十九次会议通过，2021年第六次修正，以下简称《海关法》）和其他有关法律、行政法规，监管进出境的运输工具、货物、行李物品、邮递物品和其他物品，征收关税和其他税、费，查缉走私，并编制海关统计和办理其他海关业务。现行的关税基本规范是《中华人民共和国进出口关税条例》（2003年11月23日中华人民共和国国务院令第392号公布，2017年第四次修订，以下简称《进出口关税条例》）。

（二）关税的特点

关税作为独特的税种，除了具有一般税收的特点以外，还具有以下特点。

1. 征收的对象是进出境的货物和物品

关税是对准许进出口的货物、进境物品所征的一种税，在境内和境外流通的货物，不进出关境的不征关税。

2. 关税是单一环节的价外税

关税的完税价格中不包括关税，即在征收关税时，是以实际成交价格为计税依据，关税不包括在内。但海关代为征收增值税、消费税时，其计税依据包括关税在内。

3. 有较强的涉外性

关税税则的制定、税率的高低会直接影响国际贸易的开展。关税政策、关税措施也往往和经济、外交政策紧密相关，具有涉外性。

二、关税的分类

按照不同的标准，关税有多种分类方法。

（一）按征收对象分类

按征收对象分类，关税可分为进口关税、出口关税和过境关税。

1. 进口关税

进口关税是指海关对进口货物和物品所征收的关税。进口关税是关税中最重要的一种，在许多废除了出口关税和过境关税的国家，进口关税是唯一的关税。进口关税有正税与附加税之分。正税即按税则法定税率征收的进口税，除此以外征收的即为附加税。附加税主要是为了保护本国生产和增加财政收入，用于补充正税的不足，通常属于临时性的限制进口措施。

附加税的目的和名称繁多,如反倾销税、反补贴税、报复关税、紧急进口税等。附加税不是一个独立的税种,是从属于进口正税的。

2.出口关税

出口关税是指海关对出口货物和物品所征收的关税。目前,世界上大多数国家都不征收出口关税。我国仅对一小部分关系到国计民生的重要出口商品征收出口关税,其余的不征税。

3.过境关税

过境关税是指对外国经过本国国境运往另一国的货物所征收的关税。目前,世界上大多数国家都不征收过境关税,我国也不征收过境关税。

(二)按征税标准分类

按征税标准分类,关税可分为从价税、从量税、复合税、选择税和滑准税。

1.从价税

从价税是一种最常用的关税计税标准。它是以货物的价格或者价值为征税标准,以应征税额占货物价格或者价值的百分比为税率,价格越高,税额就越高。进口货物时,以此税率和海关审定的实际进口货物完税价格相乘计算应征税额。从价税的特点是,其税额与进口商品价格成正比。从价税的优点是税负公平明确、易于实施。但是,从价税也存在着一些不足,如:不同品种、规格、质量的同一货物价格有很大差异,海关估价有一定的难度,因此计征关税的手续也较繁杂。目前,我国海关征收的关税多数属于从价税。

2.从量税

从量税是以货物的数量、重量、体积、容量等计量单位为计税标准,以每计量单位货物的应征税额为税率。从量税的特点是,每一种货物的单位应征税额固定,不受该货物价格的影响。计税时以货物的计量单位乘以每单位应纳税金额即可得出该货物的关税税额。从量税的优点是:计算简便,通关手续快捷,能起到抑制低廉商品或故意低瞒价格货物的进口。但是,由于每计量单位货物的应征税额固定,物价涨落时,税额不能相应变化,因此关税的调控作用相对减弱。

3.复合税

复合税又称混合税,即订立从价、从量两种税率,随着完税价格和进口数量而变化,征收时根据两种税率合并计征。复合税是对某种进口货物混合使用从价税和从量税的一种关税计征标准。混合使用从价税和从量税的方法有多种,如:对某种货物同时征收一定数额的从价税和从量税;或对低于某一价格进口的货物只按从价税计征关税,高于这一价格,则混合使用从价税和从量税等。复合税既可发挥从量税抑制低价进口货物的作用,又可发挥从价税税负合理、稳定的作用。

4.选择税

对同一种货物在税则中规定从价、从量两种关税,在征税时由海关选择其中一种计征的关税即为选择税。海关是选择从价还是从量,多根据产品价格的高低而定。当物价上涨时,选择从价税;当物价下跌时,选择从量税。这样,不仅能保证国家的财政收入,还能较好地发挥保护本国产业的作用。但由于选择税通常是就高不就低,征税标准摇摆不定,海关计税手续烦琐,而且纳税人也不能预知需缴纳多少税额,容易与海关发生摩擦。

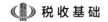

5. 滑准税

滑准税是指根据货物的不同价格制定不同税率的一类特殊的从价关税。它是一种关税税率随进口货物价格由高至低而由低至高设置的计征关税的方法。通俗地讲,就是进口货物的价格越高,其进口关税税率就越低;进口商品的价格越低,其进口关税税率就越高。滑准税的目的是使该货物的价格在国内市场上保持稳定,免受或少受国际市场价格波动的影响。滑准税的优点在于它能平衡物价,保护国内产业发展。

(三)按征税性质分类

按征税性质分类,关税可分为普通关税、优惠关税和差别关税。它们主要适用于进口关税。

1. 普通关税

普通关税又称一般关税,是指对与本国没有签署贸易或经济互惠等友好协定的国家原产的货物征收的非优惠性关税。普通关税与优惠关税的税率差别一般较大。

2. 优惠关税

优惠关税一般是互惠关税,即优惠协定的双方互相给对方优惠关税待遇,但也有单向优惠关税,即只对优惠国给予优惠待遇,而没有反向优惠。优惠关税一般有特定优惠关税、普遍优惠关税和最惠国待遇三种。

3. 差别关税

差别关税实际上是保护主义政策的产物,是保护一国产业所采取的特别手段。一般意义上的差别关税主要分为加重关税、反补贴关税、报复关税、反倾销关税等。

三、纳税人和征税对象

(一)纳税人

进口货物的收货人、出口货物的发货人、进出境物品的所有人是关税的纳税人。进出口货物的收货人、发货人是依法取得对外贸易经营权,并进口或者出口货物的法人或者其他社会团体。进出境物品的所有人包括该物品的所有人和推定为所有人的人。一般情况下,对于携带进境的物品,推定其携带人为所有人;对分离运输的行李,推定相应的进出境旅客为所有人;对以邮递方式进境的物品,推定其收件人为所有人;以邮递或其他运输方式出境的物品,推定其寄件人或托运人为所有人。

(二)征税对象

关税的征税对象是准许进出境的货物和物品。货物是指贸易性商品,物品是指入境旅客随身携带的行李物品、个人邮递物品、各种运输工具上的服务人员携带进口的自用物品、馈赠物品以及以其他方式进境的个人物品。

四、税率

关税税率是指海关税则规定的对征税对象征税时计算税额的比例。关税税率分为进口关税税率、出口关税税率和特别关税。关税的税目和税率由《中华人民共和国海关进出口税则》(以下简称《进出口税则》)规定。

（一）进口关税的税率

进口关税税率设置最惠国税率、协定税率、特惠税率、普通税率、关税配额税率等税率。对进口货物在一定期限内可以实行暂定税率。

1. 最惠国税率

原产于共同适用最惠国待遇条款的世界贸易组织成员的进口货物，原产于与中华人民共和国签订含有相互给予最惠国待遇条款的双边贸易协定的国家或者地区的进口货物，以及原产于中国境内的进口货物，适用最惠国税率。

2. 协定税率

原产于与中华人民共和国签订含有关税优惠条款的区域性贸易协定的国家或者地区的进口货物，适用协定税率。

3. 特惠税率

原产于与中华人民共和国签订含有特殊关税优惠条款的贸易协定的国家或者地区的进口货物，适用特惠税率。

4. 普通税率

原产于上述1~3所列以外国家或者地区的进口货物，以及原产地不明的进口货物，适用普通税率。

5. 关税配额税率

按照国家规定实行关税配额管理的进口货物，关税配额内的，适用关税配额税率；关税配额外的，其税率的适用按照上述1~4的规定执行。

6. 暂定税率

适用最惠国税率的进口货物有暂定税率的，应当适用暂定税率；适用协定税率、特惠税率的进口货物有暂定税率的，应当从低适用税率；适用普通税率的进口货物，不适用暂定税率。

（二）出口关税税率

我国出口税则为一栏税率，即出口税率。我国仅对少数资源性产品及易于竞相杀价、盲目出口、需要规范出口秩序的半制成品征收出口关税。适用出口税率的出口货物有暂定税率的，应当适用暂定税率。

（三）特别关税

特别关税包括报复性关税、反倾销关税与反补贴关税、保障性关税。征收特别关税的货物、适用国别、税率、期限和征收办法，由国务院关税税则委员会决定，海关总署负责实施。

（四）税率的运用

进出口货物，应当依照《进出口税则》规定的归类原则归入合适的税号，并按照适用的税率征收。《进出口关税条例》和《中华人民共和国海关进出口货物征税管理办法》(2005年1月4日海关总署令第124号发布,2018年第四次修正)对税率的运用作了明确规定。

（1）进出口货物,应当适用海关接受该货物申报进口或者出口之日实施的税率。

（2）进口货物到达前,经海关核准先行申报的,应当适用装载该货物的运输工具申报进境之日实施的税率。

（3）进口转关运输货物,应当适用指运地海关接受该货物申报进口之日实施的税率;货物运抵指运地前,经海关核准先行申报的,应当适用装载该货物的运输工具抵达指运地之日实施的税率。

（4）出口转关运输货物,应当适用启运地海关接受该货物申报出口之日实施的税率。

（5）经海关批准,实行集中申报的进出口货物,应当适用每次货物进出口时海关接受该货物申报之日实施的税率。

（6）因超过规定期限未申报而由海关依法变卖的进口货物,其税款计征应当适用装载该货物的运输工具申报进境之日实施的税率。

（7）因纳税人违反规定需要追征税款的进出口货物,应当适用违反规定的行为发生之日实施的税率;行为发生之日不能确定的,适用海关发现该行为之日实施的税率。

（8）已申报进境并放行的保税货物、减免税货物、租赁货物或者已申报进出境并且放行的暂时进出境货物,有下列情形之一需缴纳税款的,应当适用海关接受纳税人再次填写报关单申报办理纳税及有关手续之日实施的税率:

① 保税货物经批准不复运出境的。

② 保税仓储货物转入国内市场销售的。

③ 减免税货物经批准转让或者移作他用的。

④ 可暂不缴纳税款的暂时进出境货物,不复运出境或者进境的。

⑤ 租赁进口货物,分期缴纳税款的。

（9）补征或者退还进出口货物税款,应当按照《中华人民共和国海关进出口货物征税管理办法》第十三条和第十四条的规定确定适用的税率。

五、税收优惠

关税减免是对某些纳税人和征税对象给予鼓励和照顾的一种特殊调节手段,使关税政策工作兼顾了普通性和特殊性、原则性和灵活性。关税减免是贯彻国家关税政策的一项重要措施,关税减免分为法定减免税、特定减免税和临时减免税。根据《海关法》规定,除法定减免税外的其他减免税均由国务院决定。

（一）法定减免税

法定减免税是税法中明确列出的减税或免税。符合税法规定可予减免税的进出口货物,纳税人无须提出申请,海关可按规定直接予以减免税。海关对法定减免税货物一般不进行后续管理。

《海关法》和《进出口关税条例》明确规定,下列进出口货物、进出境物品予以减免关税:

（1）关税税额在人民币50元以下的一票货物,可免征关税。

（2）无商业价值的广告品和货样,可免征关税。

（3）外国政府、国际组织无偿赠送的物资,可免征关税。

（4）在海关放行前损失的货物,可免征关税。

（5）进出境运输工具装载的途中必需的燃料、物料和饮食用品，可予免税。

（6）在海关放行前遭受损坏的货物，可以根据海关认定的受损程度减征关税。

（7）中华人民共和国缔结或者参加的国际条约规定减征、免征关税的货物、物品，按照规定予以减免关税。

（8）法律规定减征、免征关税的其他货物、物品。

（二）特定减免税

特定减免税也称政策性减免税，是指在法定减免税之外，国家按照国际通行规则和本国实际情况制定发布的减免税。特定减免税货物一般有地区、企业和用途的限制，海关需要进行后续管理并进行减免税统计，主要包括科教用品、残疾人专用品、慈善捐赠物资、重大技术装备等的减免关税规定。

（三）临时减免税

临时减免税是指在法定和特定减免税以外的其他减免税，即由国务院根据《海关法》对某个单位、某类商品、某个项目或某批进出口货物的特殊情况，给予特别照顾，一案一批，专文下达的减免税，一般不能比照执行。

第二节 关税的计算

一、关税完税价格的确定

《海关法》第五十五条规定："进出口货物的完税价格，由海关以该货物的成交价格为基础审查确定。成交价格不能确定时，完税价格由海关依法估定。"我国海关依据《中华人民共和国海关审定进出口货物完税价格办法》审定进出口货物的完税价格。

（一）一般进口货物的完税价格

进口货物的完税价格包括货物的货价、货物运抵我国境内输入地点起卸前的运输及其相关费用、保险费。

1．成交价格估计方法

进口货物的成交价格是指卖方向我国境内销售该货物时买方为进口该货物向卖方实付、应付的，并且按照《中华人民共和国海关审定进出口货物完税价格办法》有关规定调整后的价款总额，包括直接支付的价款和间接支付的价款。

（1）进口货物的成交价格应当符合下列条件。

① 对买方处置或者使用进口货物不予限制，但是法律、行政法规规定实施的限制、对货物销售地域的限制和对货物价格无实质性影响的限制除外。

② 进口货物的价格不得受到使该货物成交价格无法确定的条件或者因素的影响。

③ 卖方不得直接或者间接获得因买方销售、处置或者使用进口货物而产生的任何收益，或者虽然有收益但是能够按照《中华人民共和国海关审定进出口货物完税价格办法》第十一条第一款第四项的规定做出调整。

④ 买卖双方之间没有特殊关系，或者虽然有特殊关系但是按照《中华人民共和国海关审定进出口货物完税价格办法》第十七条、第十八条的规定未对成交价格产生影响。

（2）应计入完税价格的调整项目。采用成交价格估算方法，以成交价格为基础审查确定进口货物的完税价格时，未包括在该货物实付、应付价格中的下列费用或者价值应当计入完税价格。

① 由买方负担的除购货佣金以外的佣金和经纪费。

② 由买方负担的与该货物视为一体的容器费用。

③ 由买方负担的包装材料费用和包装劳务费用。

④ 与进口货物的生产和向我国境内销售有关的，由买方以免费或者以低于成本的方式提供并可以按适当比例分摊的下列货物或者服务的价值：进口货物包含的材料、部件、零件和类似货物；在生产进口货物过程中使用的工具、模具和类似货物；在生产进口货物过程中消耗的材料；在境外进行的为生产进口货物所需的工程设计、技术研发、工艺及制图等相关服务。

⑤ 买方需向卖方或者有关方直接或者间接支付的特许权使用费，但是符合下列情形之一的除外：特许权使用费与该货物无关；特许权使用费的支付不构成该货物向我国境内销售的条件。

⑥ 卖方直接或间接从买方对该货物进口后转售、处置或使用所得中获得的收益。

纳税人应当向海关提供以上所述费用或者价值的客观量化数据资料。纳税人不能提供的，海关与纳税人进行价格磋商后，按照《中华人民共和国海关审定进出口货物完税价格办法》第六条列明的方法审查确定完税价格。

（3）不计入完税价格的调整项目。进口货物的价款中单独列明的下列税收、费用，不计入该货物的完税价格。

① 厂房、机械或者设备等货物进口后发生的建设、安装、装配、维修或者技术援助费用，但是保修费用除外。

② 进口货物运抵我国境内输入地点起卸后发生的运输及其相关费用、保险费。

③ 进口关税、进口环节海关代征税及其他国内税。

④ 为在境内复制进口货物而支付的费用。

⑤ 境内外技术培训及境外考察费用。

⑥ 同时符合下列条件的利息费用：利息费用是买方为购买进口货物而融资所产生的；有书面的融资协议的；利息费用单独列明的；纳税人可以证明有关利率不高于在融资当时当地此类交易通常应当具有的利率水平，且没有融资安排的相同或者类似进口货物的价格与进口货物的实付、应付价格非常接近的。

2. 进口货物海关估价方法

进口货物的价格不符合成交价格条件或者成交价格不能确定的，海关经了解有关情况，并且与纳税人进行价格磋商后，依次以相同货物成交价格估价方法、类似货物成交价格估价方法、倒扣价格估价方法、计算价格估价方法及其他合理方法审查确定该货物的完税价格。纳税人向海关提供有关资料后，可以提出申请，颠倒倒扣价格估价方法和计算价格估价方法的适用次序。

（二）进口货物完税价格中的运输及相关费用、保险费的计算

（1）进口货物的运输及其相关费用，应当按照由买方实际支付或者应当支付的费用计算。如果进口货物的运输及其相关费用无法确定，海关应当按照该货物进口同期的正常运输成本审查确定。

（2）运输工具作为进口货物，利用自身动力进境的，海关在审查确定完税价格时，不再另行计入运输及其相关费用。

（3）进口货物的保险费，应当按照实际支付的费用计算。如果进口货物的保险费无法确定或者未实际发生，海关应当按照"货价加运费"两者总额的 3‰ 计算保险费，其计算公式如下：

保险费 ＝（货价＋运费）×3‰

（4）邮运进口的货物，应当以邮费作为运输及其相关费用、保险费。

（三）出口货物的完税价格

1. 以成交价格为基础的完税价格

出口货物的完税价格由海关以该货物的成交价格为基础审查确定，并且应当包括货物运至我国境内输出地点装载前的运输及其相关费用、保险费。

出口货物的成交价格，是指该货物出口销售时，卖方为出口该货物应当向买方直接收取和间接收取的价款总额。下列税收、费用不计入出口货物的完税价格。

（1）出口关税。

（2）在货物价款中单独列明的货物运至我国境内输出地点装载后的运输及其相关费用、保险费。

2. 出口货物海关估价方法

出口货物的成交价格不能确定时，海关经了解有关情况，并且与纳税人进行价格磋商后，依次以下列价格审查确定该货物的完税价格。

（1）同时或者大约同时向同一国家或者地区出口的相同货物的成交价格。

（2）同时或者大约同时向同一国家或者地区出口的类似货物的成交价格。

（3）根据境内生产相同或者类似货物的成本、利润和一般费用（包括直接费用和间接费用）、境内发生的运输及其相关费用、保险费计算所得的价格。

（4）按照合理方法估定的价格。

二、应纳税额的计算

（一）从价税应纳税额的计算

关税应纳税额＝应税进（出）口货物数量×单位完税价格×税率

1. 进口环节

（1）以我国口岸到岸价格（CIF）成交的，或者和我国毗邻的国家以两国共同边境地点交货价格成交的进口货物，其成交价格即为完税价格。关税应纳税额计算公式为：

关税应纳税额＝CIF×关税税率

【例 4-1】 某公司从日本进口铁盘条 100 吨,成交价格为 CIF 上海新港 125 000 美元。海关填发税款缴款通知书之日的美元外汇牌价(中间价)为 6.5,该货物进口关税税率 15%,请计算该公司关税应纳税额。

解答:

该货物关税完税价格 = 125 000 × 6.5 = 812 500(元)

关税应纳税额 = 812 500 × 15% = 121 875(元)

(2) 以国外口岸离岸价(FOB)或国外口岸到岸价格成交的,应另加从发货口岸或国外交货口岸运到我国口岸以前的运杂费和保险费作为完税价格。关税应纳税额计算公式为:

关税应纳税额 = (FOB + 运杂费 + 保险费) × 关税税率

在国外口岸成交情况下,完税价格中包括的运杂费、保险费,原则上应按实际支付的金额计算,若无法得到实际支付金额,也可以外贸系统海运进口运杂费率或按协商规定的固定运杂费率计算运杂费,保险费按中国人民保险公司的保险费率计算。计算公式为:

关税应纳税额 = (FOB + 运杂费) × (1 + 保险费率) × 关税税率

【例 4-2】 例 4-1 中,假设以 FOB 价格成交,已知单位运费 500 元/吨,保险费率为 2.5‰,请计算该公司关税应纳税额。

解答:

该货物关税完税价格 = (FOB 价格 + 运费) × (1 + 保险费率)

= (125 000 × 6.5 + 100 × 500) × (1 + 2.5‰)

= 864 656.25(元)

关税应纳税额 = 864 656.25 × 15% ≈ 129 698.44(元)

(3) 以国外口岸离岸价格加运费(即 CFR 价格)成交的,应另加保险费作为完税价格。关税应纳税额计算公式为:

关税应纳税额 = (CFR + 保险费) × 关税税率 = CFR × (1 + 保险费率) × 关税税率

【例 4-3】 某企业从香港进口原产地为韩国的设备 3 台,该设备的总成交价格为 CFR 上海港 180 000 港元,保险费率为 3‰,设备进口关税税率为 10%,当日港元外汇牌价为 0.83。请计算该企业进口关税应纳税额。

解答:

该货物关税完税价格 = 180 000 × 0.83 × (1 + 3‰) = 149 848.2(元)

关税应纳税额 = 149 848.2 × 10% = 14 984.82(元)

(4) 进口货物海关估价。进口货物的成交价格经海关审查未能确定的,应先估定其完税价格,再计算其应纳税额,应纳关税计算公式为:

关税应纳税额 = 海关估定完税价格 × 关税税率

2. 出口环节

(1) 以我国口岸离岸价格(FOB)成交的出口关税计算公式为:

关税应纳税额＝FOB÷(1＋关税税率)×关税税率

（2）以国外口岸到岸价格(CIF)成交的出口关税计算公式为：

关税应纳税额＝(CIF－保险费－运费)÷(1＋关税税率)×关税税率

（3）以国外口岸价格加运费价格(CFR)成交的出口关税公式：

关税应纳税额＝(CFR－运费)÷(1＋关税税率)×关税税率

【例4-4】 某进出口公司自营出口商品一批，我国口岸FOB价格折合人民币为720 000元，出口关税税率为20％，根据海关开出的专用缴款书，以银行转账支票付讫税款。请计算该公司应纳出口关税。

解答：

该货物关税完税价格＝720 000÷(1＋20％)＝600 000(元)

关税应纳税额＝600 000×20％＝120 000(元)

（二）从量税应纳税额的计算

关税应纳税额＝应税进(出)口货物数量×单位货物税额

【例4-5】 某公司进口美国产啤酒600箱，每箱24瓶，每瓶500毫升，价格为CIF3000美元。已知进口报关日美元外汇牌价中间价6.5，该啤酒适用3元/升的关税税率。请计算该公司应纳进口关税。

解答：

关税应纳税额＝(600×24×500÷1000)×3＝21 600(元)

（三）复合税应纳税额的计算

我国目前实行的复合税都是先计征从量税，再计征从价。应纳关税计算公式为：

关税应纳税额＝应税进(出)口货物数量×单位货物税额＋应税进(出)口货物数量×单位完税价格×税率

（四）滑准税应纳税额的计算

关税应纳税额＝应税进(出)口货物数量×单位完税价格×滑准税税率

三、跨境电子商务零售进口税收政策

自2016年4月8日起，跨境电子商务零售进口商品按照货物征收关税和进口环节增值税、消费税，购买跨境电子商务零售进口商品的个人作为纳税人，实际交易价格（包括货物零售价格、运费和保险费）作为完税价格，电子商务企业、电子商务交易平台企业或物流企业可作为代收代缴义务人。

（一）适用范围

跨境电子商务零售进口税收政策适用于从其他国家或地区进口的、《跨境电子商务零售进口商品清单》范围内的以下商品。

（1）所有通过与海关联网的电子商务交易平台交易,能够实现交易、支付、物流电子信息"三单"比对的跨境电子商务零售进口商品。

（2）未通过与海关联网的电子商务交易平台交易,但快递、邮政企业能够统一提供交易、支付、物流等电子信息,并承诺承担相应法律责任进境的跨境电子商务零售进口商品。

不属于跨境电子商务零售进口的个人物品以及无法提供交易、支付、物流等电子信息的跨境电子商务零售进口商品,按现行规定执行。

（二）计征限额

跨境电子商务零售进口商品的单次交易限值为人民币 5000 元,个人年度交易限值为人民币 26 000 元。在限值以内进口的跨境电子商务零售进口商品,关税税率暂设为 0%;进口环节增值税、消费税取消免征税额,暂按法定应纳税额的 70% 征收。超过单次限值、累加后超过个人年度限值的单次交易,以及完税价格超过 5000 元限值的单个不可分割商品,均按照一般贸易方式全额征税。

（三）计征规定

跨境电子商务零售进口商品自海关放行之日起 30 日内退货的,可申请退税,并相应调整个人年度交易总额。

跨境电子商务零售进口商品购买人(订购人)的身份信息应进行认证;未进行认证的,购买人(订购人)身份信息应与付款人一致。

第三节　关税的申报与缴纳

一、进出口货物申报

进出口货物申报是指进出口货物的收发货人、受委托的报关企业,依照《海关法》以及有关法律、行政法规和规章的要求,在规定的期限、地点,采用电子数据报关单或者纸质报关单形式,向海关报告实际进出口货物的情况,并且接受海关审核的行为。

（一）报关时间规定

进口货物的收货人、受委托的报关企业应当自运输工具申报进境之日起 14 日内向海关申报。

进口转关运输货物的收货人、受委托的报关企业应当自运输工具申报进境之日起 14 日内,向进境地海关办理转关运输手续,有关货物应当自运抵指运地之日起 14 日内向指运地海关申报。

出口货物发货人、受委托的报关企业应当在货物运抵海关监管区后、装货的 24 小时以前向海关申报。

（二）申报单证

进出口货物的收发货人、受委托的报关企业应当取得国家实行进出口管理的许可证件,凭海关要求的有关单证办理报关纳税手续。海关对有关进出口许可证件电子数据进行系统自动比对验核。

这里所说的许可证件,是指海关与证件主管部门未实现联网核查,无法自动比对验核的,进出口货物收发货人、受委托的报关企业应当持有关许可证件办理海关手续。

向海关递交纸质报关单可以使用事先印制的规定格式报关单或者直接在 A4 型空白纸张上打印。

进出口货物报关单应当随附的单证包括:合同,发票,装箱清单,载货清单(舱单),提(运)单,代理报关授权委托协议,进出口许可证件,海关总署规定的其他进出口单证。

二、关税的缴纳

(一)税款的缴纳

除另有规定外,海关应当在货物实际进境,并且完成海关现场接单审核工作之后及时填发税款缴款书。需要通过对货物进行查验确定商品归类、完税价格、原产地的,应当在查验核实之后填发或者更改税款缴款书。

纳税人收到税款缴款书后应当办理签收手续。

海关税款缴款书一式六联,第一联(收据)由银行收款签章后交缴款单位或者纳税人;第二联(付款凭证)由缴款单位开户银行作为付出凭证;第三联(收款凭证)由收款国库作为收入凭证;第四联(回执)由国库盖章后退回海关财务部门;第五联(报查)国库收款后,关税专用缴款书退回海关,海关代征税专用缴款书送当地税务机关;第六联(存根)由填发单位存查。

银行收讫税款日为纳税人缴清税款之日。纳税人向银行缴纳税款后,应当及时将盖有证明银行已收讫税款的业务印章的税款缴款书送交填发海关验核,海关据此办理核注手续。

(二)缴纳期限

纳税人应当自海关填发税款缴款书之日起 15 日内向指定银行缴纳税款。逾期缴纳税款的,由海关自缴款期限届满之日起至缴清税款之日止,按日加收滞纳税款万分之五的滞纳金。纳税人应当自海关填发滞纳金缴款书之日起 15 日内向指定银行缴纳滞纳金。滞纳金缴款书的格式与税款缴款书相同。

缴款期限届满日遇星期六、星期日等休息日或者法定节假日的,应当顺延至休息日或者法定节假日之后的第一个工作日。国务院临时调整休息日与工作日的,海关应当按照调整后的情况计算缴款期限。

关税纳税人因不可抗力或者在国家税收政策调整的情形下,不能按期缴纳税款的,经依法提供税款担保后,可以延期缴纳税款,但最长不得超过 6 个月。

三、关税的强制执行

纳税人未在关税缴纳期限内缴纳税款,即构成关税滞纳。为保证海关征收关税决定的有效执行和国家财政收入的及时入库,《海关法》赋予海关对滞纳关税的纳税人强制执行的权力,强制措施主要有以下两类。

（一）征收关税滞纳金

滞纳金自关税缴纳期限届满滞纳之日起，至纳税人缴纳关税之日止，按滞纳税款万分之五的比例按日征收，周末或法定节假日不予扣除。具体计算公式为：

关税滞纳金金额＝滞纳关税税额×滞纳金征收比率×滞纳天数

（二）强制征收

进出口货物的纳税人逾期缴纳的，由海关征收滞纳金。纳税人、担保人超过 3 个月仍未缴纳的，经直属海关关长或者其授权的隶属海关关长批准，海关可以采取下列强制措施。

（1）书面通知其开户银行或者其他金融机构从其存款中扣缴税款。

（2）将应税货物依法变卖，以变卖所得抵缴税款。

（3）扣留并依法变卖其价值相当于应纳税款的货物或者其他财产，以变卖所得抵缴税款。

海关采取强制措施时，对纳税人、担保人未缴纳的滞纳金同时强制执行。

四、关税退还

关税退还是关税纳税人按海关核定的税额缴纳关税后，因某种原因的出现，海关将实际征收多于应当征收的税额（称为溢征关税）退还给原纳税人的一种行政行为。根据《海关法》和《进出口关税条例》的规定，海关多征的税款，海关发现后应当立即退还；纳税人发现多缴税款的，自缴纳税款之日起 1 年内，可以以书面形式要求海关退还多缴的税款并加算银行同期活期存款利息。

有下列情形之一的，纳税人自缴纳税款之日起 1 年内，可以申请退还关税，并应当以书面形式向海关说明理由，提供原缴款凭证及相关资料。

（1）已征进口关税的货物，因品质或者规格原因，原状退货复运出境的。

（2）已征出口关税的货物，因品质或者规格原因，原状退货复运进境，并已重新缴纳因出口而退还的国内环节有关税收的。

（3）已征出口关税的货物，因故未装运出口，申报退关的。

海关应当自受理退税申请之日起 30 日内查实并通知纳税人办理退还手续。纳税人应当自收到通知之日起 3 个月内办理有关退税手续。

五、关税补征和追征

补征和追征是海关在关税纳税人按海关核定的税额缴纳关税后，发现实际征收税额少于应当征收的税额（称为短征关税）时，责令纳税人补缴所差税款的一种行政行为。根据短征关税的原因，可以将海关征收原短征关税的行为分为补征和追征两种。由于纳税人违反规定造成少征或者漏征关税的，称为追征；非因纳税人违反规定造成少征或者漏征关税的，称为补征。区分关税追征和补征的目的是为了区别不同情况适用不同的征收时效，超过时效规定的期限，海关就丧失了追补关税的权力。

根据《海关法》和《进出口关税条例》的规定，进出口货物、进出境物品放行后，海关发现少征或者漏征的税款，应当自缴纳税款或者货物、物品放行之日起 1 年内，向纳税人补征；因纳税人违反规定而造成的少征或者漏征，海关在 3 年以内可以追征，并从缴纳税款或者货物放行之日起按日加收少征或者漏征税款万分之五的滞纳金；海关发现其监管货物因纳税人违反规定造成少征或者漏征税款的,应当自纳税人应缴纳税款之日起3年内追征税款,并从应缴纳税款之日起按日加收少征或者漏征税款万分之五的滞纳金。

六、关税纳税争议

纳税人、担保人对海关确定纳税人、确定完税价格、商品归类、确定原产地、适用税率或者计征汇率、减征或者免征税款、补税、退税、征收滞纳金、确定计征方式以及确定纳税地点有异议的,应当按照海关的相关行政决定依法缴纳税款,并且可以依照《中华人民共和国行政复议法》和《中华人民共和国海关行政复议办法》向上一级海关申请复议。对复议决定不服的,可以依法向人民法院提起诉讼。

综 合 练 习

一、单项选择题

1. 我国关税由(　　)征收。

A. 人民政府　　　　　　　　　　B. 税务机关

C. 工商行政管理部门　　　　　　D. 海关

2. 当一个国家存在自由港、自由区时,该国国境(　　)关境。

A. 大于　　　　　　　　　　　　B. 等于

C. 小于　　　　　　　　　　　　D. 无法比较

3. 下列各项中,(　　)不属于关税的纳税人。

A. 进口货物的收货人　　　　　　B. 进口货物的发货人

C. 进境物品的所有人　　　　　　D. 出口货物的发货人

4. 根据货物的不同价格适用不同税率的一类特殊的从价关税,这种关税是(　　)。

A. 反倾销税　　　　　　　　　　B. 复合关税

C. 滑准税　　　　　　　　　　　D. 歧视关税

5. 原产于我国参加的含关税优惠条款的区域性贸易协定有关缔约方的进口货物,适用于(　　)。

A. 普通税率　　　　　　　　　　B. 特惠税率

C. 协定税率　　　　　　　　　　D. 最惠国税率

6. 关税纳税人向指定银行缴纳税款的期限是(　　)。

A. 自报关进口之日起7日内

B. 自报关进口之日起15日内

C. 自海关填发税款缴款书之日起7日内

D. 自海关填发税款缴款书之日起15日内

7. 下列项目中,属于进口完税价格组成部分的是(　　)。

A. 进口人向境外自己的采购代理人支付的劳务费

B. 进口人向中介机构支付的经纪费

C. 设备进口后的安装调试费用

D. 进口关税

8. 根据我国关税法规,减免进出口关税的权限属于(　　)。

A. 中央　　　　　　　　　　　B. 地方

C. 省　　　　　　　　　　　　D. 市

9. 根据税法相关规定,一张票据上应税货物的关税税额在人民币(　　)元以下的,可以免征关税。

A. 10　　　　　　　　　　　　B. 30

C. 50　　　　　　　　　　　　D. 100

10. 关税纳税人因不可抗力或者在国家税收政策调整的情形下,不能按期缴纳税款的,经依法提供税款担保后,可以延期缴纳税款,但最多不得超过(　　)。

A. 3个月　　　　　　　　　　B. 6个月

C. 9个月　　　　　　　　　　D. 12个月

二、多项选择题

1. 我国关税税则设有(　　)。

A. 最惠国税率　　　　　　　　B. 协定税率

C. 普通税率　　　　　　　　　D. 特惠税率

2. 按照征收关税的标准,可以将关税分为(　　)。

A. 从量税　　　　　　　　　　B. 从价税

C. 复合税　　　　　　　　　　D. 滑准税

3. 非贸易性物品的关税纳税人是(　　)。

A. 入境旅客随身携带的行李、物品的持有人

B. 进口个人邮件的收件人

C. 外贸进出口公司

D. 有进出口经营权的企业

4. 下列各项中,属于关税法定纳税人的有(　　)。

A. 进口货物的收货人　　　　　B. 进口货物的代理人

C. 出口货物的发货人　　　　　D. 出口货物的代理人

5. 关于关税的征收管理的规定,下列说法正确的有(　　)。

A. 进口货物自运输工具申报进境之日起14日内,出口货物在货物运抵海关监管区后装货的24小时以前,向货物进(出)境地海关申报

B. 关税的延期缴纳税款,最长不得超过6个月

C. 关税滞纳按滞纳税款万分之五的比例按日征收,法定节假日可予扣除

D. 进出口货物和进出境物品放行后,海关发现少征或者漏征税款,应当自缴纳税款或者货物、物品放行之日起1年内,向纳税人补征

6. 进口货物的下列(　　)费用应当计入完税价格。

A. 由买方负担的购货佣金

B. 由买方负担的在审查确定完税价格时与该货物视为一体的容器的费用

C. 由买方负担的包装材料费用和包装劳务费用

D. 与该货物有关并作为卖方向我国销售该货物的一项条件,应当由买方直接或间接支付的特许权使用费

7. 进口时在货物的价款中列明的下列税收、费用,(　　)不计入该货物的完税价格。

A. 机械、设备进口后安装、装配、保修和技术服务的费用

B. 进口货物运抵我国境内输入地点起卸后的运输及其相关费用、保险费

C. 为在境内复制进口货物而支付的费用

D. 进口关税及国内税收

8. 进口货物的成交价格不符合规定或者成交价格不能确定的,海关经了解有关情况,并与纳税人进行价格磋商后,可以按顺序采用一定方法审查确定该货物的完税价格。下列属于海关可以采用的方法有(　　)。

A. 相同货物成交价格估价方法　　　　B. 类似货物成交价格估价方法

C. 倒扣价格估价方法　　　　　　　　D. 最大销售总量估价方法

9. 根据《进出口关税条例》的规定,下列情形中,纳税人或其代理人可以向海关申请退税的有(　　)。

A. 进口货物起卸后海关放行前,因不可抗力遭受损坏或损失的

B. 因海关误征,多纳税款的

C. 已征出口关税的货物,因故未装运出口,申报退关的

D. 已征进口关税的货物,因品质或者规格原因,原状退货复运出境的

10. 关税的征收管理规定中,关于补征和追征的期限正确的是(　　)。

A. 补征期为 1 年内　　　　　　　　B. 追征期为 1 年内

C. 补征期为 3 年内　　　　　　　　D. 追征期为 3 年内

三、判断题

1. 我国准许进出口的货物、进境物品,除法律、行政法规另有规定外,由海关依照规定征收进出口关税。(　　)

2. 适用出口税率的出口货物有暂定税率的,应当适用暂定税率。(　　)

3. 关税按征税标准分类,可分为从价税、从量税、复合税、选择税和滑准税。(　　)

4. 进口货物时,与该货物的生产和向中国境内销售有关的,由买方以免费或者以低于成本的方式提供并可以按适当比例分摊的料件、工具、模具、消耗材料及类似货物的价款,以及在境外开发、设计等相关服务的费用不计入完税价格。(　　)

5. 跨境电子商务零售进口商品的单次交易限值为人民币 2000 元,个人年度交易限值为人民币 50 000 元。(　　)

6. 进口货物的纳税人应当自运输工具申报进境之日起 14 日内,出口货物的纳税人除海关特准的外,应当在货物运抵海关监管区后、装货的 24 小时以前,向货物的进出境地海关申报。(　　)

7. 纳税人因不可抗力或者国家税收政策调整的情况下,不能按期缴纳税款的,经依法提供税款担保后,可以延期缴纳税款,但最长不得超过 6 个月。(　　)

8. 外国政府、国际组织无偿赠送的物资免征关税。(　　)

9. 海关发现其监管货物因纳税人违反规定造成少征或者漏征税款的,应当自纳税人应缴纳税款之日起 3 年内追征税款,并从应缴纳税款之日起按日加收少征或者漏征税款万分之三的滞纳金。(　　)

10. 滞纳金自关税缴纳期限届满滞纳之日起,至纳税人缴纳关税之日止,按滞纳税款万分之五的比例按日征收,扣除周末或法定节假日。( )

四、实务题

1. 江苏某企业将一批产品从南京出口到日本,日本到岸价格为500万元(其中含有运费40万元,保险费20万元,支付国外的佣金30万元),另外还支付包装费10万元,出口关税税率为40%,关税以支票付讫,请计算该企业应交关税。

2. A外贸公司接受B生产企业委托代理进口乙商品一批,B生产企业将进口货款50万元汇入A外贸公司存款户。进口关税税率为20%,代征增值税税率13%,协议进口手续费8500元,现该批商品已运达,根据海关开出的专用缴款书,以银行转账支票付讫税款,请计算应纳关税、材料采购成本及应纳增值税。

第五章 企业所得税纳税实务

 **知识目标**

要求学生掌握企业所得税的基本规定、应纳税所得额的确定、税额计算、税收优惠和申报缴纳的相关规定。

 **能力目标**

通过学习本章,学生能运用所学的知识正确计算企业应纳税所得额、所得税税额,能填写纳税申报表等相关资料,能向纳税人宣传企业所得税法规政策。

 **案例引入**

关于《国家税务总局关于落实小型微利企业所得税优惠政策征管问题的公告》的解读

为落实好小型微利企业所得税优惠政策,税务总局发布《国家税务总局关于落实小型微利企业所得税优惠政策征管问题的公告》(以下简称《公告》)。现解读如下:

一、制发《公告》的背景是什么?

为贯彻落实党中央、国务院决策部署,财政部和税务总局发布《关于小微企业和个体工商户所得税优惠政策的公告》(2023 年第 6 号),对小型微利企业年应纳税所得额不超过100 万元部分所得税优惠政策进行优化。为确保小型微利企业所得税优惠政策落实到位,支持小微企业发展,税务总局制发《公告》,对有关征管问题进行明确。

二、税收政策中的小型微利企业是指什么?

小型微利企业是指符合财政部、税务总局规定的可以享受小型微利企业所得税优惠政策的居民企业。目前,居民企业可按照《财政部 税务总局关于进一步实施小微企业所得税优惠政策的公告》(2022 年第 13 号)、《财政部 税务总局关于小微企业和个体工商户所得税优惠政策的公告》(2023 年第 6 号)相关规定,享受小型微利企业所得税优惠政策。今后如调整政策,从其规定。

三、企业设立不具有法人资格的分支机构,如何适用小型微利企业所得税优惠政策?

现行企业所得税实行法人税制,企业应以法人为主体,计算并缴纳企业所得税。《中华人民共和国企业所得税法》第五十条第二款规定,居民企业在中国境内设立不具有法人资格的营业机构的,应当汇总计算并缴纳企业所得税。因此,企业设立不具有法人资格分支机构的,应当先汇总计算总机构及其各分支机构的从业人数、资产总额、年度应纳税所得额,再依据各指标的合计数判断是否符合小型微利企业条件。

四、小型微利企业所得税优惠政策的办理程序?

符合条件的小型微利企业通过填写纳税申报表,即可便捷享受优惠政策,无需其他手续。小型微利企业应准确填报从业人数、资产总额、国家限制或禁止行业等基础信息,计算应纳税所得额后,信息系统将利用相关数据,为小型微利企业智能预填优惠项目、自动计算减免税额。

五、在预缴企业所得税时,企业如何享受优惠政策?

首先,判断是否符合条件。企业在年度中间预缴企业所得税时,按照政策标准判断符合小型微利企业条件的,即可享受优惠政策。资产总额、从业人数、年度应纳税所得额指标,暂按当年度截至本期预缴申报所属期末的情况进行判断。其中,资产总额、从业人数指标按照政策标准中"全年季度平均值"的计算公式,计算截至本期预缴申报所属期末的季度平均值。其次,按照政策规定计算应纳税额。今后如调整政策,从其规定,计算方法以此类推。

六、《公告》的实施时间

企业所得税按纳税年度计算,《公告》自 2023 年 1 月 1 日起施行。《国家税务总局关于小型微利企业所得税优惠政策征管问题的公告》(2022 年第 5 号)同时废止。

第一节　企业所得税的基本规定

一、企业所得税的概念和特点

(一)企业所得税的概念

企业所得税是指对中国境内的企业和其他取得收入的组织以其生产经营所得为课税对象所征收的一种所得税。

企业所得税是规范和处理国家与企业分配关系的重要形式。在我国现行税制中,企业所得税是仅次于增值税的第二大税种。现行企业所得税基本规范是《中华人民共和国企业所得税法》(2007 年 3 月 16 日第十届全国人民代表大会第五次会议通过,2018 年第二次修正,以下简称《企业所得税法》)和《中华人民共和国企业所得税法实施条例》(2007 年 12 月 6 日中华人民共和国国务院令第 512 号发布,2019 年修订,以下简称《企业所得税法实施条例》)。

(二)企业所得税的特点

1. 征税范围广

企业所得税的征税范围为企业和其他取得收入的组织;征税对象为生产经营所得和其他所得。

2. 税负公平

企业所得税对企业不分所有制,不分地区、行业和层次,实行统一的比例税率。多得多征、少得少征、不得不征。因此,企业所得税能够较好地体现税负公平。

3．税基约束力强

企业所得税的税基是应纳税所得额,即纳税人每个纳税年度的收入总额减去准予扣除的项目金额之后的余额。《企业所得税法》明确了收入总额、扣除项目金额的确定以及资产的税务处理等内容,使应税所得额的计算相对独立于企业的会计核算,体现了税法的强制性与统一性。

4．纳税人和负税人一致

企业所得税属于企业的终端税种,纳税人缴纳的所得税不易转嫁给他人,自己负担纳税。

二、企业所得税的纳税人、征税对象和税率

(一)企业所得税的纳税人

在中国境内的企业和其他取得收入的组织是企业所得税的纳税人。

我国选择了地域管辖权和居民管辖权标准,将企业所得税的纳税人分为居民企业和非居民企业。

居民企业是指依法在中国境内成立,或者依照外国(地区)法律成立但实际管理机构在中国境内的企业。《企业所得税法》第二条所称依法在中国境内成立的企业,包括依照中国法律、行政法规在中国境内成立的企业、事业单位、社会团体以及其他取得收入的组织。企业所得税法第二条所称依照外国(地区)法律成立的企业,包括依照外国(地区)法律成立的企业和其他取得收入的组织。

非居民企业是指依照外国(地区)法律成立且实际管理机构不在中国境内,但在中国境内设立机构、场所的,或者在中国境内未设立机构、场所,但有来源于中国境内所得的企业。

(二)企业所得税的征税对象

企业所得税的征税对象是指企业的生产经营所得、其他所得和清算所得。

居民企业应当就其来源于中国境内、境外的所得缴纳企业所得税。这里的"所得"包括销售货物所得、提供劳务所得、转让财产所得、股息红利等权益性投资所得、利息所得、租金所得、特许权使用费所得、接受捐赠所得和其他所得。

非居民企业在中国境内设立机构、场所的,应当就其所设机构、场所取得的来源于中国境内的所得,以及发生在中国境外但与其所设机构、场所有实际联系的所得,缴纳企业所得税。对非居民企业在中国境内未设立机构、场所的,或者虽设立机构、场所但取得的所得与其所设机构、场所没有实际联系的,应当就其来源于中国境内的所得缴纳企业所得税。

(三)企业所得税的税率

企业所得税的税率为25%;对国家需要重点扶持的高新技术企业,减按15%的税率征收;对符合条件的小型微利企业(以下简称小微企业),减按20%的税率征收;非居民企业在中国境内未设立机构、场所的,或者虽设立机构、场所但取得的所得与其所设机构、场所没有实际联系的,应当就其来源于中国境内的所得缴纳企业所得税,适用税率为20%。

第二节　企业所得税应纳税所得额的确定

应纳税所得额是企业所得税的计税依据。应纳税所得额是指纳税人每一纳税年度的收入总额减除不征税收入、免税收入、各项扣除以及允许弥补的以前年度亏损后的余额。其计算公式为：

应纳税所得额＝收入总额－不征税收入－免税收入－各项扣除－以前年度亏损

一、收入总额

企业的收入总额包括以货币形式和非货币形式取得的各种收入,具体有:销售货物收入,提供劳务收入,转让财产收入,股息、红利等权益性投资收益,利息收入,租金收入,特许权使用费收入,接受捐赠收入,其他收入。

（一）收入的确认

1. 销售货物收入

销售货物收入是指企业销售商品、产品、原材料、包装物、低值易耗品以及其他存货取得的收入。

2. 提供劳务收入

提供劳务收入是指企业从事建筑安装、修理修配、交通运输、仓储租赁、金融保险、邮电通信、咨询经纪、文化体育、科学研究、技术服务、教育培训、餐饮住宿、中介代理、卫生保健、社区服务、旅游、娱乐、加工以及其他劳务服务活动取得的收入。

3. 转让财产收入

转让财产收入是指企业转让固定资产、生物资产、无形资产、股权、债权等财产取得的收入。

4. 股息、红利等权益性投资收益

股息、红利等权益性投资收益是指企业因权益性投资从被投资方取得的收入。股息、红利等权益性投资收益,除国务院财政、税务主管部门另有规定外,按照被投资方做出利润分配决定的日期确认收入的实现。

5. 利息收入

利息收入是指企业将资金提供他人使用但不构成权益性投资,或者因他人占用本企业资金取得的收入,包括存款利息、贷款利息、债券利息、欠款利息等收入。利息收入,按照合同约定的债务人应付利息的日期确认收入的实现。

6. 租金收入

租金收入是指企业提供固定资产、包装物以及其他有形资产的使用权取得的收入。租金收入,按照合同约定的承租人应付租金的日期确认收入的实现。

7. 特许权使用费收入

特许权使用费收入是指企业提供专利权、非专利技术、商标权、著作权以及其他特许权的使用权取得的收入。特许权使用费收入,按照合同约定的特许权使用人应付特许权使用费的日期确认收入的实现。

8. 接受捐赠收入

接受捐赠收入是指企业接受的来自其他企业、组织或者个人无偿给予的货币性资产、非货币性资产。接受捐赠收入,按照实际收到捐赠资产的日期确认收入的实现。

9. 其他收入

其他收入是指除上述各项收入以外的其他收入,包括企业资产溢余收入、逾期未退包装物押金收入、确实无法偿付的应付款项、已作坏账损失处理后又收回的应收款项、债务重组收入、补贴收入、违约金收入、汇兑收益等。

（二）特殊规定

（1）以分期收款方式销售货物的,按照合同约定的收款日期确认收入的实现。

（2）企业受托加工制造大型机械设备、船舶、飞机,以及从事建筑、安装、装配工程业务或者提供其他劳务等,持续时间超过 12 个月的,按照纳税年度内完工进度或者完成的工作量确认收入的实现。

（3）采取产品分成方式取得收入的,按照企业分得产品的日期确认收入的实现,其收入额按照产品的公允价值确定。

（4）企业发生非货币性资产交换,以及将货物、财产、劳务用于捐赠、偿债、赞助、集资、广告、样品、职工福利或者利润分配等用途的,应当视同销售货物、转让财产或者提供劳务,但国务院财政、税务主管部门另有规定的除外。

（5）对企业投资者持有 2019－2023 年发行的铁路债券取得的利息收入,减半征收企业所得税。铁路债券是指以中国铁路总公司为发行和偿还主体的债券,包括中国铁路建设债券、中期票据、短期融资券等债务融资工具。

（6）永续债企业所得税处理。自 2019 年 1 月 1 日起,企业发行的永续债,可以适用股息、红利企业所得税政策,即投资方取得的永续债利息收入属于股息、红利性质,按照现行企业所得税政策相关规定进行处理。

二、不征税收入

不征税收入是指从性质和根源上不属于企业营利性活动带来的经济利益、不负有纳税义务并不作为应纳税所得额组成部分的收入。《企业所得税法》所称的不征税收入包括财政拨款,依法收取并纳入财政管理的行政事业性收费、政府性基金,国务院规定的其他不征税收入。

三、免税收入

免税收入是指属于企业的应税所得但按照税法规定免予征收企业所得税的收入。《企业所得税法》所称的免税收入包括国债利息收入,符合条件的居民企业之间的股息、红利等权益性投资收益,在中国境内设立机构、场所的非居民企业从居民企业取得与该机构、场所

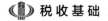

有实际联系的股息、红利等权益性投资收益,符合条件的非营利组织的收入。

四、税前扣除项目的范围、确定原则及扣除标准

(一)税前扣除项目的范围

《企业所得税法》第八条规定:"企业实际发生的与取得收入有关的、合理的支出,包括成本、费用、税金、损失和其他支出,准予在计算应纳税所得额时扣除。"

1.成本

成本是指企业在生产经营活动中发生的销售成本、销货成本、业务支出以及其他耗费。

2.费用

费用是指企业在生产经营活动中发生的销售费用、管理费用和财务费用,已经计入成本的有关费用除外。

3.税金

税金是指企业发生的除企业所得税和允许抵扣的增值税以外的各项税金及其附加。即企业按规定缴纳的消费税、城市维护建设税、关税、资源税、土地增值税、房产税、车船税、土地使用税、印花税、环境保护税、教育费附加等。扣除的方式有两种:一是在发生当期扣除;二是在发生当期计入相关资产的成本,在以后各期分摊扣除。

4.损失

损失是指企业在生产经营活动中发生的固定资产和存货的盘亏、毁损、报废损失,转让财产损失,呆账损失,坏账损失,自然灾害等不可抗力因素造成的损失以及其他损失。企业发生的损失,减除责任人赔偿和保险赔款后的余额,依照国务院财政、税务主管部门的规定扣除。

企业已经作为损失处理的资产,在以后纳税年度又全部收回或者部分收回时,应当计入当期收入。

5.其他支出

其他支出是指除成本、费用、税金、损失外,企业在生产经营活动中发生的与生产经营活动有关的、合理的支出。

(二)税前扣除项目的确定原则

企业申报的扣除项目和金额要真实、合法。真实是指能提供证明有关支出确属已经实际发生,合法是指符合国家税法的规定。一般应按照以下原则确定税前扣除项目。

1.权责发生制原则

企业费用应在发生的所属期扣除,而不是在实际支付时确认扣除。

2.配比原则

企业发生的费用应当与收入配比扣除。除特殊规定外,企业发生的费用不得提前或滞后申报扣除。

3.合理性原则

税前扣除的合理支出是指符合生产经营活动常规应当计入当期损益或者有关资产成本的必要和正常的支出。

4．相关性原则

企业可扣除的费用从性质上和根源上必须与取得应税收入直接相关。

5．确定性原则

企业可扣除的费用不论何时支付,其金额必须是确定的。

（三）税前扣除项目的扣除标准

在计算应纳税所得额时,下列项目可按照实际发生额或规定的标准扣除。

1．工资、薪金支出

企业发生的合理的工资、薪金支出,准予扣除。工资、薪金支出是指企业每一纳税年度支付给在本企业任职或者受雇的员工的所有现金形式或非现金形式的劳动报酬,包括基本工资、奖金、津贴、补贴、年终加薪、加班工资,以及与员工任职或者受雇有关的其他支出。

2．职工福利费、工会经费、职工教育经费支出

（1）企业发生的职工福利费支出,不超过工资薪金总额14％的部分,准予扣除。

（2）企业拨缴的工会经费,不超过工资薪金总额2％的部分,准予扣除。

（3）除国务院财政、税务主管部门另有规定外,企业发生的职工教育经费支出,不超过工资薪金总额8％的部分,准予扣除;超过部分,准予在以后纳税年度结转扣除。

3．保险支出

（1）基本社会保险支出和住房公积金支出。

企业依照国务院有关主管部门或者省级人民政府规定的范围和标准为职工缴纳的基本养老保险费、基本医疗保险费、失业保险费、工伤保险费、生育保险费等基本社会保险费和住房公积金,准予扣除。

（2）补充养老保险和补充医疗保险支出。

企业为投资者或者职工支付的补充养老保险费、补充医疗保险费,在国务院财政、税务主管部门规定的范围和标准内,准予扣除。

（3）财产保险支出。

企业参加财产保险,按照规定缴纳的保险费,准予扣除。这里的"财产"包括与生产经营活动有关的各类财产。与生产经营活动无关的财产保险支出,不得在税前扣除。

4．借款费用支出

企业在生产经营活动中发生的合理的不需要资本化的借款费用,准予扣除。资本化的借款费用,可以通过对资产进行折旧、摊销、结转成本等方式间接在税前扣除。

企业为购置、建造固定资产、无形资产和经过12个月以上的建造才能达到预定可销售状态的存货发生借款的,在有关资产购置、建造期间发生的合理的借款费用,应当作为资本性支出计入有关资产的成本,并依照《企业所得税法实施条例》的规定扣除。

企业在生产经营过程中发生的下列利息支出,准予在税前扣除。

（1）非金融企业向金融企业借款的利息支出、金融企业的各项存款利息支出和同业拆借利息支出、企业经批准发行债券的利息支出。

（2）非金融企业向非金融企业借款的利息支出,不超过按照金融企业同期同类贷款利

率计算的数额的部分。

企业从其关联方接受的债权性投资与权益性投资的比例超过规定标准而发生的利息支出,不得在计算应纳税所得额时扣除。

5.业务招待费

企业发生的与生产经营活动有关的业务招待费支出,按照发生额的 60% 扣除,但最高不得超过当年销售(营业)收入的 5‰。

6.广告费和业务宣传费

企业发生的符合条件的广告费和业务宣传费支出,除国务院财政、税务主管部门另有规定外,不超过当年销售(营业)收入 15% 的部分,准予扣除;超过部分,准予在以后纳税年度结转扣除。

7.劳动保护支出

企业发生的合理的劳动保护支出,准予扣除。

8.汇兑损失

企业在货币交易中,以及纳税年度终了时将人民币以外的货币性资产、负债按照期末即期人民币汇率中间价折算为人民币时产生的汇兑损失,除已经计入有关资产成本以及与向所有者进行利润分配相关的部分外,准予扣除。

9.环境保护专项资金支出

企业依照法律、行政法规有关规定提取的用于环境保护、生态恢复等方面的专项资金,准予扣除。上述专项资金提取后改变用途的,不得扣除。

10.租赁费支出

企业根据生产经营活动的需要租入固定资产支付的租赁费,按照以下方法扣除。

(1)以经营租赁方式租入固定资产发生的租赁费支出,按照租赁期限均匀扣除。

(2)以融资租赁方式租入固定资产发生的租赁费支出,按照规定构成融资租入固定资产价值的部分应当提取折旧费用,分期扣除。

11.公益性捐赠支出

企业发生的公益性捐赠支出,在年度利润总额 12% 以内的部分,准予在计算应纳税所得额时扣除;超过年度利润总额 12% 的部分,准予结转以后 3 年内在计算应纳税所得额时扣除。这里所称公益性捐赠,是指企业通过公益性社会组织或者县级以上人民政府及其部门,用于符合法律规定的慈善活动、公益事业的捐赠。

五、不得扣除的项目

在计算应纳税所得额时,下列项目不得从收入总额中扣除。

(1)向投资者支付的股息、红利等权益性投资收益款项。

(2)企业所得税税款。

(3)税收滞纳金。

(4)罚金、罚款和被没收财物的损失。但企业因经济违约支付的违约金支出可以税前扣除,支付的银行罚息可以税前扣除。

（5）国家规定允许扣除的公益性捐赠以外的捐赠支出。

（6）赞助支出，即企业发生的与生产经营活动无关的各种非广告性质支出。

（7）未核定的准备金支出即不符合国务院财政、税务主管部门规定的各项资产减值准备、风险准备等准备金支出。

（8）与取得收入无关的其他支出。

除上述项目外，根据《企业所得税法实施条例》有关规定，企业特别纳税调整加收的利息、企业之间支付的管理费、企业内营业机构之间支付的租金和特许权使用费，以及非银行企业营业机构之间支付的利息不得扣除。

六、亏损弥补

亏损是指企业依照《企业所得税法》和《企业所得税法实施条例》的规定，将每一纳税年度的收入总额减除不征税收入、免税收入和各项扣除后小于零的数额，而不是企业财务报表中反映的亏损额。

企业纳税年度发生的亏损，准予向以后年度结转，用以后年度的所得弥补，但结转年限最长不得超过5年。

第三节　企业所得税的计算

一、居民企业应纳税额的计算

居民企业应纳税额＝应纳税所得额×适用税率－减免税额－抵免税额

（一）直接计算法

应纳税所得额＝收入总额－不征税收入－免税收入－各项扣除金额－弥补亏损

（二）间接计算法

应纳税所得额＝会计利润总额±纳税调整项目金额

【例5-1】　甲公司是生产混凝土搅拌机的生产企业，在2021年汇算清缴年度企业所得税时，对有关收支项目进行纳税调整后，将全年会计利润500万元按税法规定调整为全年应纳税所得额600万元。税务部门在税务检查时，发现该企业以下几项业务尚未进行调整：

（1）4月，该企业购入机器设备一台，购置总成本80万元，使用期为10年，支出全部计入当期费用（残值比例按5%）。

（2）6月，该企业为解决职工子女上学问题，直接向某小学捐款50万元，在营业外支出中列支。在计算应纳税所得额时未作纳税调整。

（3）7月，该企业将在建工程应负担的贷款利息10万元计入当年财务费用。在计算应纳税所得额时未作纳税调整。

（4）12月，该企业购进环境保护专用设备一台，购置价格300万元。该设备符合设备抵免的相关规定。

请计算：

（1）该企业当年设备折旧税前扣除额。

（2）该企业当年公益性捐赠税前扣除额。

（3）该企业当年在建工程贷款利息税前扣除额。

（4）该企业当年应纳税所得额。

（5）该企业当年企业所得税应纳税额。

解答：

（1）纳税人新购置的固定资产，应当从使用月份的次月起计提折旧。

该企业当年设备折旧税前扣除额 $=80\times(1-5\%)\div10\div12\times8\approx5.07$（万元）

（2）直接向某小学捐款50万元，不属于公益性捐赠支出，在计算应纳税所得额时不得扣除。

（3）在建工程应负担贷款利息10万元，在计算应纳税所得额时不得扣除。

（4）该企业当年应纳税所得额 $=600+(80-5.07)+50+10=734.93$（万元）

（5）环境保护专用设备的投资额的10%可以从企业当年应纳税额中抵免，抵免额为 $300\times10\%=30$（万元）

该企业当年企业所得税应纳税额 $=734.93\times25\%-30\approx153.73$（万元）

【例5-2】 乙公司2021年度会计报表上的利润总额为100万元，已累计预缴企业所得税25万元。该企业同年度其他有关情况如下：

（1）发生的公益性捐赠支出18万元。

（2）开发新技术的研究开发费用20万元。

（3）直接向某足球队捐款35万元。

（4）支付违反交通法规罚款0.8万元。

请计算：

（1）该企业公益性捐赠支出所得税前纳税调整额。

（2）该企业研究开发费用所得税前扣除数额。

（3）该企业应纳税所得额。

（4）该企业年度应纳所得税税额。

（5）该企业年度应汇算清缴的所得税税额。

解答：

（1）根据现行规定，企业发生的公益性捐赠支出，在年度利润总额12%以内的部分，准予在计算应纳税所得额时扣除。

公益性捐赠支出所得税前扣除限额 $=100\times12\%=12$（万元）

实际发生的公益性捐赠支出18万元，超过限额6万元，应调增应纳税所得额6万元。

（2）该企业研究开发费用所得税前扣除数额 $=20+20\times75\%=35$（万元），应调减应纳税所得额15万元。

（3）该企业2021年度应纳税所得额：

向某足球队捐款不得扣除，应调增应纳税所得额35万元；

支付违反交通法规罚款不得扣除，应调增应纳税所得额0.8万元。

该企业 2021 年度应纳税所得额＝100＋6－15＋35＋0.8＝126.8(万元)

(4) 该企业 2021 年度所得税应纳税额＝126.8×25％＝31.7(万元)

(5) 该企业 2021 年度应汇算清缴(补缴)的所得税税额＝31.7－25＝6.7(万元)

二、境外所得已纳税额的扣除

企业取得的下列所得已在境外缴纳的所得税税额,可以从其当期应纳税额中抵免,抵免限额为该项所得依照《企业所得税法》规定计算的应纳税额;超过抵免限额的部分,可以在以后 5 个年度内,用每年度抵免限额抵免当年应抵税额后的余额进行抵补。

(1) 居民企业来源于中国境外的应税所得。

(2) 非居民企业在中国境内设立机构、场所,取得发生在中国境外但与该机构、场所有实际联系的应税所得。

居民企业从其直接或者间接控制的外国企业分得的来源于中国境外的股息、红利等权益性投资收益,外国企业在境外实际缴纳的所得税税额中属于该项所得负担的部分,可以作为该居民企业的可抵免境外所得税税额,在《企业所得税法》规定的抵免限额内抵免。

这里所说的"已在境外缴纳的所得税税额",是指企业来源于中国境外的所得依照中国境外税收法律以及相关规定应当缴纳并已经实际缴纳的企业所得税性质的税款。

这里所说的"抵免限额",是指企业来源于中国境外的所得,依照《企业所得税法》和《企业所得税法实施条例》的规定计算的应纳税额。除国务院财政、税务主管部门另有规定外,该抵免限额应当分国(地区)不分项计算,计算公式如下:

抵免限额＝中国境内、境外所得依照《企业所得税法》和《企业所得税法实施条例》规定计算的应纳税总额×来源于某国(地区)的应纳税所得额÷中国境内、境外应纳税所得总额

【例 5-3】 丙公司 2021 年度应纳税所得额为 100 万元,适用 25％的企业所得税税率。另外,该企业分别在 A、B 两国设有分支机构(我国与 A、B 两国已缔结避免双重征税协定),在 A 国分支机构的应纳税所得额为 60 万元,A 国所得税税率为 20％;在 B 国的分支机构的应纳税所得额为 50 万元,B 国所得税税率为 30％。假设该企业在 A、B 两国所得按我国税法计算的应纳税所得额和按 A、B 两国税法计算的应纳税所得额是一致的,两个分支机构在 A、B 两国分别缴纳 12 万元和 15 万元的企业所得税。请计算该企业汇总在我国应缴纳的企业所得税税额。

解答:

(1) 该企业境内、境外所得按我国税法计算的企业所得税应纳税额:

企业所得税应纳税额＝(100＋60＋50)×25％＝52.5(万元)

(2) A、B 两国的扣除限额:

A 国抵免限额＝52.5×[60÷(100＋60＋50)]≈15(万元)

B 国抵免限额＝52.5×[50÷(100＋60＋50)]≈12.5(万元)

在 A 国缴纳的企业所得税税额为 12 万元,低于抵免限额 15 万元,可全额扣除。

在 B 国缴纳的企业所得税税额为 15 万元,高于抵免限额 12.5 万元,其超过抵免限额的部分 2.5 万元当年不能扣除。

(3) 该企业汇总在我国应缴纳的企业所得税税额＝52.5－12－12.5＝28(万元)

三、非居民企业应纳税所得额的计算

对于在中国境内未设立机构、场所的,或者虽设立机构、场所但取得的所得与其所设机构、场所没有实际联系的非居民企业来源于中国境内的所得,按照下列方法计算应纳税所得额。

(1)股息、红利等权益性投资收益和利息、租金、特许权使用费所得,以收入全额为应纳税所得额。

(2)转让财产所得,以收入全额减除财产净值后的余额为应纳税所得额。

(3)其他所得,参照前两项规定的方法计算应纳税所得额。

第四节　资产的税务处理

企业的各项资产,包括固定资产、生物资产、无形资产、长期待摊费用、投资资产、存货等。企业的各项资产以历史成本(企业取得该项资产时实际发生的支出)为计税基础。企业持有各项资产期间资产增值或者减值,除国务院财政、税务主管部门规定可以确认损益外,不得调整该资产的计税基础。

一、固定资产的税务处理

固定资产是指企业为生产产品、提供劳务、出租或者经营管理而持有的、使用时间超过12个月的非货币性资产,包括房屋、建筑物、机器、机械、运输工具以及其他与生产经营活动有关的设备、器具、工具等。

(一)固定资产的计税基础

固定资产按照以下方法确定计税基础。

(1)外购的固定资产,以购买价款和支付的相关税费以及直接归属于使该资产达到预定用途发生的其他支出为计税基础。

(2)自行建造的固定资产,以竣工结算前发生的支出为计税基础。

(3)融资租入的固定资产,以租赁合同约定的付款总额和承租人在签订租赁合同过程中发生的相关费用为计税基础,租赁合同未约定付款总额的,以该资产的公允价值和承租人在签订租赁合同过程中发生的相关费用为计税基础。

(4)盘盈的固定资产,以同类固定资产的重置完全价值为计税基础。

(5)通过捐赠、投资、非货币性资产交换、债务重组等方式取得的固定资产,以该资产的公允价值和支付的相关税费为计税基础。

(6)改建的固定资产,除已足额提取折旧的固定资产的改建支出和租入固定资产改建支出外,以改建过程中发生的改建支出增加为计税基础。

(二)固定资产折旧的范围

在计算应纳税所得额时,企业按照规定计算的固定资产折旧,准予扣除。

下列固定资产不得计算折旧扣除。

（1）房屋、建筑物以外未投入使用的固定资产。

（2）以经营租赁方式租入的固定资产。

（3）以融资租赁方式租出的固定资产。

（4）已足额提取折旧仍继续使用的固定资产。

（5）与经营活动无关的固定资产。

（6）单独估价作为固定资产入账的土地。

（7）其他不得计算折旧扣除的固定资产。

（三）固定资产折旧的计提方法

（1）企业应当自固定资产投入使用月份的次月起计算折旧；停止使用的固定资产，应当自停止使用月份的次月起停止计算折旧。

（2）企业应当根据固定资产的性质和使用情况，合理确定固定资产的预计净残值。固定资产的预计净残值一经确定，不得变更。

（3）固定资产按照直线法计算的折旧，准予扣除。

（四）固定资产折旧的计提年限

除国务院财政、税务主管部门另有规定外，固定资产计算折旧的最低年限如下。

（1）房屋、建筑物，为 20 年。

（2）飞机、火车、轮船、机器、机械和其他生产设备，为 10 年。

（3）与生产经营活动有关的器具、工具、家具等，为 5 年。

（4）飞机、火车、轮船以外的运输工具，为 4 年。

（5）电子设备，为 3 年。

二、生产性生物资产的税务处理

生产性生物资产，是指企业为生产农产品、提供劳务或者出租等而持有的生物资产，包括经济林、薪炭林、产畜和役畜等。

（一）生产性生物资产的计税基础

生产性生物资产按照以下方法确定计税基础。

（1）外购的生产性生物资产，以购买价款和支付的相关税费为计税基础。

（2）通过捐赠、投资、非货币性资产交换、债务重组等方式取得的生产性生物资产，以该资产的公允价值和支付的相关税费为计税基础。

（二）生物资产的折旧方法和折旧年限

生产性生物资产按照直线法计算的折旧，准予扣除。企业应当自生产性生物资产投入使用月份的次月起计算折旧；停止使用的生产性生物资产，应当自停止使用月份的次月起停止计算折旧。企业应当根据生产性生物资产的性质和使用情况，合理确定生产性生物资产的预计净残值。生产性生物资产的预计净残值一经确定，不得变更。

生产性生物资产计算折旧的最低年限如下。

（1）林木类生产性生物资产，为 10 年。

（2）畜类生产性生物资产,为 3 年。

三、无形资产的税务处理

无形资产是指企业为生产产品、提供劳务、出租或者经营管理而持有的、没有实物形态的非货币性长期资产,包括专利权、商标权、著作权、土地使用权、非专利技术、商誉等。

（一）无形资产的计税基础

无形资产按照以下方法确定计税基础。

（1）外购的无形资产,以购买价款和支付的相关税费以及直接归属于使该资产达到预定用途发生的其他支出为计税基础。

（2）自行开发的无形资产,以开发过程中该资产符合资本化条件后至达到预定用途前发生的支出为计税基础。

（3）通过捐赠、投资、非货币性资产交换、债务重组等方式取得的无形资产,以该资产的公允价值和支付的相关税费为计税基础。

（二）无形资产的摊销方法及年限

无形资产按照直线法计算的摊销费用,准予扣除。但下列无形资产不得计算摊销费用扣除:自行开发的支出已在计算应纳税所得额时扣除的无形资产,自创商誉,与经营活动无关的无形资产,其他不得计算摊销费用扣除的无形资产。

无形资产的摊销年限不得低于 10 年。作为投资或者受让的无形资产,有关法律规定或者合同约定了使用年限的,可以按照规定或者约定的使用年限分期摊销。外购商誉的支出,在企业整体转让或者清算时,准予扣除。

四、长期待摊费用的税务处理

在计算应纳税所得额时,企业发生的下列支出作为长期待摊费用,按照规定摊销的,准予扣除。

（1）已足额提取折旧的固定资产的改建支出。

（2）租入固定资产的改建支出。

（3）固定资产的大修理支出。

（4）其他应当作为长期待摊费用的支出。此项支出发生月份的次月起,分期摊销,摊销年限不得低于 3 年。

五、投资资产的税务处理

投资资产是指企业对外进行权益性投资和债权性投资形成的资产。

企业对外投资期间,投资资产的成本在计算应纳税所得额时不得扣除。企业在转让或者处置投资资产时,投资资产的成本,准予扣除。

投资资产按照以下方法确定成本。

（1）通过支付现金方式取得的投资资产,以购买价款为成本。

（2）通过支付现金以外的方式取得的投资资产,以该资产的公允价值和支付的相关税费为成本。

六、存货的税务处理

存货是指企业持有以备出售的产品或者商品、处在生产过程中的在产品、在生产或者提供劳务过程中耗用的材料和物料等。

企业使用或者销售存货,按照规定计算的存货成本,准予在计算应纳税所得额时扣除。

存货按照以下方法确定成本。

(1)通过支付现金方式取得的存货,以购买价款和支付的相关税费为成本。

(2)通过支付现金以外的方式取得的存货,以该存货的公允价值和支付的相关税费为成本。

(3)生产性生物资产收获的农产品,以产出或者采收过程中发生的材料费、人工费和分摊的间接费用等必要支出为成本。

企业使用或者销售的存货的成本计算方法,可以在先进先出法、加权平均法、个别计价法中选用一种。计价方法一经选用,不得随意变更。

第五节　税　收　优　惠

税收优惠是指国家运用税收政策在税收法律、法规中规定对某一部分特定纳税人和征税对象给予减轻或免除税收负担的一种措施。

一、免税收入

免税收入是指属于企业的应税所得,但是按照《企业所得税法》的规定免予征收企业所得税的收入。企业的免税收入包括以下几种。

1. 国债利息收入

国债利息收入是指企业持有国务院财政部门发行的国债取得的利息收入。

2. 符合条件的居民企业之间的股息、红利等权益性投资收益

该项收益是指居民企业直接投资于其他居民企业取得的投资收益。

3. 在中国境内设立机构、场所的非居民企业从居民企业取得与该机构、场所有实际联系的股息、红利等权益性投资收益

该项股息、红利等权益性投资收益,不包括连续持有居民企业公开发行并上市流通的股票不足 12 个月取得的投资收益。

4. 符合条件的非营利组织的收入

(1)接受其他单位或者个人捐赠的收入。

(2)除《企业所得税法》规定的财政拨款以外的其他政府补助收入,但不包括因政府购买服务取得的收入。

(3)按照省级以上民政、财政部门规定收取的会费。

（4）不征税收入和免税收入孳生的银行存款利息收入。

（5）财政部、国家税务总局规定的其他收入。

二、可以减免税的所得

1. 企业从事农、林、牧、渔业项目的所得

（1）企业从事下列项目的所得，免征企业所得税。

① 蔬菜、谷物、薯类、油料、豆类、棉花、麻类、糖料、水果、坚果的种植。

② 农作物新品种的选育。

③ 中药材的种植。

④ 林木的培育和种植。

⑤ 牲畜、家禽的饲养。

⑥ 林产品的采集。

⑦ 灌溉、农产品初加工、兽医、农技推广、农机作业和维修等农、林、牧、渔服务业项目。

⑧ 远洋捕捞。

（2）企业从事下列项目的所得，减半征收企业所得税。

① 花卉、茶以及其他饮料作物和香料作物的种植。

② 海水养殖、内陆养殖。

企业从事国家限制和禁止发展的项目，不得享受上述企业所得税优惠。

2. 企业从事国家重点扶持的公共基础设施项目投资经营的所得

国家重点扶持的公共基础设施项目，是指《公共基础设施项目企业所得税优惠目录》规定的港口码头、机场、铁路、公路、城市公共交通、电力、水利等项目。

（1）企业从事上述国家重点扶持的公共基础设施项目的投资经营的所得，自项目取得第一笔生产经营收入所属纳税年度起，第一年至第三年免征企业所得税，第四年至第六年减半征收企业所得税，简称"三免三减半"。

（2）企业承包经营、承包建设和内部自建自用上述项目，不得享受上述企业所得税优惠。

3. 企业从事符合条件的环境保护、节能节水项目的所得

符合条件的环境保护、节能节水项目，包括公共污水处理、公共垃圾处理、沼气综合开发利用、节能减排技术改造、海水淡化等。项目的具体条件和范围由国务院财政、税务主管部门商国务院有关部门制定，报国务院批准后公布施行。

企业从事上述规定的符合条件的环境保护、节能节水项目的所得，自项目取得第一笔生产经营收入所属纳税年度起，第一年至第三年免征企业所得税，第四年至第六年减半征收企业所得税。

4. 企业取得的符合条件的技术转让所得

符合条件的技术转让所得免征、减征企业所得税，是指一个纳税年度内，居民企业技术转让所得不超过 500 万元的部分，免征企业所得税；超过 500 万元的部分，减半征收企业所得税。其计算公式为：

技术转让所得＝技术转让收入－技术转让成本－相关税费

5．非居民企业的应纳税所得

在中国境内未设立机构、场所的，或者虽设立机构、场所但取得的所得与其所设机构、场所没有实际联系的非居民企业，其取得的来源于中国境内的所得，减按 10％的税率征收企业所得税。下列所得可以免征企业所得税：

（1）外国政府向中国政府提供贷款取得的利息所得。

（2）国际金融组织向中国政府和居民企业提供优惠贷款取得的利息所得。

（3）经国务院批准的其他所得。

三、高新技术企业优惠

国家需要重点扶持的高新技术企业，减按 15％的税率征收企业所得税。

四、小微企业优惠

财政部、税务总局 2022 年第 13 号公告和 2023 年第 6 号公告明确了小微企业所得税优惠新政。

自 2022 年 1 月 1 日至 2024 年 12 月 31 日，对小微企业年应纳税所得额超过 100 万元但不超过 300 万元的部分，减按 25％计入应纳税所得额，按 20％的税率缴纳企业所得税。

自 2023 年 1 月 1 日至 2024 年 12 月 31 日，对小微企业年应纳税所得额不超过 100 万元的部分，减按 25％计入应纳税所得额，按 20％的税率缴纳企业所得税。

五、加计扣除优惠

1．研发费用

制造业企业开展研发活动中实际发生的研发费用，未形成无形资产计入当期损益的，在按规定据实扣除的基础上，自 2021 年 1 月 1 日起，再按照实际发生额的 100％在税前加计扣除；形成无形资产的，自 2021 年 1 月 1 日起，按照无形资产成本的 200％在税前摊销。

2．安置残疾人员就业工资

企业安置残疾人员的，在按照支付给残疾职工工资据实扣除的基础上，可以在计算应纳税所得额时按照支付给残疾职工工资的 100％加计扣除。

六、创业投资企业优惠

创业投资企业从事国家需要重点扶持和鼓励的创业投资，可以按投资额的一定比例抵扣应纳税所得额。创业投资企业采取股权投资方式投资于未上市的中小高新技术企业 2 年以上的，可以按照其投资额的 70％在股权持有满 2 年的当年抵扣该创业投资企业的应纳税所得额；当年不足抵扣的，可以在以后纳税年度结转抵扣。

七、加速折旧优惠

企业的固定资产由于技术进步等原因，确需加速折旧的，可以采取缩短折旧年限或者采取加速折旧的方法。这里所说的"可以采取缩短折旧年限或者采取加速折旧的方法"的固定资产,包括:由于技术进步,产品更新换代较快的固定资产;常年处于强震动、高腐蚀状态的固定资产。

采取缩短折旧年限方法的,最低折旧年限不得低于《企业所得税法实施条例》第六十条规定折旧年限的 60%;采取加速折旧方法的,可以采取双倍余额递减法或者年数总和法。

八、减计收入

企业综合利用资源,生产符合国家产业政策规定的产品所取得的收入,可以在计算应纳税所得额时减计收入。

这里所说的"减计收入",是指企业以《资源综合利用企业所得税优惠目录》规定的资源作为主要原材料,生产国家非限制和禁止并符合国家和行业相关标准的产品取得的收入,减按 90%计入收入总额。

九、税额抵免

企业购置用于环境保护、节能节水、安全生产等专用设备的投资额,可以按一定比例实行税额抵免,即:企业购置并实际使用《环境保护专用设备企业所得税优惠目录》《节能节水专用设备企业所得税优惠目录》和《安全生产专用设备企业所得税优惠目录》规定的环境保护、节能节水、安全生产等专用设备的,该专用设备的投资额的 10%可以从企业当年的应纳税额中抵免;当年不足抵免的,可以在以后 5 个纳税年度结转抵免。

享受此项规定的企业所得税优惠的企业,应当实际购置并自身实际投入使用上述专用设备;企业购置上述专用设备在 5 年内转让、出租的,应当停止享受企业所得税优惠,并补缴已经抵免的企业所得税税款。

十、民族自治地方的优惠

民族自治地方的自治机关对本民族自治地方的企业应缴纳的企业所得税中属于地方分享的部分,可以决定减征或者免征。自治州、自治县决定减征或者免征的,须报省、自治区、直辖市人民政府批准。

十一、非居民企业优惠

非居民企业在中国境内未设立机构、场所的,或者虽设立机构、场所但取得的所得与其所设机构、场所没有实际联系的,就其来源于中国境内的所得减按 10%的税率征收企业所得税。

十二、海南自由贸易港企业所得税优惠

自 2020 年 1 月 1 日起至 2024 年 12 月 31 日,对注册在海南自由贸易港并实质性运营的鼓励类产业企业,减按 15%的税率征收企业所得税;对在海南自由贸易港设立的旅游业、现代服务业、高新技术产业企业新增境外直接投资取得的所得,免征企业所得税;对在海南自

由贸易港设立的企业,新购置(含自建、自行开发)固定资产或无形资产,单位价值不超过 500 万元(含)的,允许一次性计入当期成本费用在计算应纳税所得额时扣除,不再分年度计算折旧和摊销,单位价值超过 500 万元的,可以缩短折旧、摊销年限或采取加速折旧、摊销的方法。

十三、西部大开发的税收优惠

对设在西部地区的国家鼓励类产业企业,在 2021 年 1 月 1 日至 2030 年 12 月 31 日,减按 15％的税率征收企业所得税;对在西部地区新办交通、电力、水利、邮政、广播电视基础产业的企业,上述项目业务收入占企业收入总额 60％以上的,内资企业自开始生产经营之日起,享受企业所得税"两免三减半"的税收优惠。

第六节 企业所得税的申报与缴纳

一、纳税年度

企业所得税纳税年度自公历 1 月 1 日起至 12 月 31 日止。

企业在一个纳税年度中间开业,或者终止经营活动,使该纳税年度的实际经营期不足 12 个月的,应当以其实际经营期为一个纳税年度。

企业依法清算时,应当以清算期间作为一个纳税年度。

二、纳税期限

企业所得税按年计征,分月或者分季预缴,年终汇算清缴,多退少补。

企业应当自月份或者季度终了之日起 15 日内,向税务机关报送预缴企业所得税纳税申报表,预缴税款。

企业应当自年度终了之日起 5 个月内,向税务机关报送年度企业所得税纳税申报表,并汇算清缴,结清应缴应退税款。

企业在纳税年度内无论是盈利或亏损,都应当在规定的期限内进行纳税申报。

企业享受减税、免税待遇的,在减税、免税期间应当按照规定办理纳税申报。

企业在报送企业所得税纳税申报表时,应当按照规定附送财务会计报告和其他有关资料。

企业在年度中间终止经营活动的,应当自实际经营终止之日起 60 日内,向税务机关办理当期企业所得税汇算清缴。

企业办理注销登记的,应当在办理注销登记前,就其清算所得向税务机关申报并依法缴纳企业所得税。

三、纳税地点

除税收法律、行政法规另有规定外,居民企业以企业登记注册地为纳税地点;但登记注册地在境外的,以实际管理机构所在地为纳税地点。

居民企业在中国境内设立不具有法人资格的营业机构的,应当汇总计算并缴纳企业所得税。

非居民企业在中国境内设立机构、场所的,并且其取得的所得来源于中国境内,以及取得发生在中国境外但与其所设机构、场所有实际联系的所得,以机构、场所所在地为纳税地点。非居民企业在中国境内设立两个或者两个以上机构、场所,符合国务院税务主管部门规定条件的,可以选择由其主要机构、场所汇总缴纳企业所得税。

非居民企业在中国境内未设立机构、场所的,或者虽设立机构、场所但取得的所得与其所设机构、场所没有实际联系的,取得的所得以扣缴义务人所在地为纳税地点。

除国务院另有规定外,企业之间不得合并缴纳企业所得税。

四、扣缴义务人的相关规定

(1) 对在中国境内未设立机构、场所的,或者虽设立机构、场所但取得的所得与其所设机构、场所没有实际联系的非居民企业,其来源于中国境内的所得应缴纳的所得税,实行源泉扣缴,以支付人为扣缴义务人。税款由扣缴义务人在每次支付或者到期应支付时,从支付或者到期应支付的款项中扣缴。

(2) 对非居民企业在中国境内取得工程作业和劳务所得应缴纳的所得税,税务机关可以指定工程价款或者劳务费的支付人为扣缴义务人。

(3) 上述扣缴义务人未依法扣缴或者无法履行扣缴义务的,由纳税人在所得发生地缴纳。纳税人未依法缴纳的,税务机关可以从该纳税人在中国境内其他收入项目的支付人应付的款项中,追缴该纳税人的应纳税款。

(4) 扣缴义务人每次代扣的税款,应当自代扣之日起 7 日内缴入国库,并向所在地的税务机关报送扣缴企业所得税报告表。

五、办理纳税申报须报送的资料

企业在纳税年度内无论盈利或者亏损,都应当依照《企业所得税法》第五十四条规定的期限,向税务机关报送预缴企业所得税纳税申报表、年度企业所得税纳税申报表、财务会计报告和税务机关规定应当报送的其他有关资料。

六、企业所得税申报表的填写

企业所得税申报表种类较多,此处只简要介绍年度纳税申报表 A 类的基本知识。表格样式见表 5-1。

1. 适用范围

表 5-1 适用于实行查账征收企业所得税的居民纳税人填报。

表 5-1　**A100000 中华人民共和国企业所得税年度纳税申报表(A 类)**

单位：元

行次	类别	项目	金额
1	利润总额计算	一、营业收入(填写 A101010\101020\103000)	
2		减：营业成本(填写 A102010\102020\103000)	
3		减：税金及附加	
4		减：销售费用(填写 A104000)	
5		减：管理费用(填写 A104000)	
6		减：财务费用(填写 A104000)	
7		减：资产减值损失	
8		加：公允价值变动损益	
9		加：投资收益	
10		二、营业利润(1−2−3−4−5−6−7+8+9)	
11		加：营业外收入(填写 A101010\101020\103000)	
12		减：营业外支出(填写 A102010\102020\103000)	
13		三、利润总额(10+11−12)	
14	应纳税所得额计算	减：境外所得(填写 A108010)	
15		加：纳税调整增加额(填写 A105000)	
16		减：纳税调整减少额(填写 A105000)	
17		减：免税、减计收入及加计扣除(填写 A107010)	
18		加：境外应税所得抵减境内亏损(填写 A108000)	
19		四、纳税调整后所得(13−14+15−16−17+18)	
20		减：所得减免(填写 A107020)	
21		减：弥补以前年度亏损(填写 A106000)	
22		减：抵扣应纳税所得额(填写 A107030)	
23		五、应纳税所得额(19−20−21−22)	
24	应纳税额计算	税率(25%)	
25		六、应纳所得税额(23×24)	
26		减：减免所得税额(填写 A107040)	
27		减：抵免所得税额(填写 A107050)	
28		七、应纳税额(25−26−27)	
29		加：境外所得应纳所得税额(填写 A108000)	
30		减：境外所得抵免所得税额(填写 A108000)	
31		八、实际应纳所得税额(28+29−30)	
32		减：本年累计实际已缴纳的所得税额	
33		九、本年应补(退)所得税额(31−32)	
34		其中：总机构分摊本年应补(退)所得税额(填写 A109000)	
35		财政集中分配本年应补(退)所得税额(填写 A109000)	
36		总机构主体生产经营部门分摊本年应补(退)所得税额(填写 A109000)	

2. 填报依据及内容

根据《企业所得税法》及其实施条例、相关税收政策，以及国家统一会计制度（企业会计制度、企业会计准则、企业会计制度、事业单位会计制度和民间非营利组织会计制度）的规定，计算填报利润总额、应纳税所得额、应纳税额等有关项目。

七、纳税申报案例

企业基本情况如下。

企业名称：瑞祥股份有限公司

经营范围：家电产品

企业法人代表：刘某

注册资金：5000万元

纳税人识别号：13040333865×××

2021年1—12月瑞祥股份有限公司损益类账户累计发生额见表5-2。

为降低税收风险，在2021年度汇算清缴前，瑞祥股份有限公司聘请某税务师事务所进行审计，发现有关问题如下：

（1）已在成本费用中列支的实发工资总额为600万元，并按实际发生数列支了福利费90万元，上缴工会经费12万元并取得《工会经费专用拨缴款收据》，职工教育经费支出18万元。

（2）投资收益24万元中含国债利息收入6万元，向居民企业投资收益18万元。

（3）当年1月向银行借款600万元购建固定资产，借款期限2年。购建的固定资产于当年8月31日完工并交付使用（不考虑该项固定资产折旧），企业支付给银行的年利息费用共计12万元，全部计入了财务费用。

（4）企业全年发生的业务招待费用60万元。

（5）企业全年发生的业务宣传费80万元。

表 5-2　2021 年 1—12 月瑞祥股份有限公司损益类账户累计发生额

单位：元

账户名称	1—12 月累计发生额
主营业务收入	34 028 000.00
其他业务收入	4 816 000.00
主营业务成本	26 470 000.00
其他业务成本	864 400.00
税金及附加	554 177.87
销售费用	237 450.00
管理费用	3 555 140.00
财务费用	450 700.00
营业外收入	400 000.00
营业外支出	458 400.00
投资收益	240 000.00
所得税费用	2 500 000.00

（6）12月份通过当地县政府机关向贫困山区捐赠家电产品一批，成本价35万元，市场销售价格45万元，核算时按成本价直接冲减了库存商品，按市场销售价格计算的增值税销项税额7.65万元与成本价合计42.65万元计入（营业外支出）账户。

（7）"营业外支出"账户中还列支税收滞纳金 3.19 万元。

（8）瑞祥股份有限公司全年已预缴企业所得税 150 万元。

纳税申报操作如下：

1. 分析应调整的项目。

（1）职工工会经费 600×2% = 12（万元），实际列支 12 万元，未超支，不用调整；

职工福利费 600×14% = 84（万元），实际列支 90 万元，90－84 = 6（万元），应调增所得 6 万元；

职工教育经费 600×8% = 48（万元），实际列支 18 万元，未超支，不用调整。

（2）国债利息收入 6 万元，系免税收入，应调减所得 6 万元；

居民企业之间的投资收益所得 18 万元，系免税收入，应调减所得 18 万元。

（3）银行借款资本化支出 12×8÷12 = 8（万元），应计入固定资产成本；

财务费用实际列支 12 万元，12－8 = 4（万元），应调增所得 4 万元。

（4）业务招待费用。

销售收入：3402.8＋481.6 = 3884.4（万元），

3884.4×5‰ = 19.422（万元），

60×60% = 36（万元），限额为 19.422 万元，实际列支 60 万元，

60－19.422 = 40.578（万元），应调增所得 40.578 万元。

（5）业务宣传费。

限额：3884.4×15% = 582.66（万元），实际列支 80 万元，未超支，不用调整未超支，不用调整。

（6）公益性捐赠支出应调整的应纳税所得额。

会计利润：439.373 213 万元。

限额：439.37×12% = 52.72（万元），实际列支 42.65 万元，未超支，不用调整。

（7）"营业外支出"账户中还列支税收滞纳金 3.19 万元，为税前不得扣除项目，应调增所得 3.19 万元。

2. 根据经济业务资料编制"A100000 中华人民共和国企业所得税年度纳税申报表（A类）"主表及部分附表（见表 5-3 至表 5-8）。

表 5-3　A100000 中华人民共和国企业所得税年度纳税申报表（A 表）

单位：元

行次	类别	项目	金额
1	利润总额计算	一、营业收入（填写 A101010\101020\103000）	38 844 000.00
2		减：营业成本（填写 A102010\102020\103000）	27 334 400.00
3		减：税金及附加	554 177.87
4		减：销售费用（填写 A104000）	237 450.00
5		减：管理费用（填写 A104000）	3 555 140.00
6		减：财务费用（填写 A104000）	450 700.00
7		减：资产减值损失	
8		加：公允价值变动损益	
9		加：投资收益	240 000.00
10		二、营业利润（1－2－3－4－5－6－7＋8＋9）	6 952 132.13
11		加：营业外收入（填写 A101010\101020\103000）	400 000.00
12		减：营业外支出（填写 A102010\102020\103000）	458 400.00
13		三、利润总额（10＋11－12）	6 893 732.13

续表

行次	类别	项目	金额
14	应纳税所得额计算	减：境外所得（填写 A108010）	
15		加：纳税调整增加额（填写 A105000）	537 680.00
16		减：纳税调整减少额（填写 A105000）	
17		减：免税、减计收入及加计扣除（填写 A107010）	240 000.00
18		加：境外应税所得抵减境内亏损（填写 A108000）	
19		四、纳税调整后所得（13－14＋15－16－17＋18）	7 191 412.13
20		减：所得减免（填写 A107020）	
21		减：弥补以前年度亏损（填写 A106000）	
22		减：抵扣应纳税所得额（填写 A107030）	
23		五、应纳税所得额（19－20－21－22）	7 191 412.13
24	应纳税额计算	税率（25%）	25%
25		六、应纳所得税额（23×24）	1 797 853.03
26		减：减免所得税额（填写 A107040）	
27		减：抵免所得税额（填写 A107050）	
28		七、应纳税额（25－26－27）	1 797 853.03
29		加：境外所得应纳所得税额（填写 A108000）	
30		减：境外所得抵免所得税额（填写 A108000）	
31		八、实际应纳所得税额（28＋29－30）	1 797 853.03
32		减：本年累计实际已缴纳的所得税额	1 500 000.00
33		九、本年应补（退）所得税额（31－32）	297 853.03
34		其中：总机构分摊本年应补（退）所得税额（填写 A109000）	0.00
35		财政集中分配本年应补（退）所得税额（填写 A109000）	0.00
36		总机构主体生产经营部门分摊本年应补（退）所得税额（填写 A109000）	0.00

表 5-4　A105000 纳税调整项目明细表

单位：元

行次	项目	账载金额	税收金额	调增金额	调减金额
		1	2	3	4
1	一、收入类调整项目（2＋3＋…＋8＋10＋11）	—	—	0.00	0.00
2	（一）视同销售收入（填写 A105010）	—	—	0.00	—
3	（二）未按权责发生制原则确认的收入（填写 A105020）	0.00	0.00	0.00	0.00
4	（三）投资收益（填写 A105030）	0.00	0.00	0.00	0.00
5	（四）按权益法核算长期股权投资对初始投资成本调整确认收益	—	—	—	—
6	（五）交易性金融资产初始投资调整	—	—	—	—
7	（六）公允价值变动净损益	—	—	0.00	0.00
8	（七）不征税收入	—	—	—	—
9	其中：专项用途财政性资金（填写 A105040）	—	—	0.00	0.00

续表

行次	项目	账载金额	税收金额	调增金额	调减金额
		1	2	3	4
10	（八）销售折扣、折让和退回	0.00		0.00	0.00
11	（九）其他		0.00	0.00	0.00
12	二、扣除类调整项目(13＋14＋…＋24＋26＋27＋28＋29＋30)	—	—	537 680.00	0.00
13	（一）视同销售成本（填写 A105010）	—	0.00		0.00
14	（二）职工薪酬（填写 A105050）	7 200 000.00	7 140 000.00	60 000.00	0.00
15	（三）业务招待费支出	600 000.00	194 220.00	405 780.00	—
16	（四）广告费和业务宣传费支出（填写 A105060）			0.00	0.00
17	（五）捐赠支出（填写 A105070）	426 500.00	426 500.00	0.00	0.00
18	（六）利息支出	120 000.00	80 000.00	40 000.00	0.00
19	（七）罚金、罚款和被没收财物的损失	31 900.00	—	31 900.00	—
20	（八）税收滞纳金、加收利息			0.00	
21	（九）赞助支出			0.00	
22	（十）与未实现融资收益相关在当期确认的财务费用			0.00	0.00
23	（十一）佣金和手续费支出		0.00	0.00	
24	（十二）不征税收入用于支出所形成的费用	—	—		
25	其中：专项用途财政性资金用于支出所形成的费用（填写 A105040）	—	—	0.00	
26	（十三）跨期扣除项目			0.00	0.00
27	（十四）与取得收入无关的支出	—	—	0.00	
28	（十五）境外所得分摊的共同支出	—	—	0.00	
29	（十六）党组织工作经费	0.00	60 000.00	0.00	0.00
30	（十七）其他			0.00	0.00
31	三、资产类调整项目(32＋33＋34＋35)	—	—	0.00	0.00
32	（一）资产折旧、摊销（填写 A105080）	0.00	0.00	0.00	0.00
33	（二）资产减值准备金	—		0.00	0.00
34	（三）资产损失（填写 A105090）	0.00	0.00	0.00	0.00
35	（四）其他			0.00	0.00
36	四、特殊事项调整项目(37＋38＋…＋42)	—	—	0.00	0.00
37	（一）企业重组及递延纳税事项（填写 A105100）	0.00	0.00	0.00	0.00
38	（二）政策性搬迁（填写 A105110）	—	—	0.00	0.00
39	（三）特殊行业准备金（填写 A105120）	0.00	0.00	0.00	0.00
40	（四）房地产开发企业特定业务计算的纳税调整额（填写 A105010）	—		0.00	0.00

续表

行次	项目	账载金额	税收金额	调增金额	调减金额
		1	2	3	4
41	（五）合伙企业法人合伙人应分得的应纳税所得额			0.00	0.00
42	（六）其他	—	—		
43	五、特别纳税调整应税所得				
44	六、其他			—	—
45	合计（1＋12＋31＋36＋43＋44）			537 680.00	0.00

表 5-5　A105050 职工薪酬支出及纳税调整明细表

单位：元

行次	项目	账载金额	实际发生额	税收规定扣除率	以前年度累计结转扣除额	税收金额	纳税调整金额	累计结转以后年度扣除额
		1	2	3	4	5	6(1−5)	7(1＋4−5)
1	一、工资薪金支出	6 000 000.00	6 000 000.00	—	—	6 000 000.00	0.00	—
2	其中：股权激励					0.00	0.00	—
3	二、职工福利费支出	900 000.00	900 000.00	14%	—	840 000.00	60 000.00	—
4	三、职工教育经费支出	180 000.00	180 000.00	—	0.00	180 000.00	0.00	0.00
5	其中：按税收规定比例扣除的职工教育经费	180 000.00	180 000.00	8%		180 000.00	0.00	0.00
6	按税收规定全额扣除的职工培训费用			0%	—	0.00	0.00	—
7	四、工会经费支出	120 000.00	120 000.00	2%	—	120 000.00	0.00	—
8	五、各类基本社会保障性缴款			—	—	0.00	0.00	—
9	六、住房公积金					0.00	0.00	—
10	七、补充养老保险			5%		0.00	0.00	—
11	八、补充医疗保险			5%		0.00	0.00	—
12	九、其他						0.00	
13	合计（1＋3＋4＋7＋8＋9＋10＋11＋12）	7 200 000.00	7 200 000.00	—	0.00	7 140 000.00	60 000.00	0.00

表 5-6　A105060 广告费和业务宣传费跨年度纳税调整明细表

单位：元

行次	项目	金额
1	一、本年广告费和业务宣传费支出	80 000.00
2	减：不允许扣除的广告费和业务宣传费	
3	二、本年符合条件的广告费和业务宣传费（1−2）	80 000.00
4	三、本年计算广告费和业务宣传费扣除限额的销售（营业）收入	38 844 000.00
5	税收规定扣除率	15%

续表

行次	项目	金额
6	四、本企业计算的广告费和业务宣传费扣除限额(4×5)	5 826 600.00
7	五、本年结转以后年度扣除额(3>6,本行=3-6;3≤6,本行=0)	0.00
8	加:以前年度累计结转扣除额	
9	减:本年扣除以前年度结转额(3>6,本行=0;3≤6,本行=8与(6-3)孰小值)	0.00
10	六、按照分摊协议归集至其他关联方的广告费和业务宣传费(10≤3与6孰小值)	
11	按照分摊协议从其他关联方归集至本企业的广告费和业务宣传费	
12	七、本年广告费和业务宣传费支出纳税调整金额(3>6,本行=2+3-6+10-11;3≤6,本行=2-9+10-11)	0.00
13	八、累计结转以后年度扣除额(7+8-9)	0.00

表 5-7　A105070 捐赠支出及纳税调整明细表

单位:元

行次	项目	账载金额	以前年度结转可扣除的捐赠额	按税收规定计算的扣除限额	税收金额	纳税调增金额	纳税调减金额	可结转以后年度扣除的捐赠额
		1	2	3	4	5	6	7
1	一、非公益性捐赠		—	—		0.00	—	—
2	二、全额扣除的公益性捐赠		—	—	0.00		—	—
3	三、限额扣除的公益性捐赠(4+5+6+7)	426 500.00	0.00	527 200.00	426 500.00	0.00	0.00	0.00
4	前三年度(2018 年)	—		—			0.00	0.00
5	前二年度(2019 年)	—		—			0.00	0.00
6	前一年度(2020 年)	—		—			0.00	0.00
7	本年(2021 年)		—	0.00	0.00	0.00	—	0.00
8	合计(1+2+3)	426 500.00	0.00	527 200.00	426 500.00	0.00	0.00	0.00

表 5-8　A107010 免税、减计收入及加计扣除优惠明细表

单位:元

行次	项目	金额
1	一、免税收入(2+3+6+7+8+9+10+11+12+13+14+15+16)	240 000.00
2	(一)国债利息收入免征企业所得税	240 000.00
3	(二)符合条件的居民企业之间的股息、红利等权益性投资收益免征企业所得税(填写 A107011)	0.00
4	其中:内地居民企业通过沪港通投资且连续持有 H 股满 12 个月取得的股息红利所得免征企业所得税(填写 A107011)	0.00
5	内地居民企业通过深港通投资且连续持有 H 股满 12 个月取得的股息红利所得免征企业所得税(填写 A107011)	0.00

行次	项目	金额
6	（三）符合条件的非营利组织的收入免征企业所得税	
7	（四）符合条件的非营利组织（科技企业孵化器）的收入免征企业所得税	
8	（五）符合条件的非营利组织（国家大学科技园）的收入免征企业所得税	
9	（六）中国清洁发展机制基金取得的收入免征企业所得税	
10	（七）投资者从证券投资基金分配中取得的收入免征企业所得税	
11	（八）取得的地方政府债券利息收入免征企业所得税	
12	（九）中国保险保障基金有限责任公司取得的保险保障基金等收入免征企业所得税	
13	（十）中国奥委会取得北京冬奥组委支付的收入免征企业所得税	
14	（十一）中国残奥委会取得北京冬奥组委分期支付的收入免征企业所得税	
15	（十二）其他1	
16	（十三）其他2	
17	二、减计收入（18＋19＋23＋24）	0.00
18	（一）综合利用资源生产产品取得的收入在计算应纳税所得额时减计收入	
19	（二）金融、保险等机构取得的涉农利息、保费减计收入（20＋21＋22）	0.00
20	1. 金融机构取得的涉农贷款利息收入在计算应纳税所得额时减计收入	
21	2. 保险机构取得的涉农保费收入在计算应纳税所得额时减计收入	
22	3. 小额贷款公司取得的农户小额贷款利息收入在计算应纳税所得额时减计收入	
23	（三）取得铁路债券利息收入减半征收企业所得税	
24	（四）其他	
25	三、加计扣除（26＋27＋28＋29＋30）	0.00
26	（一）开发新技术、新产品、新工艺发生的研究开发费用加计扣除（填写A107012）	0.00
27	（二）科技型中小企业开发新技术、新产品、新工艺发生的研究开发费用加计扣除（填写A107012）	0.00
28	（三）企业为获得创新性、创意性、突破性的产品进行创意设计活动而发生的相关费用加计扣除	
29	（四）安置残疾人员所支付的工资加计扣除	
30	（五）其他	
31	合计（1＋17＋25）	240 000.00

综 合 练 习

一、单项选择题

1. 下列单位不缴纳企业所得税的纳税人是（　　　）。

A. 私营企业　　　　B. 联营企业　　　　C. 个人企业　　　　D. 个体工商户

2.《中华人民共和国企业所得税法》规定的亏损企业连续弥补亏损的最长期限是(　　)。

A. 5 年　　　　　　B. 7 年　　　　　　C. 10 年　　　　　　D. 15 年

3. 某企业所得税的纳税人 2021 年应纳税所得额为 180 万元,全年已预缴所得税 55 万元,年终应补缴的所得税税额是(　　)万元。

A. 59.4　　　　　　B. −10　　　　　　C. 4.4　　　　　　D. 22

4. 企业发生的职工福利费支出,不超过工资薪金总额(　　)的部分,准予扣除。

A. 2%　　　　　　B. 2.5%　　　　　　C. 10%　　　　　　D. 14%

5. 下列收入不是企业所得税应税收入的有(　　)。

A. 转让财产收入　　　　　　　　　　B. 财政拨款收入

C. 提供劳务收入　　　　　　　　　　D. 接受捐赠收入

6. 根据企业所得税的有关规定,以下对于所得来源确定的表述中,正确的是(　　)。

A. 权益性投资资产转让所得按照投资企业所在地确定

B. 股息、红利等权益性投资所得,按照分配所得的企业所在地确定

C. 提供劳务所得,按照所得支付地确定

D. 转让不动产,按照转让不动产的企业或机构、场所所在地确定

7. 根据《中华人民共和国企业所得税法》的规定,下列关于特殊收入的确认说法不正确的是(　　)。

A. 采取产品分成方式取得收入的,按照企业分得产品的日期确认收入的实现

B. 企业从事建筑、安装、装配工程业务,持续时间超过 12 个月的,按照纳税年度内完成的工作量确认收入的实现

C. 以分期收款方式销售货物的,按照合同约定的收款日期确认收入的实现

D. 采取产品分成方式取得收入的,其收入额按照产品的成本确定

8. 根据《中华人民共和国企业所得税法》的规定,下列说法正确的是(　　)。

A. 企业发生的费用一律不得重复扣除

B. 企业的不征税收入产生的费用可以按一般的费用进行扣除

C. 企业发生的工资都可以在税前扣除

D. 企业依照有关规定为特殊工种职工支付的人身安全保险费可以扣除

9. 某居民企业 2021 年度产品销售收入 4800 万元,销售成本 3600 万元,材料销售收入 400 万元,分回的投资收益 761 万元(被投资方税率为 15%),实际发生业务招待费 15 万元,该企业 2021 年度所得税前可以扣除的业务招待费用为(　　)万元。

A. 9　　　　　　B. 15　　　　　　C. 18　　　　　　D. 26

10. 在计算应纳税所得额时,下列项目可以从收入总额中扣除的是(　　)。

A. 职工教育经费支出　　　　　　　　B. 税收滞纳金

C. 非广告性质的赞助支出　　　　　　D. 非公益性捐赠支出

11. 畜类生产性生物资产折旧的最低年限为(　　)年。

A. 3　　　　　　B. 6　　　　　　C. 10　　　　　　D. 20

12. 符合条件的小型微利企业,减按(　　)的税率征收企业所得税。

A. 12%　　　　　　B. 15%　　　　　　C. 17%　　　　　　D. 20%

13. 根据《中华人民共和国企业所得税法》的规定,下列对长期待摊费用的税务处理不正确的是(　　)。

A. 固定资产修理支出,增加固定资产价值,计提折旧

B. 固定资产改良支出,有关固定资产已提足折旧,可作为长期待摊费用,在规定的期间平均摊销

C. 固定资产大修理支出,按照固定资产尚可使用年限分期摊销

D. 已足额提取折旧的固定资产的改建支出,按照固定资产预计尚可使用年限分期摊销

14. 企业应当自年度终了之日起(　　)内,向税务机关报送年度企业所得税纳税申报表,并汇算清缴,结清应缴应退税款。

A. 15 日　　　　　B. 60 日　　　　　C. 5 个月　　　　　D. 12 个月

15. 企业的下列所得,不符合免征、减征企业所得税条件的是(　　)。

A. 从事农、林、牧、渔业项目的所得

B. 从事符合条件的环境保护、节能节水项目的所得

C. 企业内部自建自用的基础设施项目

D. 外国政府向中国政府提供贷款取得的利息所得

16. 国家需要重点扶持的高新技术企业,减按(　　)的税率征收企业所得税。

A. 5%　　　　　B. 10%　　　　　C. 15%　　　　　D. 20%

17. 扣缴义务人每次代扣的税款,应当自代扣之日起(　　)日内缴入国库,并向所在地的税务机关报送"扣缴企业所得税报告表"。

A. 5　　　　　B. 7　　　　　C. 15　　　　　D. 30

18. 根据《中华人民共和国企业所得税法》的规定,飞机、火车、轮船以外的运输工具计算折旧的最低年限为(　　)年。

A. 3　　　　　B. 4　　　　　C. 5　　　　　D. 10

19. 下列各项中,依据《中华人民共和国企业所得税法》相关规定可计提折旧的生物资产是(　　)。

A. 经济林　　　　　　　　　　　　B. 防风固沙林

C. 用材林　　　　　　　　　　　　D. 存栏待售的牲畜

20. 2021 年某居民企业实现产品销售收入 1200 万元,视同销售收入 400 万元,债务重组收益 100 万元,发生的成本费用总额 1600 万元,其中业务招待费支出 20 万元。假定不存在其他纳税调整事项,2021 年度该企业应缴纳企业所得税(　　)万元。

A. 16.2　　　　　B. 16.8　　　　　C. 27　　　　　D. 28

二、多项选择题

1. 下列企业中符合《中华人民共和国企业所得税法》所称居民企业的有(　　)。

A. 依照中国法律、法规在中国境内成立的企业

B. 依照中国法律、法规在中国境外成立的企业

C. 依照外国(地区)法律成立但实际管理机构在中国境内的企业

D. 依照外国(地区)法律成立且实际管理机构在中国境外的企业

2. 下列是非居民企业征税对象的有(　　)。

A. 设立机构、场所取得的来源于中国境内的所得

B. 与其机构、场所有实际联系的中国境外所得

C. 没有设立机构、场所,但是来源于中国境内所得

D. 来源于境外且和境内的机构、场所没有实际联系的所得

3. 下列项目中,应计入应纳税所得额的有(　　)。

A. 非金融企业让渡资金使用权的收入

B. 因债权人原因确定无法支付的应付款项

C. 出口货物退还的增值税

D. 将自产货物用于职工福利

4. 关于扣除项目及其标准的规定,下列说法正确的是(　　)。

A. 企业发生的合理的工资、薪金支出准予据实扣除

B. 企业发生的合理的劳动保护支出,准予扣除

C. 企业拨缴的工会经费,不超过工资、薪金总额2%的部分,准予扣除

D. 企业通过公益性社会团体或者县级以上人民政府及其部门,用于《中华人民共和国公益事业捐赠法》规定的公益事业的捐赠,在其年度利润总额12%以内的部分,准予扣除

5. 企业取得的下列各项所得,应当缴纳企业所得税的有(　　)。

A. 股息、红利所得　　　　　　　　B. 特许权使用费所得

C. 销售货物所得　　　　　　　　　D. 国债利息收入

6. 关于固定资产的计价和折旧的规定,下列说法中错误的是(　　)。

A. 自行建造的固定资产,以竣工结算前发生的支出为计税基础

B. 盘盈的固定资产,按照同类新设备的市价确定

C. 房屋、建筑物的最低折旧年限为20年

D. 电子设备的折旧年限为不得低于5年

7. 《中华人民共和国企业所得税法》中所称的"不征税收入"包括(　　)。

A. 接受捐赠收入

B. 财政拨款

C. 政府性基金

D. 依法收取并纳入财政管理的行政事业性收费

8. 某生产企业2022年发生将公允价值30万元的自产货物用作公益性捐赠,该产品的成本为18万元,企业已按账面价结转了库存商品,并按18万元确认了营业外支出,未作其他处理,下面对于此项业务说法正确的有(　　)。

A. 应在申报纳税时调增30万元收入

B. 应在申报纳税时调增18万元成本

C. 应在申报纳税时确认公允价乘以13%计算得出的增值税销项税额

D. 应在账上补记此笔业务的收入及结转成本分录

9. 下列各项属于无形资产的有( )。

A. 土地使用权　　　　　　　　　　B. 与生产经营活动有关的家具

C. 产畜和役畜　　　　　　　　　　D. 商誉

10. 下列各项可以作为企业销售存货的成本计算方法的有( )。

A. 先进先出法　　　　　　　　　　B. 加权平均法

C. 个别计价法　　　　　　　　　　D. 后进先出法

11. 企业在核算所得税时,应设置的账户有( )。

A. 所得税费用　　　　　　　　　　B. 应交税费——应交所得税

C. 递延所得税资产　　　　　　　　D. 递延所得税负债

12. 根据《中华人民共和国企业所得税法》的规定,下列说法不正确的是( )。

A. 企业自年度终了之日起 4 个月内,向税务机关报送年度企业所得税纳税申报表,并
汇算清缴,结清应缴应退税款

B. 企业在年度中间终止经营活动的,应当自实际经营终止之日起 30 日内,向税务机关
办理当期企业所得税汇算清缴

C. 企业清算时,应当以清算期间作为一个纳税年度

D. 企业所得税按年计征,分月或者分季预缴,年终汇算清缴,多退少补

13. 根据《中华人民共和国企业所得税法》相关规定,下列固定资产不得计提折旧在税
前扣除的有( )。

A. 未投入使用的机器设备

B. 以经营租赁方式租入的生产线

C. 已足额提取折旧但仍在使用的旧设备

D. 与经营活动无关的小汽车

14. 计算企业所得税时,允许扣除的税金有( )。

A. 资源税　　　　　　　　　　　　B. 增值税

C. 消费税　　　　　　　　　　　　D. 教育费附加

15. 下列各项免征企业所得税的有( )。

A. 社会团体接受社会各界捐赠收入

B. 社会团体取得的各级政府资助

C. 纳入财政预算管理的政府基金

D. 按省级以上民政、财政部门的规定收取的会费

三、判断题

1. 在纳税年度内发生亏损的纳税人,也必须按照规定的期限向税务机关报送企业所得
税申报表和年度会计报表。( )

2. 企业所得税的计税依据为企业的收入总额扣除《中华人民共和国企业所得税法实施
条例》允许扣除的成本、损失及税金等项目后的余额。( )

3. 企业所得税规定的允许扣除的工资、薪金支出,是指以货币形式支付给职工的基本
工资、浮动工资、补贴、津贴、奖金等。( )

4. 企业所得税的纳税人一般是我国境内的企业或有生产经营所得的组织。(　　)

5. 企业所得税纳税人直接给予受赠人的公益救济性捐赠,不超过本年利润12%的部分允许从总收入中扣除。(　　)

6. 地域管辖权是按照属地原则确立的税收管辖权,是指一国政府只对来自或被认为是来自本国境内所得拥有征税权力。(　　)

7. 纳税人缴纳的企业所得税很容易转嫁给他人,从而产生纳税人与负税人不一致的现象。(　　)

8. 税前扣除项目的相关性原则,是指企业可扣除的费用从性质和根源上必须与取得应税收入直接相关。(　　)

9. 企业在生产经营活动中发生的合理的不需要资本化的借款费用,不准扣除。(　　)

10. 企业发生的与生产经营活动有关的业务招待费支出,按照发生额的60%扣除,但最高不得超过当年销售(营业)收入的5‰。(　　)

11. 纳税人发生年度亏损的,可以用下一纳税年度的所得弥补;下一纳税年度的所得不足弥补的,可以逐年延续弥补,但是延续弥补期最长不得超过10年。(　　)

12. 无形资产的摊销年限不得低于5年。(　　)

13. 非居民企业减按15%的税率征收企业所得税。(　　)

14. 企业在一个纳税年度中间开业,或者终止经营活动,使该纳税年度的实际经营期不足12个月的,应当以其实际经营期为一个纳税年度。(　　)

15. 非居民企业在中国境内未设立机构、场所的,或者虽设立机构、场所但取得的所得与其所设机构、场所没有实际联系的,取得的所得以非居民企业所在地为纳税地点。(　　)

四、实务题

1. A公司是一家国家扶持的高新技术企业,2021年实现销售收入总额2000万元(包括产品销售收入1800万元,购买国库券利息收入100万元),发生各项成本费用1000万元,其中包括:合理工资薪金总额200万元,业务招待费100万元,职工福利费50万元,职工教育经费20万元,工会经费10万元,税收滞纳金10万元,提取各项准备金100万元。另外,企业购置环境保护专用设备500万元,购置完毕立即投入使用。假设无以前年度亏损。

请计算:A公司的应税收入总额,税前扣除总额,应纳税所得额,企业允许抵免税额,该年度企业所得税应纳税额。

2. B公司为居民企业,2021年经营业务如下:

取得销售收入2500万元;销售成本1100万元;发生销售费用670万元(其中广告费450万元);管理费用480万元(其中业务招待费15万元);财务费用60万元;销售税金160万元(含增值税120万元);营业外收入70万元,营业外支出50万元(含通过公益性社会团体向贫困山区捐款30万元,支付税收滞纳金6万元);计入成本费用中的实发工资总额150万元,拨缴职工工会经费3万元,支出职工福利费和职工教育经费34万元。

请计算:B公司本年度实际应缴纳的企业所得税。

第六章 个人所得税纳税实务

要求学生掌握个人所得税的基本规定、应纳税所得额的确定、应纳税额的计算、税收优惠和申报缴纳的相关规定。

通过学习本章,学生能全面了解和掌握个人所得税主要征收制度的规定,能运用所学知识正确确定个人所得税应纳税所得额、计算应纳税额,能独立办理个人所得税纳税申报相关手续。

税法红线触碰不得

近年来,包括网络直播在内的经济新业态迅猛发展,行业快速发展的过程中,网络主播偷逃税的反面案例却时有发生。税务部门对涉税违法行为保持"零容忍",开展典型案例曝光已经成为常态。

主播逃税为何难逃法网?从已曝光的案件中可以发现,不少案件都是通过"税收大数据"分析发现线索后,税务部门依法对其开展全面深入税务检查后被查实的。

随着中共中央办公厅、国务院办公厅《关于进一步深化税收征管改革的意见》相关部署的持续落地,2022年,税务部门依托税收大数据,聚焦高风险行业、领域和纳税人,积极开展部门联合监管,不断提高税收监管效能。

如此决心和举措之下,心存侥幸、触碰税法红线的行为将无所遁形。2021年以来,税务部门对存在涉税风险疑点的高收入人群实施监管的有效做法已经形成了一套完整的"五步工作法":① 提示提醒;② 督促整改;③ 约谈警示;④ 立案稽查;⑤ 公开曝光。

"五步工作法"体现了我国税收治理理念和税收监管方式的创新。纳税人的决策会受到外部多重因素影响,在纳税人做出决策前,税务机关通过提示提醒、督促警示等方式,帮助其做出正确的选择。这是现代税收征管非常重要的助推策略。

接连曝光的一系列涉税违法案件表明,税收监管和税务稽查力度只会越来越大,税收执法也会越来越严。业界专家认为,守法合规才能行稳致远,新业态从业人员在享受新经济红利的同时,一定要提高依法纳税的意识,越是公众人物,越应依法履行纳税义务,做"粉丝"的好榜样,做税法遵从的"顶流"。

第一节　个人所得税的基本规定

一、个人所得税的概念和特点

（一）个人所得税的概念

个人所得税是对个人（自然人）取得的各项应税所得征收的一种税,它体现了国家与个人之间的分配关系。

现行的个人所得税基本规范是《中华人民共和国个人所得税法》(1980 年 9 月 10 日第五届全国人民代表大会第三次会议通过,2018 年第七次修正,以下简称《个人所得税法》)和《中华人民共和国个人所得税法实施条例》(1994 年 1 月 28 日中华人民共和国国务院令第142 号发布,2018 年第四次修订,以下简称《个人所得税法实施条例》)。

（二）个人所得税的特点

（1）在税制模式上采取综合与分类征收。

现行个人所得税将个人取得的各种所得划分为 9 个应税项目,增加了综合所得的概念。对不同性质的应税项目分别规定不同的税收待遇,即规定不同的费用扣除标准和不同的税收负担。

（2）累进税率/预扣率与比例税率/预扣率并用。

现行个人所得税根据各类个人所得的不同性质和特点,将两种形式的税率/预扣率综合运用于个人所得税制。通过多种税率/预扣率形式实现对个人收入差距的合理调节。

（3）多种费用扣除方式并存。

现行个人所得税在费用扣除上采取定额扣除和定率扣除两种办法,同时规定基本生计扣除、专项附加扣除、成本费用扣除,体现公平合理、切实减负、改善民生的原则。

（4）采取源泉扣缴（预扣预缴）和个人自行申报两种征纳方式。

现行的个人所得税在申报方式上分别实行由支付单位预扣预缴和由纳税人自行申报。对凡是可以在应税所得的支付环节扣缴个人所得税的,均由扣缴义务人履行预扣预缴义务;对于没有扣缴义务人等情形的,由纳税人自行申报纳税。这样的规定既便于税收征管,又有利于防止税款的流失。

（5）增设反避税条款。

为了维护国家税收权益,根据自然人避税的特点,借鉴企业所得税相关法律法规反避税的经验,现行个人所得税相关法律法规增设了反避税条款,对个人不按独立交易原则而减少本人或者其关联方应纳税额且无正当理由的、实施不具有合理商业目的的安排而获取不当税收利益等行为的,税务机关有权按合理方法进行纳税调整,营造公平、透明、有序的税收环境。

二、个人所得税的纳税人和征税对象

（一）个人所得税的纳税人

个人所得税的纳税人是指在中国境内有住所，或者无住所而一个纳税年度内在中国境内居住累计满183天的个人（即居民个人）；以及在中国境内无住所又不居住，或者无住所而一个纳税年度内在中国境内居住累计不满183天的个人（即非居民个人）。

纳税年度，自公历1月1日起至12月31日止。

在上述纳税人范围确定的情况下，我国根据国际通用的税收管辖权原则，依据住所和居住时间两个标准将他们具体划分为居民纳税人和非居民纳税人。

1. 住所与居住时间的判定

（1）住所标准。

税法上所说的住所一般是指一个人所拥有的固定的或永久性的居住地。我国对在中国境内有住所的解释是：因户籍、家庭、经济利益关系而在中国境内习惯性居住。所谓习惯性居住，是判定纳税人是居民或非居民的一个法律意义上的标准，不是指实际居住或在某一个特定时期内的居住地。例如，因学习、工作、探亲、旅游等而在中国境外居住的，在其原因消除之后，必须回到中国境内居住的个人，则中国即为该纳税人习惯性居住地。

（2）时间标准。

居住时间是指一个人在一国境内实际居住的日数。一般按纳税年度制定，即一个人如果在一个纳税年度中在本国连续或累计停留的天数达到了规定的标准，即可被判定为居民纳税人，按本国居民身份纳税。在各国的个人所得税税收实践中，形成了以个人的居住时间长短作为衡量居民与非居民的居住时间标准。《个人所得税法》规定无住所而一个纳税年度内在中国境内居住累计满183天的个人为我国的居民个人。

2. 居民纳税人和非居民纳税人的判定

（1）居民纳税人。

居民纳税人是指在中国境内有住所，或者无住所而一个纳税年度内在中国境内居住累计满183天的个人。这里规定了两个标准：一是在中国境内有住所，二是无住所而一个纳税年度在中国境内居住累计满183天。两个标准中只要符合其中一条，即属于居民纳税人。

（2）非居民纳税人。

非居民纳税人是指在中国境内无住所又不居住或者无住所而一个纳税年度内在中国境内居住累计不满183天的个人。这里也规定了两个标准：一是无住所又不居住，二是无住所而一个纳税年度内在中国境内居住不满183天。两个标准中只要符合其中一条，即属于非居民纳税人。

3. 居民纳税人和非居民纳税人应履行的纳税义务

（1）居民纳税人的纳税义务。

居民纳税人承担无限纳税义务，应就其来源于中国境内和境外的所得，向中国政府履行全面纳税义务。

在中国境内无住所的个人，在中国境内居住累计满183天的年度连续不满6年的，经向主管税务机关备案，其来源于中国境外且由境外单位或者个人支付的所得，免予缴纳个人所得税;在中国境内居住累计满183天的任一年度中有一次离境超过30天的,其在中国境内居住累计满183天的年度的连续年限重新起算。

(2)非居民纳税人的纳税义务。

非居民纳税人承担有限纳税义务,仅就其来源于中国境内的所得,向中国政府履行有限纳税义务。

在中国境内无住所的个人,在一个纳税年度内在中国境内居住累计不超过90天的,其来源于中国境内的所得,由境外雇主支付并且不由该雇主在中国境内的机构、场所负担的部分,免予缴纳个人所得税。

(二)个人所得税的征税对象

《个人所得税法》所称"从中国境内和中国境外取得的所得",分别是指来源于中国境内的所得和来源于中国境外的所得。

除国务院财政、税务主管部门另有规定外,下列所得,不论支付地点是否在中国境内,均为来源于中国境内的所得:

(1)因任职、受雇、履约等在中国境内提供劳务取得的所得;

(2)将财产出租给承租人在中国境内使用而取得的所得;

(3)许可各种特许权在中国境内使用而取得的所得;

(4)转让中国境内的不动产等财产或者在中国境内转让其他财产取得的所得;

(5)从中国境内企业、事业单位、其他组织以及居民个人取得的利息、股息、红利所得。

个人所得税的征税对象是个人取得的应税所得。《个人所得税法》规定的各项个人所得范围如下。

1. 工资、薪金所得

工资、薪金所得是指个人因任职或者受雇取得的工资、薪金、奖金、年终加薪、劳动分红、津贴、补贴以及与任职或者受雇有关的其他所得。

2. 劳务报酬所得

劳务报酬所得是指个人从事劳务取得的所得,包括从事设计、装潢、安装、制图、化验、测试、医疗、法律、会计、咨询、讲学、翻译、审稿、书画、雕刻、影视、录音、录像、演出、表演、广告、展览、技术服务、介绍服务、经纪服务、代办服务以及其他劳务取得的所得。

3. 稿酬所得

稿酬所得是指个人因其作品以图书、报刊等形式出版、发表而取得的所得。

4. 特许权使用费所得

特许权使用费所得是指个人提供专利权、商标权、著作权、非专利技术以及其他特许权的使用权取得的所得;提供著作权的使用权取得的所得,不包括稿酬所得。

5. 经营所得

经营所得包括以下几项。

(1)个体工商户从事生产、经营活动取得的所得,个人独资企业投资人、合伙企业的个人合伙人来源于境内注册的个人独资企业、合伙企业生产、经营的所得。

(2)个人依法从事办学、医疗、咨询以及其他有偿服务活动取得的所得。

(3)个人对企业、事业单位承包经营、承租经营以及转包、转租取得的所得。

（4）个人从事其他生产、经营活动取得的所得。

6. 利息、股息、红利所得

利息、股息、红利所得是指个人拥有债权、股权等而取得的利息、股息、红利所得。

7. 财产租赁所得

财产租赁所得是指个人出租不动产、机器设备、车船以及其他财产取得的所得。

8. 财产转让所得

财产转让所得是指个人转让有价证券、股权、合伙企业中的财产份额、不动产、机器设备、车船以及其他财产取得的所得。

9. 偶然所得

偶然所得是指个人得奖、中奖、中彩以及其他偶然性质的所得。

个人取得的所得，难以界定应纳税所得项目的，由国务院税务主管部门确定。

个人所得的形式，包括现金、实物、有价证券和其他形式的经济利益。所得为实物的，应当按照取得的凭证上所注明的价格计算应纳税所得额，无凭证的实物或者凭证上所注明的价格明显偏低的，参照市场价格核定应纳税所得额；所得为有价证券的，根据票面价格和市场价格核定应纳税所得额；所得为其他形式的经济利益的，参照市场价格核定应纳税所得额。

居民个人取得上述第 1 项至第 4 项所得（以下称综合所得），按纳税年度合并计算个人所得税；非居民个人取得综合所得，按月或者按次分项计算个人所得税。纳税人取得上述第 5 项至第 9 项所得，依照《个人所得税法》规定分别计算个人所得税。

三、个人所得税税率

个人所得税税率按应税所得的不同项目加以规定，即不同应税所得项目适用不同税率。

（一）居民个人工资、薪金所得

1. 居民个人的工资、薪金所得

居民个人的工资、薪金所得的个人所得税，日常采取累计预扣法进行预扣预缴。计算居民个人工资、薪金所得预扣预缴税额的预扣率、速算扣除数，见表 6-1。

表 6-1　个人所得税预扣率表一
（居民个人工资、薪金所得预扣预缴适用）

级数	累计预扣预缴应纳税所得额	预扣率/%	速算扣除数
1	不超过 36 000 元的	3	0
2	超过 36 000 元至 144 000 元的部分	10	2520
3	超过 144 000 元至 300 000 元的部分	20	16 920
4	超过 300 000 元至 420 000 元的部分	25	31 920
5	超过 420 000 元至 660 000 元的部分	30	52 920
6	超过 660 000 元至 960 000 元的部分	35	85 920
7	超过 960 000 元的部分	45	181 920

2. 居民个人取得全年一次性奖金

居民个人取得全年一次性奖金的个人所得税,适用按月换算后的综合所得税率,见表6-2。

表6-2 按月换算后的综合所得税率

级数	全月应纳税所得额	税率/%	速算扣除数
1	不超过3000元的	3	0
2	超过3000元至12 000元的部分	10	210
3	超过12 000元至25 000元的部分	20	1410
4	超过25 000元至35 000元的部分	25	2660
5	超过35 000元至55 000元的部分	30	4410
6	超过55 000元至80 000元的部分	35	7160
7	超过80 000元的部分	45	15 160

(二)居民个人劳务报酬、稿酬、特许权使用费所得

劳务报酬所得,适用20%～40%的超额累进预扣率,见表6-3。稿酬所得、特许权使用费所得,适用20%的预扣率。

表6-3 个人所得税预扣率表二
(居民个人劳务报酬所得预扣预缴适用)

级数	预扣预缴应纳税所得额	预扣率/%	速算扣除数
1	不超过20 000元的	20	0
2	超过20 000元至50 000元的部分	30	2000
3	超过50 000元的部分	40	7000

(三)非居民个人的工资、薪金所得,劳务报酬所得,稿酬所得,特许权使用费所得

非居民个人的工资、薪金所得,劳务报酬所得,稿酬所得,特许权使用费所得适用3%～45%的超额累进税率,见表6-4。

表6-4 个人所得税税率表一
(非居民个人工资、薪金所得,劳务报酬所得,稿酬所得,特许权使用费所得适用)

级数	应纳税所得额	税率/%	速算扣除数
1	不超过3000元的	3	0
2	超过3000元至12 000元的部分	10	210
3	超过12 000元至25 000元的部分	20	1410
4	超过25 000元至35 000元的部分	25	2660
5	超过35 000元至55 000元的部分	30	4410
6	超过55 000元至80 000元的部分	35	7160
7	超过80 000元的部分	45	15 160

（四）经营所得

经营所得适用5级超额累进税率，见表6-5。

表 6-5　个人所得税税率表二
（经营所得适用）

级数	全年应纳税所得额	税率/%	速算扣除数
1	不超过 30 000 元的	5	0
2	超过 30 000 元至 90 000 元的部分	10	1500
3	超过 90 000 元至 300 000 元的部分	20	10 500
4	超过 300 000 元至 500 000 元的部分	30	40 500
5	超过 500 000 元的部分	35	65 500

（注：本表所称全年应纳税所得额是指以每一纳税年度的收入总额减除成本、费用以及损失后的余额。）

（五）其他所得

财产租赁所得，财产转让所得，利息、股息、红利所得和偶然所得，适用比例税率，税率为20％。

四、个人所得税的减免优惠

（一）免税项目

下列各项个人所得，免征个人所得税。

（1）省级人民政府、国务院部委和中国人民解放军军以上单位，以及外国组织、国际组织颁发的科学、教育、技术、文化、卫生、体育、环境保护等方面的奖金。

（2）国债和国家发行的金融债券利息。国债利息，是指个人持有中华人民共和国财政部发行的债券而取得的利息；国家发行的金融债券利息，是指个人持有经国务院批准发行的金融债券而取得的利息。

（3）按照国家统一规定发给的补贴、津贴。按照国家统一规定发给的补贴、津贴是指按照国务院规定发给的政府特殊津贴、院士津贴，以及国务院规定免予缴纳个人所得税的其他补贴、津贴。

（4）福利费、抚恤金、救济金。福利费，是指根据国家有关规定，从企业、事业单位、国家机关、社会团体提留的福利费或者工会经费中支付给个人的生活补助费；救济金，是指各级人民政府民政部门支付给个人的生活困难补助费。

（5）保险赔款。

（6）军人的转业费、复员费、退役金。

（7）按照国家统一规定发给干部、职工的安家费、退职费、基本养老金或者退休费、离休费、离休生活补助费。

（8）依照有关法律规定应予免税的各国驻华使馆、领事馆的外交代表、领事官员和其他人员的所得，即依照《中华人民共和国外交特权与豁免条例》和《中华人民共和国领事特权与豁免条例》规定免税的所得。

（9）中国政府参加的国际公约、签订的协议中规定免税的所得。

（10）国务院规定的其他免税所得。由国务院报全国人民代表大会常务委员会备案。

（二）减税项目

有下列情形之一的，可以减征个人所得税，具体幅度和期限，由省、自治区、直辖市人民政府规定，并报同级人民代表大会常务委员会备案。

（1）残疾、孤老人员和烈属的所得。

（2）因自然灾害遭受重大损失的。

国务院可以规定其他减税情形，报全国人民代表大会常务委员会备案。

第二节　个人所得税应纳税额的计算

个人所得税采用分类和综合征收的模式，对不同性质的应税项目规定不同的费用扣除标准、不同的税率/预扣率和不同的计税方法。

一、居民个人工资、薪金所得

（一）应纳税所得额的确定

扣缴义务人向居民个人支付工资、薪金所得时，应当按照累计预扣法计算预扣税款，并按月办理全员全额扣缴申报。

居民个人的综合所得，以每一纳税年度的收入额减除费用 60 000 元（每月 5000 元）以及专项扣除、专项附加扣除和依法确定的其他扣除后的余额，为应纳税所得额。

所称"专项扣除"，包括居民个人按照国家规定的范围和标准缴纳的基本养老保险、基本医疗保险、失业保险等社会保险费和住房公积金等。

所称"专项附加扣除"，包括婴幼儿照护与子女教育、继续教育、大病医疗、住房贷款利息或者住房租金、赡养老人等支出。

所称"依法确定的其他扣除"，包括个人缴付符合国家规定的企业年金、职业年金，个人购买符合国家规定的商业健康保险、税收递延型商业养老保险的支出，以及国务院规定可以扣除的其他项目。

专项扣除、专项附加扣除和依法确定的其他扣除，以居民个人一个纳税年度的应纳税所得额为限额；一个纳税年度扣除不完的，不得结转以后年度扣除。

1. 婴幼儿照护与子女教育专项附加扣除

纳税人的 3 岁以下婴幼儿（婴幼儿出生的当月至年满 3 周岁的前一个月）照护以及纳税人子女接受学前教育、各层次的学历教育（接纳税人的子女接受全日制学历教育的相关支出，按照每个子女每月 1000 元的标准定额扣除。

学历教育包括义务教育（小学、初中教育）、高中阶段教育（普通高中、中等职业、技工教育）、高等教育（大学专科、大学本科、硕士研究生、博士研究生教育）。

父母可以选择由其中一方按扣除标准的 100% 扣除,也可以选择由双方分别按扣除标准的 50% 扣除,具体扣除方式在一个纳税年度内不能变更。

纳税人子女在中国境外接受教育的,纳税人应当留存境外学校录取通知书、留学签证等相关教育的证明资料备查。

2. 继续教育专项附加扣除

纳税人在中国境内接受学历(学位)继续教育的支出,在学历(学位)教育期间按照每月 400 元定额扣除。同一学历(学位)继续教育的扣除期限不能超过 48 个月。纳税人接受技能人员职业资格继续教育、专业技术人员职业资格继续教育的支出,在取得相关证书的当年,按照 3600 元定额扣除。

个人接受本科及以下学历(学位)继续教育,符合《个人所得税专项附加扣除暂行办法》(国发〔2018〕41 号)规定扣除条件的,可以选择由其父母扣除,也可以选择由本人扣除。

纳税人接受技能人员职业资格继续教育、专业技术人员职业资格继续教育的,应当留存相关证书等资料备查。

3. 大病医疗专项附加扣除

在一个纳税年度内,纳税人发生的与基本医保相关的医药费用支出,扣除医保报销后个人负担(指医保目录范围内的自付部分)累计超过 15 000 元的部分,由纳税人在办理年度汇算清缴时,在 80 000 元限额内据实扣除。

纳税人发生的医药费用支出可以选择由本人或者其配偶扣除;未成年子女发生的医药费用支出可以选择由其父母一方扣除。纳税人及其配偶、未成年子女发生的医药费用支出,按《个人所得税专项附加扣除暂行办法》的规定分别计算扣除额。

纳税人应当留存医药服务收费及医保报销相关票据原件(或者复印件)等资料备查。医疗保障部门应当向患者提供在医疗保障信息系统记录的本人年度医药费用信息查询服务。

4. 住房贷款利息专项附加扣除

纳税人本人或者配偶单独或者共同使用商业银行或者住房公积金个人住房贷款为本人或者其配偶购买中国境内住房,发生的首套住房贷款利息支出,在实际发生贷款利息的年度,按照每月 1000 元的标准定额扣除,扣除期限最长不超过 240 个月。纳税人只能享受一次首套住房贷款的利息扣除。

这里所说的首套住房贷款是指购买住房享受首套住房贷款利率的住房贷款。

经夫妻双方约定,可以选择由其中一方扣除,具体扣除方式在一个纳税年度内不能变更。夫妻双方婚前分别购买住房发生的首套住房贷款,其贷款利息支出,婚后可以选择其中一套购买的住房,由购买方按扣除标准的 100% 扣除,也可以由夫妻双方对各自购买的住房分别按扣除标准的 50% 扣除,具体扣除方式在一个纳税年度内不能变更。

纳税人应当留存住房贷款合同、贷款还款支出凭证备查。

5. 住房租金专项附加扣除

纳税人在主要工作城市没有自有住房而发生的住房租金支出,可以按照以下标准定额扣除。

(1)直辖市、省会(首府)城市、计划单列市以及国务院确定的其他城市,扣除标准为每月 1500 元。

（2）除第（1）项所列城市以外，市辖区户籍人口超过 100 万的城市，扣除标准为每月 1100 元；市辖区户籍人口不超过 100 万的城市，扣除标准为每月 800 元。纳税人的配偶在纳税人的主要工作城市有自有住房的，视同纳税人在主要工作城市有自有住房。市辖区户籍人口，以国家统计局公布的数据为准。

这里所说的主要工作城市是指纳税人任职受雇的直辖市、计划单列市、副省级城市、地级市（地区、州、盟）全部行政区域范围；纳税人无任职受雇单位的，为受理其综合所得汇算清缴的税务机关所在城市。夫妻双方主要工作城市相同的，只能由一方扣除住房租金支出。

住房租金支出由签订租赁住房合同的承租人扣除。

纳税人及其配偶在一个纳税年度内不能同时分别享受住房贷款利息和住房租金专项附加扣除。

纳税人应当留存住房租赁合同、协议等有关资料备查。

6. 赡养老人专项附加扣除

纳税人赡养一位及以上被赡养人的赡养支出，统一按照以下标准定额扣除。

（1）纳税人为独生子女的，按照每月 2000 元的标准定额扣除。

（2）纳税人为非独生子女的，由其与兄弟姐妹分摊每月 2000 元的扣除额度，每人分摊的额度不能超过每月 1000 元。可以由赡养人均摊或者约定分摊，也可以由被赡养人指定分摊。约定或者指定分摊的须签订书面分摊协议，指定分摊优先于约定分摊。具体分摊方式和额度在一个纳税年度内不能变更。

这里所说的被赡养人是指年满 60 岁的父母，以及子女均已去世的年满 60 岁的祖父母、外祖父母。

（二）应纳税额的计算

居民个人取得的工资、薪金所得，属于综合所得的组成部分。对于居民个人取得的工资、薪金所得，应缴纳个人所得税，从 2019 年 1 月 1 日起，按累计预扣法进行预扣预缴，适用 3%～45% 的超额累进预扣率，见表 6-1。

累计预扣法，是指扣缴义务人在一个纳税年度内预扣预缴税款时，以纳税人在本单位截至当前月份工资、薪金所得累计收入减除累计免税收入、累计减除费用、累计专项扣除、累计专项附加扣除和累计依法确定的其他扣除后的余额为累计预扣预缴应纳税所得额，适用"个人所得税预扣率表一"（见表 6-1），计算累计应预扣预缴税额，再减除累计减免税额和累计已预扣预缴税额，其余额为本期应预扣预缴税额。余额为负值时，暂不退税。纳税年度终了后余额仍为负值时，由纳税人通过办理综合所得年度汇算清缴，税款多退少补。

具体计算公式为：

本期应预扣预缴税款＝（累计预扣预缴应纳税所得额×预扣率－速算扣除数）－累计减免税额－累计已预扣预缴税额

累计预扣预缴应纳税所得额＝累计收入－累计免税收入－累计减除费用－累计专项扣除－累计专项附加扣除－累计依法确定的其他扣除

其中：累计减除费用，按照 5000 元/月乘以纳税人当年截至本月在本单位的任职受雇月份数计算。

【例 6-1】 2022 年 1 月 10 日,××科技公司向其职员刘女士支付工资 14 000 元,刘女士在该月由任职单位扣缴"三险一金"2660 元,通过单位缴付企业年金 540 元,自行缴付税优商业健康保险费 200 元。

刘女士已于 2021 年 9 月份支付了女儿学前教育的 2021 年下学期(2021 年 9 月至 2022 年 1 月)学费 7000 元,大儿子正在上小学,现已与丈夫约定由刘女士按子女教育专项附加扣除标准的 100%扣除;

刘女士本人是在职博士研究生在读;

刘女士去年使用商业银行个人住房贷款(或住房公积金贷款)购买了首套住房,现处于偿还贷款期间,每月需支付贷款利息 1300 元,已与丈夫约定由刘女士进行住房贷款利息专项附加扣除;

因刘女士所购住房距离小孩上学的学校很远,以每月租金 1200 元在本市孩子学校附近租住了一套房屋;

刘女士的父母均已满 60 岁(每月均领取养老保险金),刘女士与姐姐、弟弟签订书面分摊协议,约定由刘女士分摊赡养老人专项附加扣除 800 元。

请计算刘女士 1 月份应预扣预缴个人所得税款。

分析:

计算刘女士 2022 年 1 月个人所得税时可扣除:

(1) 基本扣除费用 5000 元。

(2) 专项扣除"三险一金"2660 元。

(3) 专项附加扣除 4200 元,其中:

① 子女教育专项附加扣除 2000 元(子女各 1000 元);

② 继续教育专项附加扣除 400 元;

③ 住房贷款利息专项附加扣除 1000 元;

④ 赡养老人专项附加扣除 800 元。

(4) 依法确定的其他扣除 740 元。其中:

① 企业年金 540 元;

② 自行缴付税优商业健康保险费 200 元。

解答:

刘女士 1 月份应纳税所得额＝14 000−5000−2660−4200−740＝1400(元)

刘女士 1 月份预扣预缴个人所得税＝1400×3%＝42(元)

【例 6-2】 2022 年 2 月 10 日,××科技公司向其职员刘女士支付工资 14 000 元,同时发放春节福利 4000 元,合计 18 000 元。

单位扣缴"三险一金",刘女士缴付企业年金、支付税优商业健康保险费等金额均与 1 月份等同(见例 6-1);刘女士可享受的各类专项附加扣除也均与 1 月份相同。

请按"累计预扣法"方式计算刘女士 2 月份应预扣预缴个人所得税款。

分析:

(1) 刘女士 2 月份累计应税收入＝14 000＋14 000＋4000＝32 000(元)

（2）刘女士2月份累计扣除额＝5000×2＋2660×2＋4200×2＋740×2＝25 200（元）

（3）刘女士2月份累计预扣预缴应纳税所得额＝32 000－25 200＝6800（元）

解答：

（1）刘女士2月份累计应预扣预缴个人所得税＝6800×3％＝204（元）

（适用税率级次：将当月累计预缴时的应纳税所得额视为全年应纳税所得额，适用对应预扣率。）

（2）刘女士2月份当月应预扣预缴个人所得税款＝204－42＝162（元）

（提示：单位每月支付工资、薪金时预扣的个人所得税，依法应当在次月的法定申报期内申报解缴。例如：2022年2月份发放工资、薪金时预扣的个人所得税应在3月份的法定申报期内申报解缴。）

（三）特殊规定

1. 取得全年一次性奖金等应纳个人所得税的计算

居民个人取得全年一次性奖金，符合《国家税务总局关于调整个人取得全年一次性奖金等计算征收个人所得税方法问题的通知》（国税发〔2005〕9号）规定的，在2023年12月31日前，不并入当年综合所得，以全年一次性奖金收入除以12个月得到的数额，按照"按月换算后的综合所得税率"（见表6-2），确定适用税率和速算扣除数，单独计算纳税。计算公式为：

应纳税额＝全年一次性奖金收入×适用税率－速算扣除数

居民个人取得全年一次性奖金，也可以选择并入当年综合所得计算纳税。

【例6-3】 某单位12月发放当年年度一次性奖金，其中刘女士取得年终奖40 000元，张先生取得年终奖96 000元，李先生取得年终奖14 8000元。财务人员应分别扣缴多少个人所得税？

解答：

（1）刘女士取得年终奖40 000元，应缴个人所得税：

① 40 000÷12≈3333.33（元）；

② 适用税率10％，速算扣除数210元，应缴个人所得税＝40 000×10％－210＝3790（元）。

（2）张先生取得年终奖96 000元，应缴个人所得税：

① 96 000÷12＝8000（元）；

② 适用税率10％，速算扣除数210元，应缴个人所得税＝96 000×10％－210＝9390（元）。

（3）李先生取得年终奖148 000元，应缴个人所得税：

① 148 000÷12≈12 333.33（元）；

② 适用税率20％，速算扣除数1410元，应缴个人所得税＝148 000×20％－1410＝28 190（元）。

2. 解除劳动关系、提前退休、内部退养的一次性补偿收入应纳个人所得税的计算

（1）个人与用人单位解除劳动关系取得一次性补偿收入（包括用人单位发放的经济补偿金、生活补助费和其他补助费），在当地上年职工平均工资3倍数额以内的部分，免征个人所得税；超过3倍数额的部分，不并入当年综合所得，单独适用表6-1计算纳税。

（2）个人办理提前退休手续而取得的一次性补贴收入，应按照办理提前退休手续至法定离退休年龄之间实际年度数平均分摊，确定适用税率和速算扣除数，单独适用表6-1计算纳税。计算公式为：

应纳税额＝{〔（一次性补贴收入÷办理提前退休手续至法定退休年龄的实际年度数）－费用扣除标准〕×适用税率－速算扣除数}×办理提前退休手续至法定退休年龄的实际年度数

（3）个人办理内部退养手续而取得的一次性补贴收入，按照《国家税务总局关于个人所得税有关政策问题的通知》（国税发〔1999〕58号）规定计算纳税。

二、居民个人劳务报酬、稿酬、特许权使用费所得

（一）应纳税所得额的确定

扣缴义务人向居民个人支付劳务报酬所得、稿酬所得、特许权使用费所得时，按次或者按月预扣预缴个人所得税。具体预扣预缴税款计算方法如下。

劳务报酬所得、稿酬所得、特许权使用费所得以每次收入减除费用后的余额为收入额；其中，稿酬所得的收入额减按70%计算。

减除费用：预扣预缴税款时，劳务报酬所得、稿酬所得、特许权使用费所得每次收入不超过4000元的，减除费用按800元计算；每次收入4000元以上的，减除费用按20%计算。

关于"按次"的具体规定：劳务报酬所得、稿酬所得、特许权使用费所得，属于一次性收入的，以取得该项收入为一次；属于同一项目连续性收入的，以一个月内取得的收入为一次。

（二）应纳税额的计算

劳务报酬所得、稿酬所得、特许权使用费所得，以每次收入额为预扣预缴应纳税所得额。劳务报酬所得适用20%～40%的超额累进预扣率（见表6-3）；稿酬所得、特许权使用费所得适用20%的比例预扣率。

劳务报酬所得应预扣预缴税额＝预扣预缴应纳税所得额×预扣率－速算扣除数
稿酬所得、特许权使用费所得应预扣预缴税额＝预扣预缴应纳税所得额×20%

【例6-4】 中国公民刘先生2022年3月接受邀请给一个单位讲学三次，第一次取得讲学收入8000元，第二次取得讲学收入9000元，第三次取得讲学收入12 000元，计算其应预扣预缴个人所得税税额。

分析：

劳务报酬所得，属于同一项目连续性收入的，以一个月内取得的收入为一次。

解答：

应纳税所得额＝（8000＋9000＋12 000）×（1－20%）＝23 200（元）

预扣预缴税额＝23 200×30%－2000＝4960（元）

【例 6-5】 中国公民王先生发表作品一部,取得稿酬收入 80 000 元,计算其应预扣预缴个人所得税税额。

解答:

应纳税所得额＝80 000×(1－20％)×70％＝44 800(元)

预扣预缴税额＝44 800×20％＝8960(元)

三、非居民个人的工资、薪金所得,劳务报酬所得,稿酬所得,特许权使用费所得

扣缴义务人向非居民个人支付工资、薪金所得,劳务报酬所得,稿酬所得和特许权使用费所得时,应按月或者按次代扣代缴个人所得税。

（一）应纳税所得额的确定

非居民个人的工资、薪金所得,以每月收入额减除费用 5000 元后的余额为应纳税所得额;劳务报酬所得、稿酬所得、特许权使用费所得,以每次收入额为应纳税所得额,适用"个人所得税税率表一"(见表 6-4)计算应纳税额。其中,劳务报酬所得、稿酬所得、特许权使用费所得以收入减除 20％的费用后的余额为收入额,稿酬所得的收入额减按 70％计算。

劳务报酬所得、稿酬所得、特许权使用费所得,属于一次性收入的,以取得该项收入为一次;属于同一项目连续性收入的,以一个月内取得的收入为一次。

（二）应纳税额的计算

非居民个人工资、薪金所得,劳务报酬所得,稿酬所得,特许权使用费所得应纳税额＝应纳税所得额×税率－速算扣除数

上式中的税率适用"个人所得税税率表一"(见表 6-4)。

【例 6-6】 一名外国技术人员在中国企业任职,2021 年 3 月取得由供职单位发放的工资 16 000 元人民币,计算其个人所得税应纳税额(这名外国技术人员为非居民个人)。

分析:

外国技术人员为非居民个人,其应纳税所得额为月工资薪金所得减除费用 5000 元。

解答:

应纳税所得额＝16 000－5000＝11 000(元)

应纳税额＝11 000×10％－210＝890(元)

【例 6-7】 某非居民个人取得劳务报酬所得 20 000 元,计算其应扣缴个人所得税税额。

分析:

非居民个人其劳务报酬应纳税所得额为收入额减除 20％的费用。

解答:

应扣缴个人所得税税额＝20 000×(1－20％)×20％－1410＝1790(元)

【例6-8】 某非居民个人取得稿酬所得10 000元,计算其应扣缴个人所得税税额。

分析:

非居民个人其稿酬应纳税所得额为收入额减除20%的费用,减按70%计算。

解答:

应扣缴个人所得税税额=10 000×(1-20%)×70%×10%-210=350(元)

四、经营所得

(一)应纳税所得额的确定

经营所得,以每一纳税年度的收入总额减除成本、费用以及损失后的余额为应纳税所得额。

所称成本、费用,是指生产、经营活动中发生的各项直接支出和分配计入成本的间接费用以及销售费用、管理费用、财务费用;所称损失,是指生产、经营活动中发生的固定资产和存货的盘亏、毁损、报废损失,转让财产损失,坏账损失,自然灾害等不可抗力因素造成的损失以及其他损失。

取得经营所得的个人,没有综合所得的,计算其每一纳税年度的应纳税所得额时,应当减除费用6万元、专项扣除、专项附加扣除以及依法确定的其他扣除。专项附加扣除在办理汇算清缴时减除。

从事生产、经营活动,未提供完整、准确的纳税资料,不能正确计算应纳税所得额的,由主管税务机关核定应纳税所得额或者应纳税额。

(二)应纳税额的计算

经营所得,适用5%～35%的5级超额累进税率(见表6-5)。

【例6-9】 某酒店是个体工商户,法定代表人为王××,账证健全,2021年全年营业额为500 000元,购进菜、肉、蛋、面粉、大米等原料费为240 000元,缴纳电费、水费、房租、煤气费等60 000元,缴纳其他税费合计为26 400元。支付雇员工资每月7200元,业主个人领取工资每月6000元。1—12月累计已预缴个人所得税为1000元。计算该个体工商户12月份应缴纳的个人所得税。

解答:

(1)个体工商户发生的直接支出和分配计入成本的间接费用、税费以及支付给雇员的工资准予全额扣除;

(2)业主个人工资年扣除额为60 000元(5000元×12),不能按72 000元(6000元×12)扣除。

全年应纳税所得额=500 000-240 000-60 000-26 400-7200×12-60 000

$\qquad$ =27 200(元)

全年个人所得税应纳税额=27 200×5%=1360(元)

应补缴个人所得税税额=1360-1000=360(元)

五、特定所得

特定所得包括财产租赁所得,财产转让所得,利息、股息、红利所得和偶然所得。支付以上所得时,不用区分纳税人是否为居民个人,扣缴义务人应采取以下方法代扣代缴个人所得税。

(一) 应纳税所得额的确定

(1) 财产租赁所得,每次收入不超过 4000 元的,减除费用 800 元;4000 元以上的,减除 20%的费用,其余额为应纳税所得额。

财产租赁所得,以一个月内取得的收入为一次。

(2) 财产转让所得,按照一次转让财产的收入额减除财产原值和合理费用后的余额,计算纳税。其中的合理费用,是指卖出财产时按照规定支付的有关税费;而财产原值则因转让的财产不同,所指也有所不同:

① 有价证券,为买入价以及买入时按照规定交纳的有关费用;

② 不动产,为建造费或者购进价格以及其他有关费用;

③ 土地使用权,为取得土地使用权所支付的金额、开发土地的费用以及其他有关费用;

④ 机器设备、车船,为购进价格、运输费、安装费以及其他有关费用。

其他财产,参照以上规定的方法确定财产原值。

纳税人未提供完整、准确的财产原值凭证,不能正确计算财产原值的,由主管税务机关核定财产原值。

(3) 利息、股息、红利所得,偶然所得,以每次收入额为应纳税所得额,不扣除任何费用。利息、股息、红利所得,以支付利息、股息、红利时取得的收入为一次;偶然所得,以每次取得该项收入为一次。

(二) 应纳税额的计算

(1) 财产租赁所得,适用 20%的比例税率。

① 每次收入不超过 4000 元的,其计算公式为:

个人所得税应纳税额=(每次收入额-800)×20%

② 每次收入 4000 元以上的,其计算公式为:

个人所得税应纳税额=每次收入额×(1-20%)×20%

【例 6-10】 某中国公民 2021 年出租一项财产,取得年租金 36 000 元。计算该公民个人所得税应纳税额。

分析:

财产租赁所得,以一个月取得的收入为一次,因此,一次所得为 36 000÷12=3000(元)。

解答:

个人所得税应纳税额=(3000-800)×20%×12=5280(元)

（2）财产转让所得，适用 20% 的比例税率。其计算公式为：

个人所得税应纳税额 = 应纳税所得额 × 20%

= （每次收入额 − 财产原值 − 合理费用）× 20%

【例 6-11】 某中国公民 2021 年 1 月转让私有住房一套取得转让收入 220 000 元。该套住房购进时的原价为 180 000 元，转让时支付有关税费 15 000 元，支付中介机构介绍费 4000 元。计算该公民转让私有住房应缴纳的个人所得税。

分析：

房产原价、有关税费和中介费用可从转让收入中扣除。

解答：

应纳税所得额 = 220 000 − 180 000 − 15 000 − 4000 = 21 000（元）

个人所得税应纳税额 = 21 000 × 20% = 4200（元）

（3）利息、股息、红利所得，偶然所得，适用 20% 的比例税率。其计算公式为：

个人所得税应纳税额 = 利息、股息、红利所得，偶然所得每次收入额 × 20%

六、个人公益、救济性捐赠

个人将其所得对教育、扶贫、济困等公益慈善事业进行捐赠，捐赠额未超过纳税人申报的应纳税所得额 30% 的部分，可以从其应纳税所得额中扣除；国务院规定对公益慈善事业捐赠实行全额税前扣除的，从其规定。

这里，个人将其所得对教育、扶贫、济困等公益慈善事业进行捐赠，是指个人将其所得通过中国境内的公益性社会组织、国家机关向教育、扶贫、济困等公益慈善事业的捐赠；应纳税所得额，是指计算扣除捐赠额之前的应纳税所得额。

【例 6-12】 某歌星参加某单位举办的演唱会，取得出场费收入 80 000 元，将其中 30 000 元通过当地教育机构捐赠给某希望小学。请计算该歌星取得的出场费收入应缴纳的个人所得税。

分析：

该歌星未扣除捐赠的应纳税所得额 = 80 000 × （1 − 20%）= 64 000（元）

捐赠的扣除标准 = 64 000 × 30% = 19 200（元）

由于实际捐赠额大于扣除标准，所以税前只能按扣除标准扣除。

解答：

应纳税所得额 = 64 000 − 19 200 = 44 800（元）

个人所得税应纳税额 = 44 800 × 30% − 2000 = 11 440（元）

七、境外所得的税额扣除

居民个人从中国境内和境外取得的综合所得、经营所得，应当分别合并计算应纳税额；从中国境内和境外取得的其他所得，应当分别单独计算应纳税额。

居民个人从中国境外取得的所得,可以从其应纳税额中抵免已在境外缴纳的个人所得税税额,但抵免额不得超过该纳税人境外所得依照《个人所得税法》规定计算的应纳税额。

这里,已在境外缴纳的个人所得税税额,是指居民个人来源于中国境外的所得,依照该所得来源国家(地区)的法律应当缴纳并且实际已经缴纳的所得税税额。纳税人境外所得依照《个人所得税法》规定计算的应纳税额,是指居民个人抵免已在境外缴纳的综合所得、经营所得以及其他所得的所得税税额的限额(以下简称抵免限额)。除国务院财政、税务主管部门另有规定外,来源于中国境外一个国家(地区)的综合所得抵免限额、经营所得抵免限额以及其他所得抵免限额之和,为来源于该国家(地区)所得的抵免限额。

居民个人在中国境外一个国家(地区)实际已经缴纳的个人所得税税额,低于依照上述规定计算出的来源于该国家(地区)所得的抵免限额的,应当在中国缴纳差额部分的税款;超过来源于该国家(地区)所得的抵免限额的,其超过部分不得在本纳税年度的应纳税额中抵免,但是可以在以后纳税年度来源于该国家(地区)所得的抵免限额的余额中补扣。补扣期限最长不得超过5年。

居民个人申请抵免已在境外缴纳的个人所得税税额,应当提供境外税务机关出具的税款所属年度的有关纳税凭证。

八、纳税调整

有下列情形之一的,税务机关有权按照合理方法进行纳税调整。

(1) 个人与其关联方之间的业务往来不符合独立交易原则而减少本人或者其关联方应纳税额,且无正当理由。

(2) 居民个人控制的,或者居民个人和居民企业共同控制的设立在实际税负明显偏低的国家(地区)的企业,无合理经营需要,对应当归属于居民个人的利润不作分配或者减少分配。

(3) 个人实施其他不具有合理商业目的的安排而获取不当税收利益。

税务机关依照规定作纳税调整,需要补征税款的,应当补征税款,并依法加收利息。这里所说的"利息",应当按照税款所属纳税申报期最后一日中国人民银行公布的与补税期间同期的人民币贷款基准利率计算,自税款纳税申报期满次日起至补缴税款期限届满之日止按日加收。纳税人在补缴税款期限届满前补缴税款的,利息加收至补缴税款之日。

第三节 个人所得税的申报与缴纳

个人所得税以所得人为纳税人,以支付所得的单位或者个人为扣缴义务人。

纳税人有中国公民身份号码的,以中国公民身份号码为纳税人识别号;纳税人没有中国公民身份号码的,由税务机关赋予其纳税人识别号。扣缴义务人扣缴税款时,纳税人应当向扣缴义务人提供纳税人识别号。

一、个人所得税的缴纳方法

个人所得税实行扣缴申报和纳税人自行申报两种缴纳办法。

以支付所得的单位和个人为扣缴义务人,扣缴义务人应当依法办理全员全额扣缴申报。全员全额扣缴申报,是指扣缴义务人在代扣税款的次月 15 日内,向主管税务机关报送其支付所得的所有个人的有关信息、支付所得数额、扣除事项和数额、扣缴税款的具体数额和总额以及其他相关涉税信息资料。

自行纳税申报适用于:居民个人取得应税所得,扣缴义务人未扣缴税款;非居民个人取得应税所得,扣缴义务人未扣缴税款;非居民个人在中国境内从两处以上取得工资、薪金所得等情形。

二、个人所得税的纳税申报

（一）扣缴申报

实行个人所得税全员全额扣缴申报的应税所得包括:

（1）工资、薪金所得。

（2）劳务报酬所得。

（3）稿酬所得。

（4）特许权使用费所得。

（5）利息、股息、红利所得。

（6）财产租赁所得。

（7）财产转让所得。

（8）偶然所得。

扣缴义务人首次向纳税人支付所得时,应当按照纳税人提供的纳税人识别号等基础信息,填写"个人所得税基础信息表（A）"（见表 6-6）,并于次月扣缴申报时向税务机关报送。

扣缴义务人对纳税人向其报告的相关基础信息变化情况,应当于次月扣缴申报时向税务机关报送。

个人所得税扣缴申报表（见表 6-7）适用于扣缴义务人向居民个人支付工资、薪金所得,劳务报酬所得,稿酬所得和特许权使用费所得的个人所得税全员全额预扣预缴申报;向非居民个人支付工资、薪金所得,劳务报酬所得,稿酬所得和特许权使用费所得的个人所得税全员全额扣缴申报;以及向居民个人和非居民个人支付利息、股息、红利所得,财产租赁所得,财产转让所得和偶然所得的个人所得税全员全额扣缴申报。

表6-6　个人所得税基础信息表（A表）

（适用于扣缴义务人填报）

扣缴义务人名称：

扣缴义务人纳税人识别号（统一社会信用代码）：□□□□□□□□□□□□□□□□□□

序号	纳税人基本信息（带*必填）						任职受雇从业信息					联系方式					银行账户		投资信息		其他信息		华侨、港澳台、外籍个人信息（带*必填）					备注
	纳税人识别号	纳税人姓名	*身份证件类型	*身份证件号码	*出生日期	*国籍/地区	类型	职务	学历	任职受雇从业日期	离职日期	手机号码	户籍所在地	经常居住地	联系地址	电子邮箱	开户银行	银行账号	投资额（元）	投资比例	是否残疾/孤老/烈属	残疾/烈属证号	*出生地	*性别	*首次入境时间	*预计离境时间	*涉税事由	
	2	3	4	5	6	7	8	9	10	11	12	13	14	15	16	17	18	19	20	21	22	23	24	25	26	27	28	29
1																												

谨声明：本表是根据国家税收法律法规及相关规定填报的，是真实的、可靠的、完整的。

经办人签字：

经办人身份证件号码：

代理机构签章：

代理机构统一社会信用代码：

受理人：

受理税务机关（章）：

受理日期：　年　月　日

扣缴义务人（签章）：　年　月　日

国家税务总局监制

表6-7 个人所得税扣缴申报表

税款所属期：　　年　月　日 至　　年　月　日

扣缴义务人名称：

扣缴义务人纳税人识别号（统一社会信用代码）：□□□□□□□□□□□□□□□□□□

金额单位：人民币元（列至角分）

序号	姓名	身份证件类型	身份证件号码	纳税人识别号	是否为非居民个人	所得项目	本月（次）情况															累计情况													税款计算						备注
							收入额计算				专项扣除				其他扣除						累计收入额	累计减除费用	累计专项扣除	累计专项附加扣除						累计其他扣除	减按计税比例	准予扣除的捐赠额	应纳税所得额	税率预扣率	速算扣除数	应纳税额	减免税额	已缴税额	应补退税额	
							收入	费用	免税收入	减除费用	基本养老保险费	基本医疗保险费	失业保险费	住房公积金	年金	商业健康保险	税延养老保险	财产原值	允许扣除的税费	其他				子女教育	继续教育	住房贷款利息	住房租金	赡养老人	3岁以下婴幼儿照护											
1	2	3	4	5	6	7	8	9	10	11	12	13	14	15	16	17	18	19	20	21	22	23	24	25	26	27	28	29	30	31	32	33	34	35	36	37	38	39	40	41
合计																																								

谨声明：本表是根据国家税收法律法规及相关规定填报的，是真实的、可靠的、完整的。

扣缴义务人（签章）：　　　　　　　年　月　日

经办人签字：

经办人身份证件号码：

代理机构签章：

代理机构统一社会信用代码：

受理人：

受理税务机关（章）：

受理日期：　　年　月　日

国家税务总局监制

（二）自行纳税申报

1. 取得综合所得需要办理汇算清缴的纳税申报

取得综合所得且符合下列情形之一的纳税人，应当依法办理汇算清缴。

（1）从两处以上取得综合所得，且综合所得年收入额减除专项扣除后的余额超过 6 万元。

（2）取得劳务报酬所得、稿酬所得、特许权使用费所得中一项或者多项所得，且综合所得年收入额减除专项扣除的余额超过 6 万元。

（3）纳税年度内预缴税额低于应纳税额。

（4）纳税人申请退税。

需要办理汇算清缴的纳税人，应当在取得所得的次年 3 月 1 日至 6 月 30 日内，向任职、受雇单位所在地主管税务机关办理纳税申报，并报送"个人所得税年度自行纳税申报表"。纳税人有两处以上任职、受雇单位的，选择向其中一处任职、受雇单位所在地主管税务机关办理纳税申报；纳税人没有任职、受雇单位的，向户籍所在地或经常居住地主管税务机关办理纳税申报。

纳税人办理综合所得汇算清缴，应当准备与收入、专项扣除、专项附加扣除、依法确定的其他扣除、捐赠、享受税收优惠等相关的资料，并按规定留存备查或报送。

2. 取得经营所得的纳税申报

个体工商业主、个人独资企业投资者、合伙企业个人合伙人、承包承租经营者个人以及其他从事生产、经营活动的个人取得经营所得，按年计算个人所得税，由纳税人在月度或季度终了后 15 日内，向经营管理所在地主管税务机关办理预缴纳税申报，并报送"个人所得税经营所得纳税申报表（A 表）"（见表 6-8）。在取得所得的次年 3 月 31 日前，向经营管理所在地主管税务机关办理汇算清缴，并报送"个人所得税经营所得纳税申报表（B 表）"；从两处以上取得经营所得的，选择向其中一处经营管理所在地主管税务机关办理年度汇总申报，并报送"个人所得税经营所得纳税申报表（C 表）"。

表 6-8　个人所得税经营所得纳税申报表（A 表）

税款所属期：　　　年　月　日至　　　年　月　日

纳税人姓名：

纳税人识别号：□□□□□□□□□□□□□□□□□□　　　　　　金额单位：人民币元（列至角分）

被投资单位信息		
名称		
纳税人识别号（统一社会信用代码）	□□□□□□□□□□□□□□□□□□	
征收方式（单选）		
□查账征收（据实预缴）　　□查账征收（按上年应纳税所得额预缴）　　□核定应税所得率征收 □核定应纳税所得额征收　　□税务机关认可的其他方式＿＿＿＿＿＿＿＿＿＿＿＿＿＿＿＿		
个人所得税计算		
项目	行次	金额/比例
一、收入总额	1	
二、成本费用	2	
三、利润总额（第 3 行＝第 1 行－第 2 行）	3	

续表

项目	行次	金额/比例
四、弥补以前年度亏损	4	
五、应税所得率(%)	5	
六、合伙企业个人合伙人分配比例(%)	6	
七、允许扣除的个人费用及其他扣除(第7行=第8行+第9行+第14行)	7	
(一)投资者减除费用	8	
(二)专项扣除(第9行=第10行+第11行+第12行+第13行)	9	
1. 基本养老保险费	10	
2. 基本医疗保险费	11	
3. 失业保险费	12	
4. 住房公积金	13	
(三)依法确定的其他扣除(第14行=第15行+第16行+第17行)	14	
1.	15	
2.	16	
3.	17	
八、准予扣除的捐赠额(附报《个人所得税公益慈善事业捐赠扣除明细表》)	18	
九、应纳税所得额	19	
十、税率(%)	20	
十一、速算扣除数	21	
十二、应纳税额(第22行=第19行×第20行-第21行)	22	
十三、减免税额(附报《个人所得税减免税事项报告表》)	23	
十四、已缴税额	24	
十五、应补/退税额(第25行=第22行-第23行-第24行)	25	
备注		

    谨声明：本表是根据国家税收法律法规及相关规定填报的，本人对填报内容(附带资料)的真实性、可靠性、完整性负责。

纳税人签字：   年 月 日

经办人签字： 经办人身份证件类型： 经办人身份证件号码： 代理机构签章： 代理机构统一社会信用代码：	受理人： 受理税务机关(章)： 受理日期： 年 月 日

国家税务总局监制

3．取得应税所得，扣缴义务人未扣缴税款的纳税申报

纳税人取得应税所得，扣缴义务人未扣缴税款的，应当区别以下情形办理纳税申报。

（1）居民个人取得综合所得的，按照第 1 条的规定办理。

（2）非居民个人取得工资、薪金所得，劳务报酬所得，稿酬所得，特许权使用费所得的，应当在取得所得的次年 6 月 30 日前，向扣缴义务人所在地主管税务机关办理纳税申报，并报送"个人所得税自行纳税申报表（A 表）"。有两个以上扣缴义务人均未扣缴税款的，选择向其中一处扣缴义务人所在地主管税务机关办理纳税申报。

非居民个人在次年 6 月 30 日前离境（临时离境除外）的，应当在离境前办理纳税申报。

（3）纳税人取得利息、股息、红利所得，财产租赁所得，财产转让所得和偶然所得的，应当在取得所得的次年 6 月 30 日前，按相关规定向主管税务机关办理纳税申报，并报送"个人所得税自行纳税申报表（A 表）"。

税务机关通知限期缴纳的，纳税人应当按照期限缴纳税款。

4．取得境外所得的纳税申报

居民个人从中国境外取得所得的，应当在取得所得的次年 3 月 1 日至 6 月 30 日内，向中国境内任职、受雇单位所在地主管税务机关办理纳税申报；在中国境内没有任职、受雇单位的，向户籍所在地或中国境内经常居住地主管税务机关办理纳税申报；户籍所在地与中国境内经常居住地不一致的，选择其中一地主管税务机关办理纳税申报；在中国境内没有户籍的，向中国境内经常居住地主管税务机关办理纳税申报。

5．因移居境外注销中国户籍的纳税申报

纳税人因移居境外注销中国户籍的，应当在申请注销中国户籍前，向户籍所在地主管税务机关办理纳税申报，进行税款清算。

（1）纳税人在注销户籍年度取得综合所得的，应当在注销户籍前，办理当年综合所得的汇算清缴，并报送"个人所得税年度自行纳税申报表"。尚未办理上一年度综合所得汇算清缴的，应当在办理注销户籍纳税申报时一并办理。

（2）纳税人在注销户籍年度取得经营所得的，应当在注销户籍前，办理当年经营所得的汇算清缴，并报送"个人所得税经营所得纳税申报表（B 表）"。从两处以上取得经营所得的，还应当一并报送"个人所得税经营所得纳税申报表（C 表）"。尚未办理上一年度经营所得汇算清缴的，应当在办理注销户籍纳税申报时一并办理。

（3）纳税人在注销户籍当年取得利息、股息、红利所得，财产租赁所得，财产转让所得和偶然所得的，应当在注销户籍前，申报当年上述所得的完税情况，并报送"个人所得税自行纳税申报表（A 表）"。

（4）纳税人有未缴或者少缴税款的，应当在注销户籍前，结清欠缴或未缴的税款。纳税人存在分期缴税且未缴纳完毕的，应当在注销户籍前，结清尚未缴纳的税款。

（5）纳税人办理注销户籍纳税申报时，需要办理专项附加扣除、依法确定的其他扣除的，应当向税务机关报送"个人所得税专项附加扣除信息表"、"商业健康保险税前扣除情况明细表"和"个人税收递延型商业养老保险税前扣除情况明细表"等。

6．非居民个人在中国境内从两处以上取得工资、薪金所得的纳税申报

非居民个人在中国境内从两处以上取得工资、薪金所得的，应当在取得所得的次月 15 日内，向其中一处任职、受雇单位所在地主管税务机关办理纳税申报，并报送"个人所得税自

行纳税申报表（A 表）"。

三、纳税申报方式

纳税人可以采用远程办税端、邮寄等方式办理纳税申报，也可以直接到主管税务机关办理纳税申报。

综 合 练 习

一、单项选择题

1. 《中华人民共和国个人所得税法》确定居民纳税人的判断标准是（　　）。

A. 居住时间标准　　　　　　　　B. 住所标准

C. 国籍标准　　　　　　　　　　D. 居住时间和住所相结合的标准

2. 下列人员属于个人所得税居民纳税人的有（　　）。

A. 2022 年在我国境内居住满 183 天的外籍个人

B. 自 2022 年 10 月 1 日至 2022 年 3 月 1 日，一直在我国境内居住的无住所的外籍个人

C. 在我国境内无住所也不居住的侨居海外的华侨

D. 在我国境内无住所也不居住的港、澳、台同胞

3. 某外籍个人 2022 年 4 月来华工作 7 个月，在我国境内，其工作的企业每月支付其薪金 2000 美元，同时，其国籍国派出单位每月支付其薪金 3000 美元，则该外籍个人当年应纳个人所得税的应税所得为（　　）美元。

A. 5000　　　　　B. 14 000　　　　　C. 21 000　　　　　D. 35 000

4. 下列各项所得中，应视同工资薪金项目征收个人所得税的是（　　）。

A. 独立从事会计核算业务的所得

B. 购买商品的中奖所得

C. 因工作出色而由单位发放的年终奖金

D. 学校教师投稿的稿酬所得

5. 下列各项所得中，应缴纳个人所得税的是（　　）。

A. 扣缴义务人代扣代缴税款，按规定取得的扣缴手续费

B. 国家发行的金融债券利息收入

C. 县级人民政府颁发的环境保护方面的奖金

D. 军人的转业安置费

6. 个人取得的所得难以界定应纳税所得项目的，其确定机关是（　　）。

A. 县以上税务局（分局）　　　　B. 省级税务局

C. 国家税务总局　　　　　　　　D. 主管税务机关

7. 适用 5%～35% 的五级超额累进税率的个人所得项目是（　　）。

A. 工资、薪金所得　　　　　　　B. 劳务报酬所得

C. 经营所得　　　　　　　　　　D. 稿酬所得

8. 作者将自己的文字作品手稿公开拍卖取得的所得,属于(　　)。

A. 稿酬所得　　　　　　　　　　B. 劳务报酬所得

C. 特许权使用费所得　　　　　　D. 偶然所得

9. 对在我国境内无住所而在我国境内取得工资薪金所得和在我国境内有住所而在我国境外取得工资薪金所得的纳税人,其月工资薪金所得超过(　　)元的,应缴纳个人所得税。

A. 1300　　　　　B. 2400　　　　　C. 4800　　　　　D. 5000

10. 实行定额扣除和定率扣除相结合的费用扣除方法的个人所得项目有(　　)。

A. 工资、薪金所得　　　　　　　B. 特许权使用费所得

C. 利息所得　　　　　　　　　　D. 其他所得

11. 不按次征税的个人所得项目是(　　)。

A. 工资、薪金所得　　　　　　　B. 劳务报酬所得

C. 财产租赁所得　　　　　　　　D. 财产转让所得

12. 某教授 2022 年 8 月受邀在某公司作专题报告三次,共计获讲课费 5000 元,另获咨询费 2000 元。该教授应预扣预缴的个人所得税为(　　)元。

A. 800　　　　　　　　　　　　B. 1040

C. 1120　　　　　　　　　　　　D. 1240

二、多项选择题

1. 下列个人所得,应征个人所得税的有(　　)。

A. 保险赔款　　　　　　　　　　B. 国家民政部门支付给个人的生活困难补助费

C. 劳务报酬所得　　　　　　　　D. 稿酬所得

2. 下列个人所得,应征个人所得税的有(　　)。

A. 劳动分红　　　　　　　　　　B. 离、退休工资

C. 任董事取得的董事费收入　　　D. 转让股权取得的收入

3. 下列个人所得属于来源于我国境内的所得的有(　　)。

A. 将财产出租给承租人在我国境内使用而取得的所得

B. 我国公民转让其在境外的房产取得的所得

C. 提供在我国境内使用的专利权、非专利技术等特许权取得的所得

D. 持有在我国的各种债券而从我国境内的公司、企业取得的利息

4. 下列各项中,适用 5%～35% 的五级超额累进税率的有(　　)。

A. 个体工商户的生产经营所得

B. 合伙企业的生产经营所得

C. 个人独资的生产经营所得

D. 对企事业单位的承包经营、承租经营所得

5. 在确定个人应纳税所得额时,可以采用比例扣除 20% 费用的所得项目有(　　)。

A. 在 4000 元以上的特许权使用费所得

B. 在 4000 元以上的财产租赁所得

C. 在 4000 元以上的劳务报酬所得

D. 在 4000 元以上的稿酬所得

6. 在计算个体工商户的应纳税所得额时,允许据实扣除支出的有( )。

A. 借款利息支出

B. 发生的业务招待费

C. 与生产经营有关的修理费用

D. 实际支付的合理的工资、薪金支出

7. 下列项目计征个人所得税时,允许从收入中扣除 800 元的有( )。

A. 有奖销售一次获奖 1000 元

B. 提供咨询服务一次取得收入 2000 元

C. 房租收入每月 800 元

D. 一次性取得劳务报酬收入 15 000 元

8. 以下采用按次征收的所得项目有( )。

A. 工资、薪金所得   B. 劳务报酬所得

C. 财产租赁所得   D. 其他所得

9. 财产租赁所得在计算个人所得税时( )。

A. 以一个月取得的租金收入为一次

B. 发生的修理费可以从当月的应纳税所得额中据实扣除

C. 每月收入可以定额扣除 800 元后计税

D. 适用 20% 的单一税率

10. 个人所得税的申报方式有( )。

A. 直接到税务机关申报纳税   B. 远程办税端申报纳税

C. 支付单位代理申报纳税   D. 邮寄申报纳税

三、判断题

1. 个人所得税是对个人取得的应税所得征收的一种税。( )

2. 个人所得税的纳税人,依据住所和居住时间划分居民纳税人和非居民纳税人。( )

3. 在我国境内无住所的个人,无论其是否在一个纳税年度内于我国境内居住满 183 天,均应视为居民纳税人。( )

4. 居民纳税人应就境内、境外所得缴纳个人所得税。( )

5. 纳税人在我国境内两处或者两处以上取得工资、薪金收入的,应由纳税人分别在各处收入来源地申报纳税。( )

6. 个人取得的应税所得只包括现金和有价证券,不包括实物。( )

7. 个人所得税区别不同所得分别适用超额累进税率和比例税率。( )

8. 纳税人取得承包经营、承租经营所得的,应一律自取得收入之日起 30 日内申报纳税。( )

9. 个人取得某公司债券利息所得应缴纳 20% 的个人所得税。( )

10. 个人将其所得通过公益性社会组织、国家机关向教育、扶贫、济困等公益慈善事业进行捐赠,捐赠额未超过纳税人申报的应纳税所得额 30% 的部分,可以从其应纳税所得额中扣除。( )

四、实务题

1．某单位职员刘先生 2016 年入职，2022 年每月应发工资均为 30 000 元，由任职单位代扣代缴"三险一金"4500 元；通过单位交付企业年金 700 元；其儿子正在上小学，现已与妻子约定由刘先生按子女教育专项附加扣除标准的 100％扣除；刘先生为独生子女，父母均已满 60 岁。请计算 2022 年前三个月刘先生应预扣预缴个人所得税税额。

2．某单位 2022 年 12 月发放 2022 年度一次性奖金，王先生取得年终奖 150 000 元。财务人员应扣缴其多少个人所得税？

3．某作家在报刊上连载其小说作品 4 次，每次取得稿酬所得分别为 1500 元、1400 元、900 元、700 元，请计算其应预扣预缴个人所得税税额。

4．某非居民 2022 年 5 月在我国境内取得工资所得 25 000 元，劳务报酬所得 30 000 元，稿酬所得 80 000 元。请计算 5 月该非居民应扣缴个人所得税税额。

5．某作家李某 2022 年 5 月收入情况如下：

（1）讲学一次，取得收入 50 000 元；

（2）编著的一部文艺作品被电视台改编为电视剧，电视台支付其 3200 元。

请计算 5 月李某应扣缴的个人所得税税额。

第七章 资源税类纳税实务

知识目标

要求学生掌握资源税类各税种的纳税人、计税依据、应纳税额的计算和税收优惠方面的规定。

能力目标

通过学习本章,学生能正确计算资源税、土地增值税、城镇土地使用税和耕地占用税的应纳税额,进行纳税申报。

案例引入

绿色税改护卫绿水青山

党的十八大以来,"绿水青山就是金山银山"的理念深入人心,与之相适应的绿色税收制度也在不断发展完善。税务部门稳步推进政策落实,取得良好效果。

水是生命之源。长期以来,河北省水资源先天不足,人均水资源量是全国平均水平的 1/7 左右,是地下水超采最为严重的地区、全国最大的地下水漏斗区,节约用水刻不容缓。

2016 年 5 月 10 日,财政部、国家税务总局发布《关于全面推进资源税改革的通知》,宣布全面推进资源税改革,根据该通知,水资源税改革试点工作率先在河北省启动。自 2016 年 7 月 1 日起,河北省开始实施水资源税改革,8 月 1 日开出新中国历史上第一张水资源税票。

河北省充分发挥税收政策调节作用,以绿色税收助力绿色发展,在抑制地下水超采、促进节约用水、助力水资源保护方面的效果逐步显现,水资源紧缺状况初步缓解,节水惜水爱水成为社会共识。改革过程中,河北省逐步形成了一整套独具特色的水资源税改革模式,实现了倒逼节约集约利用水资源的效果,为全国趟出了路子,为下一步扩大试点范围积累了经验。自 2017 年 12 月 1 日起,国家将河北省试点经验向北京、天津、山西、内蒙古、河南、山东、四川、陕西、宁夏 9 个省区市推广。

水资源税改革 5 年之后,河北省累计压减地下水超采量 43.5 亿立方米,超采区深层、浅层地下水位同比分别平均上升 1.19 米和 0.24 米,超过三分之二的超采县实现地下水位回升。2015—2020 年,河北省用水总量从 187.2 亿立方米减少到 182.7 亿立方米,同时支撑 GDP 增长了 34%;河北省人均用水量由 252 立方米下降到 245 立方米,累计下降 3%;

万元 GDP 用水量由 70.9 立方米减少到 51.6 立方米,累计下降 27.2%;万元工业增加值用水量由 22.5 立方米减少到 15.2 立方米,累计下降 32.4%;农田灌溉水有效利用系数由 0.67 提高至 0.675,将"绿水青山就是金山银山"的发展理念落到了实处。

第一节　资源税纳税实务

一、资源税概述

资源税是对我国领域及管辖的其他海域开发应税资源的单位和个人征收的一种税。

为贯彻习近平生态文明思想、落实税收法定原则,2019 年 8 月 26 日第十三届全国人民代表大会常务委员会第十二次会议通过了《中华人民共和国资源税法》(以下简称《资源税法》),并自 2020 年 9 月 1 日起施行。

征收资源税的主要作用如下:(1)促进对自然资源的合理开发利用。通过对开发、利用应税资源的行为课征资源税,体现了国有自然资源有偿占用的原则,从而可以促使纳税人节约、合理地开发和利用自然资源,有利于我国经济可持续发展。(2)为国家筹集财政资金。随着课征范围的逐渐扩展,资源税的收入规模及其在税收收入总额中所占的比重都相应增加,其财政意义也日渐明显,在为国家筹集财政资金方面发挥着不可忽视的作用。

二、资源税的纳税义务人、税目与税率

(一)资源税的纳税义务人

资源税的纳税义务人是指在中华人民共和国领域及管辖的其他海域开发应税资源的单位和个人。

资源税仅对在中国境内开发应税资源的单位和个人征收,因此,进口的矿产品和盐不征收资源税。由于对进口应税产品不征收资源税,相应地,对出口应税产品也不免征或退还已纳资源税。

(二)税目与税率

资源税税目包括 5 大类,在 5 个税目下面又设有若干个子目。各税目征税时有的对原矿征税,有的对选矿征税,具体适用的征税对象按照"资源税税目税率表"(见表 7-1)规定执行。

《资源税法》按原矿、选矿分别设定税率。对原油、天然气、中重稀土、钨、钼等战略资源实行固定税率,由税法直接确定。其他应税资源实行幅度税率,其具体适用税率由省、自治区、直辖市人民政府统筹考虑该应税资源的品位、开采条件以及对生态环境的影响等情况,在规定的税率幅度内提出,报同级人民代表大会常务委员会决定,并报全国人民代表大会常务委员会和国务院备案。

表 7-1 资源税税目税率表

税目		征税对象	税率
能源矿产	原油	原矿	6%
	天然气、页岩气、天然气水合物	原矿	6%
	煤	原矿或者选矿	2%～10%
	煤成(层)气	原矿	1%～2%
	铀、钍	原矿	4%
	油页岩、油砂、天然沥青、石煤	原矿或者选矿	1%～4%
	地热	原矿	1%～20%或者每立方米1～30元
金属矿产	黑色金属	铁、锰、铬、钒、钛	原矿或者选矿	1%～9%
	有色金属	铜、铅、锌、锡、镍、锑、镁、钴、铋、汞	原矿或者选矿	2%～10%
		铝土矿	原矿或者选矿	2%～9%
		钨	选矿	6.50%
		钼	选矿	8%
		金、银	原矿或者选矿	2%～6%
		铂、钯、钌、锇、铱、铑	原矿或者选矿	5%～10%
		轻稀土	选矿	7%～12%
		中重稀土	选矿	20%
		铍、锂、锆、锶、铷、铯、铌、钽、锗、镓、铟、铊、铪、铼、镉、硒、碲	原矿或者选矿	2%～10%
非金属矿产	矿物类	高岭土	原矿或者选矿	1%～6%
		石灰岩	原矿或者选矿	1%～6%或者每吨(或者每立方米)1～10元
		磷	原矿或者选矿	3%～8%
		石墨	原矿或者选矿	3%～12%
		萤石、硫铁矿、自然硫	原矿或者选矿	1%～8%
		天然石英砂、脉石英、粉石英、水晶、工业用金刚石、冰洲石、蓝晶石、硅线石(矽线石)、长石、滑石、刚玉、菱镁矿、颜料矿物、天然碱、芒硝、钠硝石、明矾石、砷、硼、碘、溴、膨润土、硅藻土、陶瓷土、耐火粘土、铁矾土、凹凸棒石粘土、海泡石粘土、伊利石粘土、累托石粘土	原矿或者选矿	1%～12%
		叶蜡石、硅灰石、透辉石、珍珠岩、云母、沸石、重晶石、毒重石、方解石、蛭石、透闪石、工业用电气石、白垩、石棉、蓝石棉、红柱石、石榴子石、石膏	原矿或者选矿	2%～12%
		其他粘土(铸型用粘土、砖瓦用粘土、陶粒用粘土、水泥配料用粘土、水泥配料用红土、水泥配料用黄土、水泥配料用泥岩、保温材料用粘土)	原矿或者选矿	1%～5%或者每吨(或者每立方米)0.1～5元

续表

税目			征税对象	税率
岩石类		大理岩、花岗岩、白云岩、石英岩、砂岩、辉绿岩、安山岩、闪长岩、板岩、玄武岩、片麻岩、角闪岩、页岩、浮石、凝灰岩、黑曜岩、霞石正长岩、蛇纹岩、麦饭石、泥灰岩、含钾岩石、含钾砂页岩、天然油石、橄榄岩、松脂岩、粗面岩、辉长岩、辉石岩、正长岩、火山灰、火山渣、泥炭	原矿或者选矿	1%～10%
		砂石	原矿或者选矿	1%～5%或者每吨（或者每立方米）0.1～5元
	宝玉石类	宝石、玉石、宝石级金刚石、玛瑙、黄玉、碧玺	原矿或者选矿	4%～20%
水气矿产	二氧化碳气、硫化氢气、氦气、氡气		原矿	2%～5%
	矿泉水		原矿	1%～20%或者每立方米1～30元
盐	钠盐、钾盐、镁盐、锂盐		选矿	3%～15%
	天然卤水		原矿	3%～15%或者每吨（或者每立方米）1～10元
	海盐			2%～5%

三、资源税应纳税额的计算

（一）计税依据

资源税按照"资源税税目税率表"实行从价计征或者从量计征。"资源税税目税率表"中规定可以选择实行从价计征或者从量计征的,具体计征方式由省、自治区、直辖市人民政府提出,报同级人民代表大会常务委员会决定,并报全国人民代表大会常务委员会和国务院备案。

1. 从价计征

实行从价计征的,应纳税额按照应税资源产品(以下称应税产品)的销售额乘以具体适用税率计算。应税产品的销售额,按照纳税人销售应税产品向购买方收取的全部价款确定,不包括增值税税款。计入销售额中的相关运杂费用,凡取得增值税发票或者其他合法有效凭据的,准予从销售额中扣除。相关运杂费用是指应税产品从坑口或者洗选(加工)地到车站、码头或者购买方指定地点的运输费用、建设基金以及随运销产生的装卸、仓储、港杂费用。

纳税人申报的应税产品销售额明显偏低且无正当理由的,或者有自用应税产品行为而无销售额的,主管税务机关可以按下列方法和顺序确定其应税产品销售额。

（1）按纳税人最近时期同类产品的平均销售价格确定。

（2）按其他纳税人最近时期同类产品的平均销售价格确定。

（3）按后续加工非应税产品销售价格，减去后续加工环节的成本利润后确定。

（4）按应税产品组成计税价格确定，即：

组成计税价格＝成本×（1＋成本利润率）÷（1－资源税税率）

公式中的成本利润率由省、自治区、直辖市税务机关确定。

（5）按其他合理方法确定。

2．从量计征

实行从量计征的，应纳税额按照应税产品的销售数量乘以具体适用税率计算。应税产品的销售数量，包括纳税人开采或者生产应税产品的实际销售数量和自用于应当缴纳资源税情形的应税产品数量。

3．其他规定

纳税人外购应税产品与自采应税产品混合销售或者混合加工为应税产品销售的，在计算应税产品销售额或者销售数量时，准予扣减外购应税产品的购进金额或者购进数量；当期不足扣减的，可结转下期扣减。纳税人应当准确核算外购应税产品的购进金额或者购进数量，未准确核算的，一并计算缴纳资源税。

纳税人核算并扣减当期外购应税产品购进金额、购进数量，应当依据外购应税产品的增值税发票、海关进口增值税专用缴款书或者其他合法有效凭据。

纳税人开采或者生产同一税目下适用不同税率应税产品的，应当分别核算不同税率应税产品的销售额或者销售数量；未分别核算或者不能准确提供不同税率应税产品的销售额或者销售数量的，从高适用税率。

纳税人开采或者生产同一应税产品，其中既有享受减免税政策的，又有不享受减免税政策的，按照免税、减税项目的产量占比等方法分别核算确定免税、减税项目的销售额或者销售数量。

（二）优惠政策

1．免征资源税

有下列情形之一的，免征资源税。

（1）开采原油以及在油田范围内运输原油过程中用于加热的原油、天然气。

（2）煤炭开采企业因安全生产需要抽采的煤成（层）气。

2．减征资源税

有下列情形之一的，减征资源税。

（1）从低丰度油气田开采的原油、天然气减征20％资源税。

（2）高含硫天然气、三次采油和从深水油气田开采的原油、天然气，减征30％资源税。

（3）稠油、高凝油减征40％资源税。

（4）从衰竭期矿山开采的矿产品，减征30％资源税。

3．可由省、自治区、直辖市人民政府决定的减税或者免税

有下列情形之一的，省、自治区、直辖市可以决定减税或者免税。

（1）纳税人开采或者生产应税产品过程中,因意外事故或者自然灾害等原因遭受重大损失。

（2）纳税人开采共伴生矿、低品位矿、尾矿。

【例 7-1】 某油田 2021 年 5 月共计开采原油 8000 吨,当月销售原油 6000 吨,取得销售收入(不含增值税)18 000 000 元,同时还向购买方收取违约金 23 200 元,优质费 5800 元;支付运输费用 20 000 元(运输发票已比对)。该油田销售原油的资源税税率为 6%,试计算该油田 5 月份资源税应纳税额。

分析:

取得违约金和优质费属于价外费用,价外费用一般都是含税的,计算应纳税额时要将其换算成不含税的。

解答:

资源税应纳税额＝应税销售额×适用税率

$$＝[18\ 000\ 000＋(23\ 200＋5800)÷(1＋13\%)]×6\%$$
$$≈1\ 081\ 539.82(元)$$

四、资源税的征收管理

（一）纳税义务发生时间

纳税人销售应税产品,其纳税义务发生时间为收讫销售款或者取得索取销售款凭据的当日;自用应税产品的,纳税义务发生时间为移送使用应税产品的当日。

（二）纳税期限

资源税按月或者按季申报缴纳;不能按固定期限计算缴纳的,可以按次申报缴纳。

纳税人按月或者按季申报缴纳的,应当自月度或者季度终了之日起 15 日内,向税务机关办理纳税申报并缴纳税款;按次申报缴纳的,应当自纳税义务发生之日起 15 日内,向税务机关办理纳税申报并缴纳税款。

（三）纳税地点

纳税人应当在矿产品的开采地或者海盐的生产地缴纳资源税。

（三）征收机关

资源税由税务机关按照《资源税法》和《税收征收管理法》的规定征收管理。税务机关与自然资源等相关部门应当建立工作配合机制,加强资源税征收管理。

（四）纳税申报

自 2021 年 6 月 1 日起,纳税人申报缴纳城镇土地使用税、房产税、车船税、印花税、耕地占用税、资源税、土地增值税、契税、环境保护税、烟叶税中一个或多个税种时,使用"财产和行为税纳税申报表"(见表 7-2)。

表 7-2 财产和行为税纳税申报表

纳税人识别号(统一社会信用代码)：□□□□□□□□□□□□□□□□□□

纳税人名称： 金额单位：人民币元(列至角分)

序号	税种	税目	税款所属期起	税款所属期止	计税依据	税率	应纳税额	减免税额	已缴税额	应补(退)税额
1										
2										
3										
4										
5										
6										
7										
8										
9										
10										
11	合计	—	—	—	—					

声明：此表是根据国家税收法律法规及相关规定填写的,本人(单位)对填报内容(及附带资料)的真实性、可靠性、完整性负责。

纳税人(签章)： 年 月 日

经办人：

经办人身份证号：

代理机构签章：

代理机构统一社会信用代码：

受理人：

受理税务机关(章)：

受理日期： 年 月 日

填表说明：

(1) 本表适用于申报城镇土地使用税、房产税、契税、耕地占用税、土地增值税、印花税、车船税、烟叶税、环境保护税、资源税。

(2) 本表根据各税种税源明细表自动生成,申报前需填写税源明细表。

(3) 本表包含一张附表"财产和行为税减免税明细申报附表"。

(4) 纳税人识别号(统一社会信用代码)：填写税务机关核发的纳税人识别号或有关部门核发的统一社会信用代码。纳税人名称：填写营业执照、税务登记证等证件载明的纳税人名称。

(5) 税种：税种名称,多个税种的,可增加行次。

(6) 税目：税目名称,多个税目的,可增加行次。

(7) 税款所属期起：纳税人申报相应税种所属期的起始时间,填写具体的年、月、日。

(8) 税款所属期止：纳税人申报相应税种所属期的终止时间,填写具体的年、月、日。

(9) 计税依据：计算税款的依据。

(10) 税率：适用的税率。

(11) 应纳税额：纳税人本期应当缴纳的税额。

(12) 减免税额：纳税人本期享受的减免税金额,等于减免税附表中该税种的减免税额小计。

(13) 已缴税额：纳税人本期应纳税额中已经缴纳的部分。

(14) 应补(退)税额：纳税人本期实际需要缴纳的税额。应补(退)税额＝应纳税额－减免税额－已缴税额。

第二节 土地增值税纳税实务

一、土地增值税概述

土地增值税是对有偿转让国有土地使用权、地上建筑物及其他附着物产权(以下简称转让房地产)并取得增值收入的单位和个人,就其转让房地产所取得的增值额征收的一种税。

现行的土地增值税基本规范是《中华人民共和国土地增值税暂行条例》(1993 年 12 月 13 日中华人民共和国国务院令第 138 号发布,2011 年修订)。

开征土地增值税对于规范土地、房地产市场交易秩序,合理调节土地增值收益,防止国有土地收益流失,增加国家财政收入,抑制房地产投机和炒卖活动,促进房地产行业健康发展有着重要的作用。

二、土地增值税的纳税人和征税范围

(一) 土地增值税的纳税人

土地增值税的纳税人是转让国有土地使用权、地上的建筑及其附着物并取得收入的单位和个人。这里的单位,是指各类企业单位、事业单位、国家机关和社会团体及其他组织。这里的个人包括个体经营者。

(二) 土地增值税的征税范围

1. 一般规定

土地增值税征税范围具有以下 3 个标准。

(1)"国有"标准,是指按国家法律规定属于国家所有。这里的国有土地不包括集体土地及耕地。

(2)"转让"标准,是指土地使用权、地上的建筑物及其附着物必须发生产权转让。地上的建筑物是指建于土地上的一切建筑物,包括地上地下的各种附属设施。附着物是指附着于土地上的不能移动,一经移动即遭损坏的物品。

(3)"取得收入"标准,是指转让房地产的全部价款及有关的经济收益。房地产的权属虽转让但未取得收入的行为,如以继承、赠与方式无偿转让房地产的行为不征税。

2. 特殊规定

(1)以房地产进行投资、联营的,投资、联营的一方以房地产作价入股进行投资或作为联营条件,将房地产转让到所投资、联营的企业时,暂免征收土地增值税;投资、联营企业将上述房地产再转让时,应征收土地增值税。

(2)对于一方出地,一方出资金,双方合作建房,建成后按比例分房自用的,暂免征收土地增值税;建成后转让的,应征收土地增值税。

(3)在企业兼并中,对被兼并企业将房地产转让到兼并企业中的,暂免征收土地增值税。

(4)房地产交换,应征土地增值税,但个人之间互换自有居住用房的,经当地税务机关核实,可以免征土地增值税。

(5)房地产抵押的,抵押期间不征土地增值税;抵押期满以房产抵债而发生房地产权属转让的,应征土地增值税。

(6)代建行为,房地产开发公司代客户进行房地产的开发,开发完成后向客户收取代建收入,由于没有发生房地产权属的转移,其收入属于劳务收入性质,不属于土地增值税的征税范围。

(7)房地产的重新评估,国有企业在清产核资时对房地产进行重新评估而产生的评估增值,既没有发生房地产权属的转移,也未取得收入,不属于土地增值税的征税范围。

三、土地增值税的计算

(一)计税依据的确定

土地增值税的计税依据是纳税人转让房地产所取得的增值额,即纳税人转让房地产所取得的收入额减除规定的扣除项目金额后的余额。要准确界定增值额,就必须确定应税收入额和扣除项目及金额。

1. 应税收入的确定

应税收入主要包括转让房地产的全部价款及有关的经济收益,包括为货币收入、实物收入和其他收入。

(1)货币收入,是指纳税人转让房地产而取得的现金、银行存款和国库券、金融债券、企业债券、股票等有价证券。

(2)实物收入,是指纳税人转让房地产而取得的各种实物形态的收入,如钢材、水泥等建材,房屋、土地等不动产。对于这些实物收入一般要按公允价值确认应税收入。

(3)其他收入,是指纳税人转让房地产而取得的无形资产收入或具有财产价值的权利,如专利权、商标权、著作权、专有技术使用权、土地使用权、商誉权等。

2. 扣除项目的确定

增值额的扣除项目如下。

(1)取得土地使用权所支付的金额,即纳税人为取得土地使用权所支付的地价款和按国家统一规定交纳的有关费用。

(2)开发土地的成本、费用,新建房及配套设施的成本、费用。

开发土地和新建房及配套设施的成本,是指纳税人房地产开发项目实际发生的成本,包括土地征用及拆迁补偿费、前期工程费、建筑安装工程费、基础设施费、公共配套设施费、开发间接费用。

开发土地和新建房及配套设施的费用,是指与房地产开发项目有关的销售费用、管理费用、财务费用。

(3)旧房及建筑物的评估价格,即在转让已使用的房屋及建筑物时,由政府批准设立的房地产评估机构评定的重置成本价乘以成新度折扣率后的价格。评估价格须经当地税务机关确认。

(4)与转让房地产有关的税金,即在转让房地产时缴纳的城市维护建设税、印花税。因转让房地产交纳的教育费附加,也可视同税金予以扣除。土地增值税扣除项目涉及的增值税进项税额,允许在销项税额中计算抵扣的,不计入扣除项目,不允许在销项税额中计算抵扣的,可以计入扣除项目。

(5)财政部规定的其他扣除项目。对从事房地产开发的纳税人可按(1)、(2)规定计算的金额之和,加计20%的扣除。

(二)税率

土地增值税实行四级超率累进税率,是我国唯一采用超率累进税率的税种,具体见表7-3。

表 7-3　土地增值税税率

级次	增值额占扣除项目金额的比例	税率/%	速算扣除系数/%
1	50%（含）以下	30	0
2	50%～100%（含）	40	5
3	100%～200%（含）	50	15
4	200%以上	60	35

（三）优惠政策

（1）纳税人建造普通标准住宅出售，增值额未超过扣除项目金额 20%的，免征土地增值税；增值额超过扣除项目金额 20%的，应就其全部增值额按规定计税。

（2）因国家建设需要依法征用、收回的房地产，免征土地增值税。

（3）个人销售住房暂免征收土地增值税。

（四）应纳税额的计算

土地增值税应纳税额计算步骤如下：

第一步，计算增值额。

增值额＝转让收入－扣除项目金额

第二步，计算增值率。

增值率＝增值额÷扣除项目金额×100%

第三步，确定适用税率和速算扣除系数。

第四步，计算应纳税额。

应纳税额＝∑（每级距增值额×适用税率）

或

＝增值额×适用税率－扣除项目金额×速算扣除系数

【例 7-2】　2021 年 3 月某房地产开发公司转让 5 年前购入的一块土地，取得转让收入 1800 万元，该土地购进价 1200 万元，取得土地使用权时缴纳相关税费 40 万元，转让该土地时缴纳相关税费 35 万元。试计算该房地产开发公司转让土地应缴纳多少土地增值税。

【解答】

土地直接转让不享受加计扣除的优惠。

可扣除项目＝1200＋40＋35＝1275（万元）

增值额＝1800－1275＝525（万元）

增值率＝525÷1275×100%≈41.18%

应缴纳土地增值税＝525×30%＝157.5（万元）

四、土地增值税的征收管理

（一）纳税期限和地点

纳税人应在转让房地产合同签订后的 7 日内，到房地产所在地主管税务机关办理纳税申报。

（二）纳税申报

纳税人办理纳税申报时,应填"财产和行为税纳税申报表",向税务机关提交房屋及建筑物产权、土地使用权证书,土地转让、房产买卖合同,房地产评估报告及其他与转让房地产有关的资料。

纳税人因经常发生房地产转让而难以在每次转让后申报的,经税务机关审核同意后,可以定期进行纳税申报,具体期限由税务机关根据情况确定。

纳税人应按照税务机关核定的税额及规定的期限缴纳土地增值税。

第三节　城镇土地使用税纳税实务

一、城镇土地使用税概述

城镇土地使用税简称"土地使用税",是对在城市、县城、建制镇和工矿区范围内使用土地的单位和个人,按实际占用土地面积为依据所征收的一种税。现行的城镇土地使用税基本规范是《中华人民共和国城镇土地使用税暂行条例》(1988年9月27日中华人民共和国国务院令第17号发布,2019年第四次修正)。征收城镇土地使用税,有利于合理利用城镇土地,调节土地级差收入,提高土地使用效益,加强土地管理。

二、城镇土地使用税的纳税人和征税对象

（一）城镇土地使用税的纳税人

城镇土地使用税的纳税人是在城市、县城、建制镇范围内使用土地的单位和个人。单位包括国有企业、集体企业、私营企业、股份制企业、外商投资企业、外国企业以及其他企业和事业单位、社会团体、国家机关、军队以及其他单位。个人包括个体工商户以及其他个人。

拥有土地使用权的纳税人不在土地所在地的,由该土地的代管人或实际使用人缴纳。

土地使用权未确定或权属纠纷未解决的,由实际使用人纳税。

土地使用权为多方共有的,由共有各方分别纳税。

（二）城镇土地使用税的征税对象

城镇土地使用税的征税对象是土地。征税范围为城市、县城、建制镇、工矿区范围内的国家所有和集体所有的土地。

三、城镇土地使用税的计算

（一）计税依据的确定

城镇土地使用税以纳税人实际占用的土地面积为计税依据,土地面积计量标准为每平方米,按下列办法确定:

（1）由省、自治区、直辖市人民政府确定的单位组织测定土地面积的,以测定的面积为准。

（2）尚未组织测量，但纳税人持有政府部门核发的土地使用证书的，以证书确认的土地面积为准。

（3）尚未核发土地使用证书的，应由纳税人据实申报土地面积。

（二）税额

城镇土地使用税采用定额税率，即采用有幅度的差别税额，按大、中、小城市和县城、建制镇、工矿区分别规定每平方米土地使用税年应纳税额。城镇土地使用税税额规定见表 7-4。

表 7-4　城镇土地使用税税额

级别	人口/人	每平方米税额/元
大城市	50 万以上	1.5～30
中等城市	20 万～50 万	1.2～24
小城市	20 万以下	0.9～18
县城、建制镇、工矿区	—	0.6～12

省、自治区、直辖市人民政府可根据市政建设情况和经济繁荣程度等条件，在规定幅度内确定所辖地区的适用税额幅度。经省、自治区、直辖市人民政府批准，经济落后地区，城镇土地使用税的适用税额标准可适当降低，但降低额不得超过上述规定最低税额的 30%，经济发达地区的适用税额标准可以适当提高，但须报财政部批准。

（三）优惠政策

下列土地免征城镇土地使用税。

（1）国家机关、人民团体、军队自用的土地。

（2）由国家财政部门拨付事业经费的单位自用土地。

（3）宗教寺庙、公园、名胜古迹自用的土地。

（4）市政街道、广场、绿化地带等公共用地。

（5）直接用于农、林、牧、渔业的生产用地。

（6）经批准开山填海整治的土地和改造的废弃土地，从使用的月份起免缴土地使用税 5 年至 10 年。

（7）由财政部另行规定免税的能源、交通、水利设施用地和其他用地。

（8）非营利性医疗机构、疾病控制机构和妇幼保健机构自用的土地免征城镇土地使用税。

（9）免税单位无偿使用纳税单位的土地（如公安、海关等单位使用铁路、民航等单位的土地）免征城填土地使用税；但纳税单位无偿使用免税单位的土地，纳税单位应依法缴纳城镇土地使用税。

（10）对国家拨付事业经费和企业办的各类学校、托儿所、幼儿园自用的房产、土地，免征城镇土地使用税。

（11）对改造安置住房建设用地免征城镇土地使用税。

（四）应纳税额的计算

城镇土地使用税的应纳税额的计算，以纳税人实际占用的土地面积乘以该土地所在地段适用税额，其公式为：

年应纳税额＝实际占用应税土地面积(平方米)×适用税额

> **【例 7-3】** 某商场坐落在该市繁华地段,企业土地使用证书记载占用土地的面积为
> 12 000 平方米,经确定属一等地段;该商场另设两个统一核算的分店均坐落在市区三等地
> 段,共占地 5000 平方米;一座配送仓库位于市郊,属五等地段,占地面积为 20 000 平方米;
> 另外,该商场自办托儿所占地面积 3000 平方米,属三等地段。(注:一等地段年税额 4 元/
> 平方米,三等地段年税额 2 元/平方米,五等地段年税额 1 元/平方米。)请计算该商场全年
> 城镇土地使用税应纳税额。
>
> **解答:**
> (1) 商场占地应纳税额＝12 000×4＝48 000(元)
> (2) 分店占地应纳税额＝5000×2＝10 000(元)
> (3) 仓库占地应纳税额＝20 000×1＝20 000(元)
> (4) 商场自办托儿所按税法规定免税。
> (5) 全年城镇土地使用税应纳税额＝48 000＋10 000＋20 000＝78 000(元)

四、城镇土地使用税的征收管理

(一) 纳税期限

城镇土地使用税按年计算、分期缴纳,具体纳税期限由省、自治区、直辖市人民政府确定。

(二) 纳税义务发生时间

(1) 纳税人购置新建商品房,自房屋交付使用之次月起,缴纳城镇土地使用税。

(2) 纳税人购置存量房,自办理房屋权属转移、变更登记手续,房地产权属登记机关签发房屋权属证书之次月起,缴纳城镇土地使用税。

(3) 纳税人出租出借房产,自交付出租、出借房产之次月起,缴纳城镇土地使用税。

(4) 纳税人新征收的耕地,自批准征收之日起满 1 年时开始缴纳城镇土地使用税。

(5) 纳税人新征收的非耕地,自批准征收次月起缴纳城镇土地使用税。

(6) 纳税人以出让或转让方式有偿取得城镇土地使用权的,应由受让方从合同约定交付土地时间的次月起缴纳城镇土地使用税;合同未约定交付时间的,由受让方从合同签订的次月起缴纳城镇土地使用税。

(三) 纳税地点

城镇土地使用税的纳税地点为土地所在地,由土地所在地税务机关征收。

纳税人使用的土地不属于同一省(自治区、直辖市)管辖的,由纳税人分别向土地所在地的税务机关申报缴纳;在同一省(自治区、直辖市)管辖范围内,纳税人跨地区使用土地,其纳税地点由各省(自治区、直辖市)税务机关确定。

(四) 纳税申报

城镇土地使用税的纳税人应按照《中华人民共和国城镇土地使用税暂行条例》等有关规定及时办理纳税申报。

第四节 耕地占用税纳税实务

一、耕地占用税概述

耕地占用税是对占用耕地建设建筑物、构筑物或者从事其他非农业建设的单位和个人，就其实际占用耕地面积征收的一种税。它属于对特定土地资源占用课税。现行的耕地占用税基本规范是《中华人民共和国耕地占用税法》(2018 年 12 月 29 日由第十三届全国人民代表大会常务委员会第七次会议通过，自 2019 年 9 月 1 日起施行)。

二、耕地占用税的纳税人与征税范围

(一)耕地占用税纳税人

耕地占用税的纳税人，是占用耕地建设建筑物、构筑物或者从事非农业建设的单位和个人。经批准占用耕地的，纳税人为农用地转用审批文件中标明的建设用地人;农用地转用审批文件中未标明建设用地人的，纳税人为用地申请人，其中用地申请人为各级人民政府的，由同级土地储备中心、自然资源主管部门或政府委托的其他部门、单位履行耕地占用税申报纳税义务。

未经批准占用耕地的，纳税人为实际用地人。

(二)耕地占用税征税范围

耕地占用税的征税范围包括纳税人为建设建筑物、构筑物或者从事其他非农业建设而占用的耕地。

这里所说的"耕地"是指用于种植农作物的土地。

占用耕地建设农田水利设施的，不缴纳耕地占用税。

占用园地、林地、草地、农田水利用地、养殖水面、渔业水域滩涂以及其他农用地建设建筑物、构筑物或者从事非农业建设的，依照《中华人民共和国耕地占用税法》的规定缴纳耕地占用税。

纳税人因建设项目施工或者地质勘查临时占用耕地，应当依照《中华人民共和国耕地占用税法》的规定缴纳耕地占用税。纳税人在批准临时占用耕地期满之日起一年内依法复垦，恢复种植条件的，全额退还已经缴纳的耕地占用税。

三、耕地占用税的计算

(一)耕地占用税计税依据

耕地占用税以纳税人实际占用的耕地面积为计税依据。实际占用的耕地面积，包括经批准占用的耕地面积和未经批准占用的耕地面积。

(二)税额

耕地占用税实行地区差别定额税率，税额规定见表 7-5。

表 7-5　耕地占用税税额

级数	县(自治县、不设区的市、市辖区)人均占有耕地面积	每平方米税额/元
1	不超过 1 亩的地区	10～50
2	超过 1 亩但不超过 2 亩的地区	8～40
3	超过 2 亩但不超过 3 亩的地区	6～30
4	超过 3 亩以上的地区	5～25

各地区耕地占用税的适用税额,由省、自治区、直辖市人民政府根据人均耕地面积和经济发展等情况,在表 7-5 规定的税额幅度内提出,报同级人民代表大会常务委员会决定,并报全国人民代表大会常务委员会和国务院备案。在人均耕地低于 0.5 亩的地区,省、自治区、直辖市可以根据当地经济发展情况,适当提高耕地占用税的适用税额,但提高的部分不得超过确定适用税额的 50%,具体适用税额按照规定程序确定。各省自治区、直辖市耕地占用税适用税额的平均水平,不得低于"各省、自治区、直辖市耕地占用税平均税额表"规定的平均税额(见表 7-6)。

占用基本农田的,应当按照《中华人民共和国耕地占用税法》确定的当地适用税额,加按150%征收。

表 7-6　各省、自治区、直辖市耕地占用税平均税额表

省、自治区、直辖市	平均税额/(元/平方米)
上海	45
北京	40
天津	35
江苏、浙江、福建、广东	30
辽宁、湖北、湖南	25
河北、安徽、江西、山东、河南、重庆、四川	22.5
广西、海南、贵州、云南、陕西	20
山西、吉林、黑龙江	17.5
内蒙古、西藏、甘肃、青海、宁夏、新疆	12.5

(三) 优惠政策

(1)军事设施、学校、幼儿园、社会福利机构、医疗机构占用耕地,免征耕地占用税。

(2)铁路线路、公路线路、飞机场跑道、停机坪、港口、航道、水利工程占用耕地,减按每平方米 2 元的税额征收耕地占用税。

(3)农村居民在规定用地标准以内占用耕地新建自用住宅,按照当地适用税额减半征收耕地占用税;其中农村居民经批准搬迁,新建自用住宅占用耕地不超过原宅基地面积的部分,免征耕地占用税。

(4)农村烈士遗属、因公牺牲军人遗属、残疾军人以及符合农村最低生活保障条件的农村居民,在规定用地标准以内新建自用住宅,免征耕地占用税。

根据国民经济和社会发展的需要,国务院可以规定免征或者减征耕地占用税的其他情形,报全国人民代表大会常务委员会备案。

按规定免征或者减征耕地占用税后,纳税人改变原占地用途,不再属于免征或者减征耕地占用税情形的,应当按照当地适用税额补缴耕地占用税。

（四）应纳税额的计算

耕地占用税以纳税人实际占用的耕地面积为计税依据,按照规定的适用税额标准计算应纳税额,实行一次性征收。应纳税额计算公式为:

应纳税额＝纳税人实际占用的耕地面积（平方米）×适用税额

四、耕地占用税的征收管理

（一）纳税期限

耕地占用税由税务机关负责征收。耕地占用税的纳税义务发生时间为纳税人收到自然资源主管部门办理占用耕地手续的书面通知的当日。纳税人应当自纳税义务发生之日起30日内申报缴纳耕地占用税。

自然资源主管部门凭耕地占用税完税凭证或者免税凭证和其他有关文件发放建设用地批准书。

未经批准占用应税土地的纳税人,其纳税义务发生时间为自然资源主管部门认定其实际占地的当日。

（二）纳税地点

耕地占用税纳税人应当向耕地所在地税务机关申报纳税。

（三）纳税申报

耕地占用税纳税人依法纳税申报时,还应依占用应税土地的不同情形提交税务机关规定的相应材料。

综 合 练 习

一、单项选择题

1. 下列各项中,不属于资源税纳税人的是（　　　）。

A. 开采原煤的国有企业　　　　　B. 进口铁矿石的私营企业

C. 开采石灰石的个体经营者　　　D. 开采天然原油的外商投资企业

2. 跨省、自治区、直辖市开采资源税应税产品的单位,其下属生产单位与核算单位不在同一省、自治区、直辖市的,其开采的矿产品纳税地为（　　　）。

A. 开采地　　　　　　　　　　B. 收购地

C. 销售地　　　　　　　　　　D. 核算单位所在地

3. 下列各项中,征收资源税的是（　　　）。

A. 人造石油　　　　　　　　　B. 洗煤

C. 与原油同时开采的天然气　　D. 地面抽采的煤层气

4. 资源税纳税人按月或者按季申报缴纳的,应当自月度或者季度终了之日起( )日内,向税务机关办理纳税申报并缴纳税款。

A. 5 　　　　　　 B. 7 　　　　　　 C. 10 　　　　　　 D. 15

5. 根据《中华人民共和国土地增值税暂行条例实施细则》的规定,土地增值税的计税依据是( )。

A. 转让房地产取得的收入额 　　　　 B. 房地产开发总投资额

C. 转让房地产取得的利润额 　　　　 D. 转让房地产取得的增值额

6. 下列有关城镇土地使用税的表述中,正确的是( )。

A. 城镇土地使用税的征税对象只是集体土地

B. 城镇土地使用税征税范围中,城市的土地是指市区的土地

C. 公园、名胜古迹内的索道公司经营用地,应缴纳城镇土地使用税

D. 经济落后地区,城镇土地使用税的适用税额标准可适当降低,但降低额不得超过上述规定最低税额的20%

7. 房地产开发企业进行土地增值税清算时,下列各项中,允许在计算增值额时扣除的是( )。

A. 加罚的利息

B. 已售精装修房屋的装修费用

C. 逾期开发土地缴纳的土地闲置费

D. 未取得建筑安装施工企业开具发票的扣留质量保证金

8. 下列各项中,应征收土地增值税的是( )。

A. 通过我国境内非营利的社会团体赠与社会公益事业的房地产

B. 个人之间互换自用居住用房地产

C. 抵押期满权属转让给债权人的房地产

D. 企业转让旧房作为公租房房源,且增值额为超过扣除项目金额的20%

9. 下列关于城镇土地使用税的纳税人,说法正确的是( )。

A. 拥有土地使用权的单位和个人

B. 土地使用权未确定或权属纠纷未解决的,不用缴纳土地使用税

C. 土地使用权共有的,选择其中一方为纳税人

D. 纳税单位无偿使用免税单位的土地,纳税单位免征土地使用税

10. 下列情形中,可以享受免征土地增值税税收优惠政策的是( )。

A. 企业间互换办公用房

B. 企业转让一栋房产给政府机关用于办公

C. 房地产开发企业将建造的商品房作价入股某酒店

D. 居民因省政府批准的文化园项目建设需要而自行转让房地产

11. 经济特区、经济技术开发区和经济发达、人均耕地特别少的地区,耕地占用税的适用税额可以适当提高,但提高幅度最多不得超过规定税额的一定比例。这一比例是( )。

A. 20% 　　　　 B. 30% 　　　　 C. 50% 　　　　 D. 100%

12. 某房地产公司转让普通住宅收入为5000万元,计算土地增值额准许扣除项目金额为4200万元,则适用税率为( )。

A. 不用交税 　　 B. 30% 　　　　 C. 40% 　　　　 D. 50%

13.下列各项中,应当征收城镇土地使用税的是( )。

A. 军队的训练场用地　　　　　　B. 公园的茶社用地

C. 天安门广场用地　　　　　　　D. 免税单位无偿使用纳税单位的土地

14.纳税人新征用耕地应缴纳的城镇土地使用税,其纳税义务发生时间是( )。

A. 自批准征用之日起满3个月　　B. 自批准征用之日起满6个月

C. 自批准征用之日起满1年　　　D. 自批准征用之日起满2年

15.下列各项中,按照当地适用税额减半征收耕地占用税的是( )。

A. 部队占用耕地新建军用仓库　　B. 政府部门占用耕地新建自来水厂

C. 农村居民占用耕地新建自用住宅　D. 学校占用耕地新建教学楼

二、多项选择题

1.下列各项中,属于资源税纳税人的有( )。

A. 进口铝土矿的外贸企业　　　　B. 生产民用煤的煤厂

C. 生产海盐的外商投资企业　　　D. 开采海洋油气田的中外合作石油企业

2.下列各项中,属于资源税征税对象的有( )。

A. 原油　　　　　　　　　　　　B. 天然气

C. 煤炭　　　　　　　　　　　　D. 稀土矿

3.下列各项中,不征资源税的有( )。

A. 开采的大理石　　　　　　　　B. 进口的原油

C. 开采的煤矿瓦斯　　　　　　　D. 生产用于出口的井矿盐

4.下列关于城镇土地使用税征收管理的说法,正确的有( )。

A. 纳税人购置存量房,自房地产权属机关登记签发房屋权属证书的次月起缴纳城镇土
　　地使用税

B. 纳税人新征的土地,自批准征用之日起60日内申报登记

C. 纳税人新征用的非耕地,自批准征用次月起缴纳城镇土地使用税

D. 房地产开发企业自用本企业建造的商品房,自房屋使用的次月起缴纳城镇土地使用税

5.下列关于资源税的税收优惠,说法正确的有( )。

A. 铁矿石资源税减按40%征收

B. 稠油、高凝油和高含硫天然气资源税减按40%征收

C. 尾矿再利用的,不再征收资源税

D. 地面抽采煤层气,需要正常缴纳资源税

6.根据土地增值税法律制度的规定,下列各项中,属于房地产开发成本的有( )。

A. 土地征用和拆迁补偿费　　　　B. 基础设施费

C. 建筑安装工程费　　　　　　　D. 公共配套设施费

7.下列关于耕地占用税的表述中,正确的有( )。

A. 建设直接为农业生产服务的生产设施而占用农用耕地的,不征收耕地占用税

B. 获准占用耕地的单位或者个人,应当在收到土地管理部门的通知之日起60日内缴
　　纳耕地占用税

C. 免征或者减征耕地占用税后,纳税人改变原占地用途,不再属于免征或者减征耕地
　　占用税情形的,应当按照当地适用税额补缴耕地占用税

D. 纳税人临时占用耕地,应当依照规定缴纳耕地占用税,在批准临时占用耕地的期限内回复原状的,可部分退还已经缴纳的耕地占用税

8. 开发土地和新建房及配套设施的费用,是指与房地产开发项目有关的(   )。

A. 销售费用   B. 管理费用

C. 财务费用   D. 拆迁补偿费

9. 纳税人计算土地增值额时税法允许扣除的项目主要包括(   )。

A. 土地取得成本   B. 房地产开发成本

C. 房地产开发费用   D. 转让房地产有关的税金

10. 下列各项中,属于土地增值税免税范围的有(   )。

A. 因城市规划,由纳税人自行转让原房产

B. 因国家建设需要而自行转让的房地产

C. 企业转让旧房作为公租房房源

D. 国家机关转让自用的房产

11. 下列关于耕地占用税的征收管理的陈述,正确的是(   )。

A. 耕地占用税由税务机关负责征收

B. 耕地占用税的纳税义务发生时间为纳税人收到自然资源主管部门办理占用耕地手续的书面通知的当日

C. 获准占用耕地的单位或者个人应当在收到自然资源主管部门的通知之日起10日内缴纳耕地占用税

D. 纳税人临时用耕地,应当按照《中华人民共和国耕地占用税法》的规定缴纳耕地占用税

12. 下列关于城镇土地使用税纳税义务发生时间的说法中,不正确的有(   )。

A. 购置存量房,自房屋交付使用之次月起计征城镇土地使用税

B. 购置新建商品房,自房屋交付使用之次月起计征城镇土地使用税

C. 以转让方式有偿取得土地使用权的,由受让方从合同签订次月起缴纳城镇土地使用税

D. 纳税人新征用的耕地,自批准征用之日起满1年时开始缴纳城镇土地使用税

13. 城镇土地使用税的纳税人通常包括(   )。

A. 拥有土地使用权的单位和个人

B. 拥有土地使用权的单位和个人不在土地所在地的,土地的实际使用人和代管人

C. 土地使用权未确定或权属纠纷未解决时的实际使用人

D. 土地使用权共有时的共有各方

14. 以下各项中,可以免征城镇土地使用税的有(   )。

A. 财政拨付事业经费单位的食堂用地

B. 港口的码头用地

C. 机场飞行区用地

D. 宗教寺庙人员在寺庙内的生活用地

15. 下列关于土地增值税的表述中,正确的有(   )。

A. 房地产的继承免征土地增值税

B. 土地增值税清算时,异地安置的房屋属于购入的,以实际支付的购房支出计入本项目的拆迁补偿费

C. 房地产企业转让商品房取得的部分实物收入,应计入"转让房地产收入"总额

D. 纳税人建造普通标准住宅出售,增值额未超过扣除项目金额20％的,免征土地增值税

三、判断题

1. 资源税的纳税人自产自用应税产品的纳税义务发生时间为发出应税产品的当月。（　　）

2. 资源税的纳税人暂不包括外商投资企业和外国企业。（　　）

3. 纳税人开采或者生产应税产品,自用于连续生产应税产品的,不缴纳资源税;自用于其他方面的,视同销售,缴纳资源税。（　　）

4. 抵押期满权属转让给债权人的房地产,征收土地增值税。（　　）

5. 我国现行的土地增值税税率,采用的是四级超率累进税率。（　　）

6. 一方出地,一方出资合作建房的,免征土地增值税。（　　）

7. 专用铁路和铁路专用线占用耕地的,按照当地适用税额减半缴纳耕地占用税。（　　）

8. 经省、自治区、直辖市人民政府批准,经济落后地区城镇土地使用税的适用税额标准可以适当降低,但降低额不得超过规定最低税额的50％。（　　）

9. 经济特区、经济技术开发区和经济发达、人均占有耕地较少的地区,耕地占用税的适用税额可以适当提高,但是最多不得超过规定税额标准的80％。（　　）

10. 纳税人占用耕地,应当在耕地所在地申报缴纳耕地占用税。（　　）

四、实务题

1. 某铜矿矿山2022年6月销售当月开采的铜矿石原矿,取得不含税收入500万元,销售精矿取得不含税销售收入1200万元。该矿山铜矿的精矿换算比为20％,适用的资源税税率为5％。请计算该矿山6月份资源税应纳税额。

2. 某企业转让一栋造价550万元的旧办公楼,转让收入700万元。经房地产评估机构评定,该楼的重置成本为1000万元,成新度折扣率为6成。计算该企业应缴纳的土地增值税。

3. 某市肉制品加工企业2022年占地40 000平方米,其中办公楼占地3000平方米,生猪养殖基地占地20 000平方米,肉制品加工车间占地16 000平方米,企业内部道路及绿化占地1000平方米。企业所在地城镇土地使用税年税额为每平方米5元。计算该企业2022年全年应缴纳的城镇土地使用税。

4. 某航空企业经批准占用耕地20 000平方米用于建设民用机场,其中飞机场跑道占用耕地9000平方米,停机坪占用耕地6000平方米,停车场占用耕地5000平方米。已知该地区耕地占用税适用税额为7元/平方米,计算该航空企业应缴纳的耕地占用税。

第八章　财产税类纳税实务

 **知识目标**

　　要求学生掌握财产税类各税种的纳税人、计税依据、应纳税额的计算和税收优惠方面的规定。

 **能力目标**

　　通过学习本章,学生能正确计算房产税、车船税和契税的应纳税额。

 **案例引入**

税收法定原则得以逐步落实　彰显国家依法治税理念

　　在过去,我们国家很多税种都是由国务院颁布暂行条例来确定征收制度,并没有上升到全国人大的立法层面。尽管我国从 2000 年开始实行的《中华人民共和国立法法》第八条中规定税收的基本制度"只能制定法律",但第九条中又规定如果税收尚未制定法律,全国人大及其常委会有权作出决定授权国务院对其中的部分事项先制定行政法规。

　　2013 年 11 月,党的十八届三中全会通过的《中共中央关于全面深化改革若干重大问题的决定》首次提出要"落实税收法定原则"。2015 年 3 月,第十二届全国人民代表大会第三次会议修改了《中华人民共和国立法法》,不仅在第八条中明确规定"税种的设立、税率的确定和税收征收管理等税收基本制度只能制定法律",而且还对第九条中的授权条款进行了限定,规定"授权的期限不得超过五年"。

　　在党中央"落实税收法定原则"的要求提出后,我国明显加快了税收立法的进程。到 2022 年 6 月,现行 18 个税种中已经有 12 个制定了法律,其中有 9 部税法是在 2018 年以后颁布的,包括环境保护税、烟叶税、船舶吨税、车辆购置税、耕地占用税、资源税、城市维护建设税、契税和印花税。此外,相关部门也在就增值税、消费税、土地增值税等税种的立法草案征求意见。相信在不远的将来,全部 18 个税种的基本制度都将上升为法律,其将在提高我国税收制度的民主性和科学性方面发挥重要的促进作用,同时也将进一步彰显我国依法治税的理念。①

　　① 朱青.我国税制改革取得历史性突破［EB/OL］. https：//h5. newaircloud. com/newsepaper/detail/10257_114804_1435007_19429029_zgcjb. html,2022-06-28/2022-11-16.

第一节 房产税纳税实务

一、房产税的基本规定

（一）房产税的概念

房产税是指以房产为征税对象，依据房产的计税余值或租金收入征收的一种财产税。房产税在城市、县城、建制镇和工矿区征收。

现行房产税的基本规范是《中华人民共和国房产税暂行条例》（1986 年国务院发布，2011 年修订，以下简称《房产税暂行条例》）。

（二）房产税的纳税人

房产税由产权所有人缴纳。产权属于全民所有的，由经营管理的单位缴纳。产权出典的，由承典人缴纳。产权所有人、承典人不在房产所在地的，或者产权未确定及租典纠纷未解决的，由房产代管人或者使用人缴纳。

这里所说的产权所有人、经营管理单位、承典人、房产代管人或者使用人，统称为房产税的纳税人。

（三）房产税的征税对象

房产税的征税对象是房产。

（四）税率

房产税的税率，依照房产余值计算缴纳的，税率为 1.2%；依照房产租金收入计算缴纳的，税率为 12%。对个人出租住房，不区分用途，按 4% 的税率征收房产税。

（五）税收优惠

下列房产免纳房产税。
（1）国家机关、人民团体、军队自用的房产。
（2）由国家财政部门拨付事业经费的单位自用的房产。
（3）宗教寺庙、公园、名胜古迹自用的房产。
（4）个人所有非营业用的房产免征房产税（上海、重庆另有规定）。
（5）经财政部批准免税的其他房产。

二、房产税应纳税额的计算

（一）房产税计税依据的确定

房产税以房产的计税余值或房产的租金收入为计税依据。

1. 依据房产计税余值

根据《房产税暂行条例》第三条的规定，房产税依照房产原值一次减除 10%～30% 后的余值计算缴纳。具体减除幅度，由当地省、自治区、直辖市人民政府确定。

对依照房产原值计税的房产,不论是否记载在会计账簿固定资产科目中,均应按照房屋原价计算缴纳房产税。房屋原价应根据国家有关会计制度规定进行核算。对纳税人未按国家会计制度规定核算并记载的,应按规定予以调整或重新评估。

2. 依据房产的租金收入

根据《房产税暂行条例》第三条的规定,房产出租的,以房产租金收入为房产税的计税依据。

(二) 房产税应纳税额的计算

1. 依据房产计税余值计算

依据房产的原值减除 10%～30% 后的余值计征,减除比例由省、自治区、直辖市人民政府规定;计征的适用税率为 1.2%。其计算公式为:

房产税应纳税额＝应税房产原值×(1－扣除比例)×1.2%

> **【例 8-1】** 甲企业 2021 年年底自有生产经营用房,会计账簿记载房产原值 8000 万元,当地规定计算房产余值的扣除比例为 30%。计算该企业全年房产税应纳税额。
>
> **解答:**
>
> 该企业全年房产税应纳税额＝8000×(1－30%)×1.2%＝67.2(万元)

2. 依据房产的租金收入计算

依据房产的租金收入计征,其计算公式为:

房产税应纳税额＝租金收入×12%(或 4%)

> **【例 8-2】** 乙公司出租房屋 3 间,年租金收入为 30 000 元,适用税率为 12%。请计算其房产税应纳税额。
>
> **解答:**
>
> 房产税应纳税额＝30 000×12%＝3600(元)

三、房产税的征收管理

(一) 房产税纳税义务发生时间

(1) 购置新建商品房,自房屋交付使用之次月起计征房产税。

(2) 购置存量房,自办理房屋权属转移、变更登记手续,房地产权属登记机关签发房屋权属证书之次月起计征房产税。

(3) 出租、出借房产,自交付出租、出借房产之次月起计征房产税。

(4) 房地产开发企业自用、出租、出借本企业建造的商品房,自房屋使用或交付之次月起计征房产税。

(二) 房产税纳税期限

房产税实行按年计算,分期缴纳的征收方法,具体纳税期限由省、自治区、直辖市人民政府确定。

（三）房产税纳税地点

房产税由房产所在地的税务机关征收。

（四）房产税纳税申报

房产税的纳税人应按照《房产税暂行条例》《税收征收管理法》等的有关规定，及时办理纳税申报。

第二节　车船税纳税实务

一、车船税的基本规定

（一）车船税的概念

车船税，是指对在中国境内符合法律规定的车辆、船舶，按照规定的税目、计税单位和年税额标准计算征收的一种税。

现行的车船税基本规范是《中华人民共和国车船税法》（2011 年 2 月 25 日第十一届全国人民代表大会常务委员会第十九次会议通过，2019 年修正，以下简称《车船税法》）和《中华人民共和国车船税法实施条例》（2011 年 12 月 5 日国务院令第 611 号公布，2019 年修订，以下简称《车船税法实施条例》）。

（二）车船税的特点

1. 财产税

车船税是对车辆、船舶征收的一种财产税。对车辆、船舶课税，对于促进纳税人加强财产管理、提高财产使用效果具有特殊的作用。

2. 征税面广

尽管车船税本身占税收总额不大，但由于涉及面广，社会关注度较高。除对依法应当在车船登记管理部门登记的车船继续征税外，将在机场、港口以及其他企业内部场所行驶或者作业且依法不需在车船登记管理部门登记的车船也纳入征收范围。

3. 纳税人多为自然人

车船税的纳税人主要包括车船所有人或者管理人。随着我国经济社会的持续快速发展，车辆特别是家庭保有车辆不断增长。车船税纳税人众多，且多为自然人。

4. 税源流动性强

由于机动车数量庞大，船舶流动性大，税源分散，对船舶征税在源泉控制上效果不够理想。《车船税法》第十条规定："公安、交通运输、农业、渔业等车船登记管理部门、船舶检验机构和车船税扣缴义务人的行业主管部门应当在提供车船有关信息等方面，协助税务机关加强车船税的征收管理。"

（三）车船税的纳税人

在中国境内属于《车船税法》所附《车船税税目税额表》规定的车辆、船舶的所有人或者管理人，为车船税的纳税人。

从事机动车第三者责任强制保险业务的保险机构为机动车车船税的扣缴义务人，应当在收取保险费时依法代收车船税，并出具代收税款凭证。

（四）车船税的征税对象

车船税的征税对象，是指在中国境内属于《车船税法》所附的"车船税税目税额表"（见表 8-1）规定的车辆、船舶，包括依法应当在车船登记管理部门登记的机动车辆和船舶；依法不需要在车船登记管理部门登记的在单位内部场所行驶或者作业的机动车辆和船舶。

（五）税目与税额

车船税的适用税额，依照"车船税税目税额表"执行。车辆的具体适用税额由省、自治区、直辖市人民政府依照"车船税税目税额表"规定的税额幅度和国务院的规定确定；船舶的具体适用税额由国务院在"车船税税目税额表"规定的税额幅度内确定。

表 8-1　车船税税目税额表

税目		计税单位	年基准税额	备注
乘用车（按发动机汽缸容量、排气量分档）	1.0升（含）以下的	每辆	60 元至 360 元	核定载客人数 9 人（含）以下
	1.0升以上至1.6升（含）的		300 元至 540 元	
	1.6升以上至2.0升（含）的		360 元至 660 元	
	2.0升以上至2.5升（含）的		660 元至 1200 元	
	2.5升以上至3.0升（含）的		1200 元至 2400 元	
	3.0升以上至4.0升（含）的		2400 元至 3600 元	
	4.0升以上的		3600 元至 5400 元	
商用车	客车	每辆	480 元至 1440 元	核定载客人数 9 人以上，包括电车
	货车	整备质量每吨	16 元至 120 元	包括半挂牵引车、三轮汽车和低速载货汽车等
挂车		整备质量每吨	按照货车税额的50%计算	
其他车辆	专用作业车	整备质量每吨	16 元至 120 元	不包括拖拉机
	轮式专用机械车	整备质量每吨	16 元至 120 元	
摩托车		每辆	36 元至 180 元	
船舶	机动船舶	净吨位每吨	3 元至 6 元	拖船、非机动驳船分别按照机动船舶税额的50%计算
	游艇	艇身长度每米	600 元至 2000 元	

（六）税收优惠

（1）下列车船免征车船税：

① 捕捞、养殖渔船；

② 军队、武装警察部队专用的车船；

③ 警用车船；

④ 悬挂应急救援专用号牌的国家综合性消防救援车辆和国家综合性消防救援专用船舶；

⑤ 依照法律规定应当予以免税的外国驻华使领馆、国际组织驻华代表机构及其有关人员的车船。

（2）节约能源、使用新能源的车船可以免征或者减半征收车船税。免征或者减半征收车船税的车船的范围，由国务院财政、税务主管部门商国务院有关部门制订，报国务院批准。

（3）对受地震、洪涝等严重自然灾害影响纳税困难以及其他特殊原因确需减免税的车船，可以在一定期限内减征或者免征车船税。具体减免期限和数额由省、自治区、直辖市人民政府确定，报国务院备案。

（4）省、自治区、直辖市人民政府根据当地实际情况，可以对公共交通车船，农村居民拥有并主要在农村地区使用的摩托车、三轮汽车和低速载货汽车定期减征或者免征车船税。

（5）临时入境的外国车船和香港特别行政区、澳门特别行政区、台湾地区的车船，不征收车船税。

（6）按照规定缴纳船舶吨税的机动船舶，自《车船税法》实施之日起 5 年内免征车船税。

（7）依法不需要在车船登记管理部门登记的机场、港口、铁路站场内部行驶或者作业的车船，自《车船税法》实施之日起 5 年内免征车船税。

二、车船税应纳税额的计算

车辆，以应纳车辆的数量或者自重吨位为计税依据。计算公式为：

应纳税额＝应纳税车辆的数量或自重吨位×适用税额

其中，购置的新车船，购置当年的应纳税额自纳税义务发生的当月起按月计算。其计算公式为：

应纳税额＝（年应纳税额÷12）×应纳税月份数

船舶，以应纳税船舶的净吨位为计税依据。计算公式为：

应纳税额＝应纳税船舶的净吨位×适用适额

【例8-3】 某企业在 2021 年年初拥有整备质量为 10 吨的载货汽车 6 辆，小轿车 4 辆，4 月购入整备质量为 8 吨的载货汽车 3 辆，当月办理完登记手续；11 月，1 辆小轿车被盗，当月取得公安机关相关证明。已知当地载货汽车车船税年税额为 60 元/吨，小轿车车船税年税额为 360 元/辆，计算该企业该年实际应缴纳的车船税。

解答：

（1）该企业 2021 年年初拥有的载货汽车、小轿车应纳车船税＝10×60×6＋360×4＝5040（元）

（2）该企业 2021 年 4 月购入的载货汽车应纳车船税＝8×60×3÷12×9＝1080（元）

（3）该企业 2021 年 11 月被盗小轿车应退的车船税＝360÷12×2＝60（元）

该企业 2021 年应缴纳的车船税＝5040＋1080－60＝6060（元）

三、车船税的征收管理

（一）车船税纳税义务发生时间

车船税纳税义务发生时间为取得车船所有权或者管理权的当月。取得车船所有权或者管理权的当月，应当以购买车船的发票或者其他证明文件所载日期的当月为准。

（二）车船税纳税地点

车船税的纳税地点为车船的登记地或者车船税扣缴义务人所在地。依法不需要办理登记的车船，车船税的纳税地点为车船的所有人或者管理人所在地。

（三）车船税纳税申报与缴纳

车船税按年申报，分月计算，一次性缴纳。纳税年度为公历 1 月 1 日至 12 月 31 日。具体申报纳税期限由省、自治区、直辖市人民政府规定。

扣缴义务人已代收代缴车船税的，纳税人不再向车辆登记地的主管税务机关申报缴纳车船税。没有扣缴义务人的，纳税人应当向主管税务机关自行申报缴纳车船税。扣缴义务人应当及时解缴代收代缴的税款和滞纳金，并向主管税务机关申报。扣缴义务人向税务机关解缴税款和滞纳金时，应当同时报送明细的税款和滞纳金扣缴报告。扣缴义务人解缴税款和滞纳金的具体期限，由省、自治区、直辖市税务机关依照法律、行政法规的规定确定。

已缴纳车船税的车船在同一纳税年度内办理转让过户的，不另纳税，也不退税。

纳税人缴纳车船税时，应当提供反映排气量、整备质量、核定载客人数、净吨位、千瓦、艇身长度等与纳税相关信息的相应凭证以及税务机关根据实际需要要求提供的其他资料。

第三节　契税纳税实务

一、契税的基本规定

（一）契税的概念

契税是以在中华人民共和国境内转移土地、房屋权属为征税对象，向产权承受人征收的一种财产税。

现行契税的基本规范是《中华人民共和国契税法》（2020 年 8 月 11 日第十三届全国人民代表大会常务委员会第二十一次会议通过，2021 年 9 月 1 日起施行）。

（二）契税的纳税人

在中华人民共和国境内发生转移土地、房屋权属，承受的单位和个人为契税的纳税人。

单位是指企业单位、事业单位、国家机关、军事单位和社会团体以及其他组织；个人是指个体经营者和其他个人。

（三）契税的征税范围

契税是以在我国境内转移权属的土地和房屋为征税对象。这里所说的转移土地、房屋权属是指下列行为：

（1）土地使用权出让；

（2）土地使用权转让，包括出售、赠与、互换，不包括土地承包经营权和土地经营权的转移；

（3）房屋买卖、赠与、互换。

以作价投资（入股）、偿还债务、划转、奖励等方式转移土地、房屋权属的，应按《中华人民共和国契税法》规定征收契税。

（四）契税的税率

契税税率为3％～5％。具体适用税率，由省、自治区、直辖市人民政府在规定的税率幅度内提出，报同级人民代表大会常务委员会决定，并报全国人民代表大会常务委员会和国务院备案。

省、自治区、直辖市可以依照规定的程序对不同主体、不同地区、不同类型的住房的权属转移确定差别税率。

（五）契税的减免

有下列情形之一的，免征契税：

（1）国家机关、事业单位、社会团体、军事单位承受土地、房屋权属用于办公、教学、医疗、科研、军事设施；

（2）非营利性的学校、医疗机构、社会福利机构承受土地、房屋权属用于办公、教学、医疗、科研、养老、救助；

（3）承受荒山、荒地、荒滩土地使用权用于农、林、牧、渔业生产；

（4）婚姻关系存续期间夫妻之间变更土地、房屋权属；

（5）法定继承人通过继承承受土地、房屋权属；

（6）依照法律规定应当予以免税的外国驻华使馆、领事馆和国际组织驻华代表机构承受土地、房屋权属。

根据国民经济和社会发展的需要，国务院对居民住房需求保障、企业改制重组、灾后重建等情形可以规定免征或者减征契税，报全国人民代表大会常务委员会备案。

省、自治区、直辖市可以决定对下列情形免征或者减征契税：

（1）因土地、房屋被县级以上人民政府征收、征用，重新承受土地、房屋权属；

（2）因不可抗力灭失住房，重新承受住房权属。

规定的免征或者减征契税的具体办法，由省、自治区、直辖市人民政府提出，报同级人民代表大会常务委员会决定，并报全国人民代表大会常务委员会和国务院备案。

二、契税应纳税额的计算

（一）契税计税依据的确定

（1）土地使用权出让、出售，房屋买卖，为土地、房屋权属转移合同确定的成交价格，包括应交付的货币以及实物、其他经济利益对应的价款；

（2）土地使用权互换、房屋互换，为所互换的土地使用权、房屋价格的差额；

（3）土地使用权赠与、房屋赠与以及其他没有价格的转移土地、房屋权属行为，为税务机关参照土地使用权出售、房屋买卖的市场价格依法核定的价格。

纳税人申报的成交价格、互换价格差额明显偏低且无正当理由的，由税务机关依照《中华人民共和国税收征收管理法》的规定核定。

（二）契税应纳税额的计算

契税采用比例税率。应纳税额的计算公式为：

契税应纳税额＝计税依据×税率

【例 8-4】 某运动员购买一栋公寓住房，成交价格为 110 万元；转让其原有住房，成交价格为 50 万元；因参加国际比赛获奖，奖品为一套住房，其市场价格为 60 万元。当地政府规定的契税税率为 5%。计算该运动员应纳契税税额。

解答：

契税应纳税额＝110×5%＋60×5%＝8.5（万元）

三、契税的征收管理

（一）契税纳税义务发生时间

契税的纳税义务发生时间是纳税人签订土地、房屋权属转移合同的当日，或者纳税人取得其他具有土地、房屋权属转移合同性质凭证的当日。

（二）契税纳税期限

纳税人应当在依法办理土地、房屋权属登记手续前申报缴纳契税。

（三）契税纳税地点

契税由土地、房屋所在地的税务机关依照《中华人民共和国契税法》和《税收征收管理法》的规定征收管理。

（四）契税征收

纳税人办理纳税事宜后，税务机关应当开具契税完税凭证。纳税人办理土地、房屋权属登记，不动产登记机构应当查验契税完税、减免税凭证或者有关信息。未按照规定缴纳契税的，不动产登记机构不予办理土地、房屋权属登记。

第四节　船舶吨税纳税实务

一、船舶吨税的基本规定

（一）船舶吨税的概念

船舶吨税是对外国籍船舶航行进出本国港口时,按船舶净吨位征收的一种税。现行的船舶吨税基本规范是《中华人民共和国船舶吨税法》(2017 年 12 月 27 日第十二届全国人民代表大会常务委员会第三十一次会议通过,2018 年修正,以下简称《船舶吨税法》)。

（二）船舶吨税的纳税人

船舶吨税的纳税人是应税船舶负责人。

（三）船舶吨税的征税范围

船舶吨税的征税范围是自中华人民共和国境外港口进入境内港口的船舶,具体包括:

(1) 在中国港口行驶的外国籍船舶;

(2) 外商租用的中国籍船舶;

(3) 中外合营的海运企业自有或租用的中、外籍船舶;

(4) 中国租用(包括国外华商所有的和租用的)航行国外及兼营国内沿海贸易的外国籍船舶。

（四）税目、税率

船舶吨税税目按船舶净吨位划分为 4 档。船舶吨税税率根据船舶净吨位和吨税执照期限长短分别设置,并分为普通税率和优惠税率。中华人民共和国国籍的应税船舶,船籍国(地区)与中华人民共和国签订含有相互给予船舶税费最惠国待遇条款的条约或者协定的应税船舶,适用优惠税率。其他应税船舶,适用普通税率。

船舶吨税的税目、税率依照《船舶吨税法》所附的"吨税税目税率表"执行,见表 8-2。

表 8-2　吨税税目税率表

税目 (按船舶净吨位划分)	税率/(元/净吨)						备注
	普通税率 (按执照期限划分)			优惠税率 (按执照期限划分)			
	1 年	90 日	30 日	1 年	90 日	30 日	1. 拖船按照发动机功率每千瓦折合净吨位 0.67 吨 2. 无法提供净吨位证明文件的游艇,按照发动机功率每千瓦折合净吨位 0.05 吨 3. 拖船和非机动驳船分别按相同净吨位船舶税率的 50%计征税款
不超过 2000 净吨	12.6	4.2	2.1	9.0	3.0	1.5	
超过 2000 净吨,但不超过 10 000 净吨	24.0	8.0	4.0	17.4	5.8	2.9	
超过 10 000 净吨,但不超过 50 000 净吨	27.6	9.2	4.6	19.8	6.6	3.3	
超过 50 000 净吨	31.8	10.6	5.3	22.8	7.6	3.8	

（五）税收优惠

船舶吨税的税收优惠包括直接优惠和延期优惠两种。

1. 直接优惠

下列船舶免征船舶吨税。

（1）应纳税额在人民币 50 元以下的船舶。

（2）自境外以购买、受赠、继承等方式取得船舶所有权的初次进口到港的空载船舶。

（3）吨税执照期满后 24 小时内不上下客货的船舶。

（4）非机动船舶(不包括非机动驳船)。

（5）捕捞、养殖渔船。

（6）避难、防疫隔离、修理、改造、终止运营或者拆解,并不上下客货的船舶。

（7）军队、武装警察部队专用或者征用的船舶。

（8）警用船舶。

（9）依照法律规定应当予以免税的外国驻华使领馆、国际组织驻华代表机构及其有关人员的船舶。

（10）国务院规定的其他船舶。此项免税规定,由国务院报全国人民代表大会常务委员会备案。

2. 延期优惠

在吨税执照期限内,应税船舶发生下列情形之一的,海关按照实际发生的天数批注延长吨税执照期限。

（1）避难、防疫隔离、修理、改造,并不上下客货。

（2）军队、武装警察部队征用。

二、船舶吨税应纳税额的计算

船舶吨税按照船舶净吨位和吨税执照期限征收。船舶吨税应纳税额按照船舶净吨位乘以适用税率计算。净吨位,是指由船籍国(地区)政府签发或者授权签发的船舶吨位证明书上标明的净吨位。船舶吨税计算公式为:

船舶吨税应纳税额＝船舶净吨位×适用税率(元/净吨)

应税船舶在进入港口办理入境手续时,应当向海关申报纳税领取吨税执照,或者交验吨税执照(或者申请核验吨税执照电子信息)。应税船舶在离开港口办理出境手续时,应当交验吨税执照(或者申请核验吨税执照电子信息)。

应税船舶负责人申领吨税执照时,应当向海关提供下列文件。

（1）船舶国籍证书或者海事部门签发的船舶国籍证书收存证明。

（2）船舶吨位证明。

【例 8-5】 2022 年 9 月 20 日,D 国某运输公司一艘货轮驶入我国南方某港口,该货轮净吨位为 30 000 吨,货轮负责人已向我国该海关领取了吨税执照,在港口停留期限为 30 天,D 国已与我国签订有相互给予船舶税费最惠国待遇条款。根据船舶吨税的相关规定,该货轮应享受优惠税率,每净吨位为 3.3 元。计算该货轮负责人应向我国海关缴纳的船舶吨税税额。

解答:

应缴纳的船舶吨税税额＝30 000×3.3＝99 000(元)

三、船舶吨税的征收管理

(一)征收机关

船舶吨税由海关负责征收。海关征收船舶吨税应当制发缴款凭证。

应税船舶负责人缴纳船舶吨税或者提供担保后,海关按照其申领的执照期限填发吨税执照。

(二)纳税义务发生时间

船舶吨税纳税义务发生时间为应税船舶进入港口的当日。应税船舶在吨税执照期满后尚未离开港口的,应当申领新的吨税执照,自上一次执照期满的次日起续缴船舶吨税。

(三)纳税期限

应税船舶负责人在每次申报纳税时,可以按照"吨税税目税率表"选择申领一种期限的吨税执照。应税船舶负责人应当自海关填发船舶吨税缴款凭证之日起 15 日内缴清税款。未按期缴清税款的,自滞纳税款之日起至缴清税款之日止,按日加收滞纳税款 0.5‰的税款滞纳金。

应税船舶到达港口以前,经海关核准先行申报并办结出入境手续的,应税船舶负责人应当向海关提供与其依法履行船舶吨税缴纳义务相适应的担保;应税船舶到达港口以后,依法向海关申报缴纳船舶吨税。

下列财产、权利可以用于上述担保:人民币、可自由兑换货币;汇票、本票、支票、债券、存单;银行、非银行金融机构的保函;海关依法认可的其他财产、权利。

(四)对应税船舶下列行为的罚款

应税船舶有下列行为之一的,由海关责令限期改正,处 2000 元以上 30 000 元以下的罚款;不缴或者少缴应纳税款的,处不缴或者少缴税款 50％以上 5 倍以下的罚款,但罚款不得低于 2000 元。

(1)未按照规定申报纳税、领取吨税执照。

(2)未按照规定交验吨税执照(或者申请核验吨税执照电子信息)以及提供其他证明文件。

(五)款项缴纳

船舶吨税税款、滞纳金、罚款以人民币计算缴纳。船舶吨税的征收,《船舶吨税法》未作规定的,依照有关税收征收管理的法律、行政法规的规定执行。

综 合 练 习

一、单项选择题

1. 纳税人应向（ ）的税务机关申报缴纳房产税。

A. 房屋产权登记地　　　　　　　B. 房屋产权所有人居住地

C. 房产所在地　　　　　　　　　D. 房屋产权取得地

2. 契税的纳税人是指在我国境内转移房屋、土地权属的（ ）。

A. 承受方　　　　　　　　　　　B. 销售方

C. 交易双方　　　　　　　　　　D. 中介方

3. 下列项目中，属于车船税扣缴义务人的是（ ）。

A. 办理交强险业务的保险机构　　B. 机动船的生产厂家

C. 车辆船舶的所有人　　　　　　D. 车辆船舶的管理人

4. 根据《中华人民共和国车船税法》规定，客货两用汽车按照载货汽车的计税单位和税额标准计征车船税。下列各项中，不符合车船税有关规定的是（ ）。

A. 载客汽车，以"辆"为计税依据

B. 载货汽车，以"自重吨位"为计税依据

C. 三轮摩托车，以"辆"为计税依据

D. 非机动驳船，以"艘"为计税依据

5. 车船税的纳税期限规定为（ ）。

A. 按年计算，分季缴纳　　　　　B. 按年征收，分季缴纳

C. 按季计算，分月缴纳　　　　　D. 按年申报，分月计算，一次性缴纳

6. 依据车船税的相关规定，对城市、农村公共交通车船可给予定期减税、免税的优惠，有权确定定期减税、免税的部门是（ ）。

A. 省级人民政府　　　　　　　　B. 省级税务机关

C. 县级人民政府　　　　　　　　D. 县级税务机关

7. 周某向谢某借款 80 万元，后因谢某急需资金，周某以一套价值 90 万元的房产抵偿所欠谢某债务，谢某取得该房产产权的同时支付周某差价款 10 万元。已知，契税税率为 3%，根据契税法律制度的规定，下列表述中正确的是（ ）。

A. 周某应缴纳契税 3 万元　　　　B. 周某应缴纳契税 2.4 万元

C. 谢某应缴纳契税 2.7 万元　　　D. 谢某应缴纳契税 0.3 万元

8. 在计算契税时，土地使用权出让、房屋买卖，其计税依据是（ ）。

A. 房屋原值　　　　　　　　　　B. 成交价格

C. 房屋余值　　　　　　　　　　D. 房屋评估值

9. 计算契税时，对成交价格明显低于市场价格并无正当理由的，或者所交换土地使用权、房屋的价格的差额明显不合理并无正当理由的，由（ ）依照《中华人民共和国税收征收管理法》的规定核定。

A. 税务机关　　　　　　　　　　B. 人民政府

C. 财政部门   D. 土地管理部门

10. 我国契税实行(   )。

A. 差别比例税率   B. 全额累进税率

C. 幅度比例税率   D. 超额累进税率

11. 纳税人因改变土地、房屋用途应当补缴已经免征、减征契税的,其纳税义务发生时间为(   )。

A. 改变土地、房屋用途的当天   B. 改变土地、房屋用途的次日

C. 改变土地、房屋用途的 5 日内   D. 改变土地、房屋用途的 10 日内

12. 土地使用权交换、房屋交换,若价格相等,则(   )。

A. 由交换双方各自缴纳契税   B. 由交换双方共同分担契税

C. 免征契税   D. 由双方协商一致确定纳税人

13. 下列项目中,符合船舶吨税征税范围的是(   )。

A. 自我国境内的港口进入境外港口的船舶

B. 自我国境外港口进入境内港口的船舶

C. 自外国港口进入外国港口的船舶

D. 自我国港口进入我国港口的船舶

14. 下列项目中,符合船舶吨税税率规定的有(   )。

A. 我国船舶吨税的设置为优惠税率和普通税率

B. 我国船舶吨税的设置为暂定税率和普通税率

C. 我国船舶吨税的设置为最惠国税率和普通税率

D. 我国船舶吨税的设置为优惠税率和协定税率

15. 下列项目中,符合船舶吨税纳税期限规定的是(   )。

A. 自海关填发吨税缴款凭证之日起 10 内向指定银行缴清税款

B. 自海关填发吨税缴款凭证之日起 15 内向指定银行缴清税款

C. 自海关填发吨税缴款凭证之日起 20 内向指定银行缴清税款

D. 自海关填发吨税缴款凭证之日起 30 内向指定银行缴清税款

二、多项选择题

1. 房产税税率有(   )。

A. 12%   B. 10%   C. 1.2%   D. 30%

2. 下列行为中,应征收契税的有(   )。

A. 以房屋权属作价投资的行为   B. 以土地权属抵押的行为

C. 以获奖方式承受房屋权属的行为 D. 房屋所有者之间互相交换房屋的行为

3. 下列项目中,属于车船税纳税人的有(   )。

A. 事业单位   B. 私营企业

C. 个人   D. 华侨

4. 下列车船属于法定免税的有(   )。

A. 专项作业车   B. 警用车船

C. 非机动驳船   D. 捕捞、养殖渔船

5. 根据《中华人民共和国车船税法》的相关规定,下列说法正确的有(　　)。

A. 车船税由地方税务机关负责征收

B. 纯电动汽车、燃料电池和插电式混合动力汽车免征车船税

C. 车船税纳税义务发生时间为取得车船所有权或者管理权的次月

D. 按照规定缴纳船舶吨税的机动船舶,自《车船税法》实施之日起3年内免征车船税

6. 车船税纳税义务发生时间和地点的表述正确的是(　　)。

A. 车船时间发生营运业务的次月

B. 车船购置发票所载开具时间的当月

C. 车船登记地

D. 车船所在地

7. 车船税的特点(　　)。

A. 财产税　　　　　　　　　　B. 征税面广

C. 纳税人多为自然人　　　　　D. 税源流动性强

8. 以下属于契税纳税人的是(　　)。

A. 转让自己居住用房屋的个人　　B. 购买自己居住用房屋的个人

C. 转让自己生产用房屋的单位　　D. 购买自己生产用房屋的单位

9. 契税的征收对象包括(　　)。

A. 房屋买卖　　　　　　　　　　B. 房屋赠与

C. 房屋交换　　　　　　　　　　D. 土地使用权出让

10. 契税的纳税义务发生时间是(　　)。

A. 签订土地、房屋权属转移合同的当天

B. 签订土地、房屋预售合同的当天

C. 取得土地、房屋销售发票凭证的当天

D. 取得具有土地、房屋销售权属转移合同性质凭证的当天

11. 下列船舶中,免征船舶吨税的有(　　)。

A. 捕捞、养殖渔船　　　　　　B. 非机动驳船

C. 军队征用的船舶　　　　　　D. 应纳税额为人民币100元的船舶

12. 下列项目中,符合船舶吨税直接优惠政策的有(　　)。

A. 应纳税额在人民币50元以下的船舶

B. 吨税执照期满后24小时内不上下客货的船舶

C. 非机动船舶

D. 非机动驳船

13. 下列项目中,符合船舶吨税延期优惠政策的有(　　)。

A. 修理并不上下客货的应税船舶

B. 避难的应税船舶

C. 军队征用的应税船舶

D. 防疫隔离并不上下客货的应税船舶

14. 下列关于船舶吨税的说法,正确的有( )。

A. 吨税的纳税义务发生时间为应税船舶进入港口的当日

B. 应税船舶在吨税执照期限内,因修理导致净吨位变化的,吨税执照继续有效

C. 海关发现少征或者漏征税款的,应当自应税船舶应当缴纳税款之日起 3 年内,补征税款

D. 应税船舶未按照规定申报纳税、领取吨税执照的,由海关责令限期改正,处 2000 元以上 3 万元以下罚款;不缴或者少缴应纳税款的,处不缴或者少缴税款 50% 以上 5 倍以下的罚款,但罚款不得低于 2000 元

三、判断题

1. 宗教寺庙、公园、名胜古迹自用的房产,应缴纳房产税。( )

2. 以房产投资取得固定收入的,由于不承担经营风险,出租方按房产余值计算缴纳房产税。( )

3. 国家机关、人民团体、军队所有的车船,不论自用还是出租,均不征收车船税。( )

4. 车船税由保有和使用环节征收的财产兼行为税调整为保有环节的财产税。( )

5. 购置的新车船,购置当年的应纳税额自纳税义务发生的当月起按月计算。( )

6. 已缴纳车船税的车船在同一纳税年度内办理转让过户的,另纳税,可退税。( )

7. 境内转移土地、房屋权属的单位和个人为契税的纳税人。( )

8. 土地使用权出让的行为不属于契税的征收范围。( )

9. 契税实行 3%~5% 的幅度比例税率,纳税人具体适用的税率可以由当地主管税务机关或财政机关按照本地区的实际情况在上述幅度规定范围内决定。( )

10. 城镇职工按规定第一次购买住房,免征契税。( )

11. 船舶吨税只针对自中国境外港口进入中国境内港口的外国船舶征收。( )

12. 船舶吨税由海关负责征收。( )

四、实务题

顺风航运公司拥有下列船舶:净吨位为 180 吨的 20 艘,适用税率为 3 元/净吨;净吨位为 600 吨的 10 艘,适用税率为 4 元/净吨;净吨位为 4000 吨的 10 艘,适用税率为 5 元/净吨;净吨位为 12 000 吨的 2 艘,适用税率为 6 元/净吨。请计算该公司全年的车船税应纳税额。

第九章　行为税类纳税实务

要求学生掌握行为税类各税种的纳税人、计税依据、税收优惠方面的规定和应纳税额的计算。

通过学习本章,学生能正确计算印花税、车辆购置税、城市维护建设税等税种的应纳税额。

减税降费激发经济创新活力

2012年,伴随着营改增改革,我国也开启了真正意义上的减税降费。为了应对国际金融危机,2008年我国进行过一次减税,但那次属于结构性减税。这种结构性减税不同于全面减税,是对税制进行有增有减的调整,从总体效果看增税的成分更大。数据显示,经过2008年的结构性减税,税收收入占GDP的比重从当年的16.98%提高到2011年的18.39%。

2012年以后,由于受到出口下降的冲击,我国经济出现了"自主下行"的趋势,经济增速不断回落,企业尤其是小微企业面临的困难越来越大。在这种情况下,国家果断采取了减税降费的措施。新一轮减税降费主旋律是为小微企业减负。2013年7月,财政部、国家税务总局下发《关于暂免征收部分小微企业增值税和营业税的通知》,拉开了为小微企业减税的序幕。这次减税主要沿着增值税和企业所得税两条线展开。

除了增值税和企业所得税之外,国家在"六税两费"上也给予了小微企业一定的税收优惠。财政部、国家税务总局于2022年3月下发文件明确,在2022年1月1日至2024年12月31日期间,各地区可根据自己的实际情况和需要对增值税小规模纳税人、小微企业和个体工商户在50%的税额幅度内给予减征资源税、城市维护建设税、房产税、城镇土地使用税、印花税(不含证券交易印花税)、耕地占用税和教育费附加、地方教育附加。

可以说,十年来,减税降费规模之大前所未有,惠及范围之广前所未有,对减轻市场主体负担、激发市场主体活力发挥了重要作用。数据显示,党的十八大以来,我国新增减税降费累计8.8万亿元,宏观税负从2012年的18.7%降至2021年的15.1%。[①]

---

① 朱青.我国税制改革取得历史性突破[EB/OL]. https://h5.newaircloud.com/newsepaper/detail/10257_114804_1435007_19429029_zgcjb.html,2022-06-28/2022-11-16.

第一节　印花税纳税实务

一、印花税的基本规定

（一）印花税的概念

印花税是针对书立应税凭证、进行证券交易而征收的一种税。现行的印花税的基本规范是《中华人民共和国印花税法》（中华人民共和国第十三届全国人民代表大会常务委员会第二十九次会议于 2021 年 6 月 10 日通过，自 2022 年 7 月 1 日起施行，以下简称《印花税法》）。

（二）印花税的特点

1. 征税范围广

凡书立应税凭证和进行证券交易的单位和个人，都应缴纳印花税。随着市场经济的发展和经济法制的逐步健全，依法书立应税凭证和进行证券交易的现象会愈来愈普遍。因此，印花税的征收面将更加广阔。

2. 税负从轻

印花税与其他税种相比较，税率要低得多，其税负较轻，具有广集资金、积少成多的财政效应。

3. 完税方式具有特殊性

纳税人可以采用粘贴印花税票或者由税务机关依法开具其他完税凭证的方式缴纳。

（三）印花税的纳税人

在中华人民共和国境内书立《印花税法》所列举的应税凭证、进行证券交易的单位和个人，为印花税的纳税人。

在中华人民共和国境外书立在境内使用的应税凭证的单位和个人，应当依照《印花税法》规定缴纳印花税。

应税凭证，是指《印花税法》所附"印花税税目税率表"列明的合同、产权转移书据和营业账簿。

证券交易，是指转让在依法设立的证券交易所、国务院批准的其他全国性证券交易场所交易的股票和以股票为基础的存托凭证。证券交易印花税对证券交易的出让方征收，不对受让方征收。

（四）印花税的计税依据

（1）应税合同的计税依据，为合同所列的金额，不包括列明的增值税税款。

（2）应税产权转移书据的计税依据，为产权转移书据所列的金额，不包括列明的增值税税款。

应税合同、产权转移书据未列明金额的,印花税的计税依据按照实际结算的金额确定。计税依据仍不能确定的,按照书立合同、产权转移书据时的市场价格确定;依法应当执行政府定价或者政府指导价的,按照国家有关规定确定。

（3）应税营业账簿的计税依据,为账簿记载的实收资本（股本）、资本公积合计金额。

（4）证券交易的计税依据,为成交金额。

证券交易无转让价格的,按照办理过户登记手续时该证券前一个交易日收盘价计算确定计税依据;无收盘价的,按照证券面值计算确定计税依据。

（五）印花税的应纳税额

印花税的应纳税额按照计税依据乘以适用税率计算。

同一应税凭证载有两个以上税目事项并分别列明金额的,按照各自适用的税目税率分别计算应纳税额;未分别列明金额的,从高适用税率。

同一应税凭证由两方以上当事人书立的,按照各自涉及的金额分别计算应纳税额。

已缴纳印花税的营业账簿,以后年度记载的实收资本（股本）、资本公积合计金额比已缴纳印花税的实收资本（股本）、资本公积合计金额增加的,按照增加部分计算应纳税额。

印花税税率分为五个档次：1‰、0.5‰、0.3‰、0.25‰、0.05‰。

具体税率、税额的确定,依照《印花税法》所附"印花税税目税率表"执行（见表 9-1）。

表 9-1　印花税税目税率表

税　　目		税　　率	备　　注
合同（指书面合同）	借款合同	借款金额的 0.05‰	指银行业金融机构、经国务院银行业监督管理机构批准设立的其他金融机构与借款人（不包括同业拆借）的借款合同
	融资租赁合同	租金的 0.05‰	
	买卖合同	价款的 0.3‰	指动产买卖合同（不包括个人书立的动产买卖合同）
	承揽合同	报酬的 0.3‰	
	建设工程合同	价款的 0.3‰	
	运输合同	运输费用的 0.3‰	指货运合同和多式联运合同（不包括管道运输合同）
	技术合同	价款、报酬或者使用费的 0.3‰	不包括专利权、专有技术使用权转让书据
	租赁合同	租金的 1‰	
	保管合同	保管费的 1‰	
	仓储合同	仓储费的 1‰	
	财产保险合同	保险费的 1‰	不包括再保险合同

续表

税 目		税 率	备 注
产权转移书据	土地使用权出让书据	价款的 0.5‰	转让包括买卖(出售)、继承、赠与、互换、分割
	土地使用权、房屋等建筑物和构筑物所有权转让书据(不包括土地承包经营权和土地经营权转移)	价款的 0.5‰	
	股权转让书据(不包括应缴纳证券交易印花税的)	价款的 0.5‰	
	商标专用权、著作权、专利权、专有技术使用权转让书据	价款的 0.3‰	
营业账簿		实收资本(股本)、资本公积合计金额的 0.25‰	
证券交易		成交金额的 1‰	

（六）印花税税收优惠

下列凭证免征印花税：

（1）应税凭证的副本或者抄本；

（2）依照法律规定应当予以免税的外国驻华使馆、领事馆和国际组织驻华代表机构为获得馆舍书立的应税凭证；

（3）中国人民解放军、中国人民武装警察部队书立的应税凭证；

（4）农民、家庭农场、农民专业合作社、农村集体经济组织、村民委员会购买农业生产资料或者销售农产品书立的买卖合同和农业保险合同；

（5）无息或者贴息借款合同、国际金融组织向中国提供优惠贷款书立的借款合同；

（6）财产所有权人将财产赠与政府、学校、社会福利机构、慈善组织书立的产权转移书据；

（7）非营利性医疗卫生机构采购药品或者卫生材料书立的买卖合同；

（8）个人与电子商务经营者订立的电子订单。

根据国民经济和社会发展的需要，国务院对居民住房需求保障、企业改制重组、破产、支持小型微型企业发展等情形可以规定减征或者免征印花税，报全国人民代表大会常务委员会备案。

二、印花税的征收管理

（一）印花税纳税义务发生时间

印花税的纳税义务发生时间为纳税人书立应税凭证或者完成证券交易的当日。证券交易印花税扣缴义务发生时间为证券交易完成的当日。

（二）印花税纳税缴纳地点

纳税人为单位的,应当向其机构所在地的主管税务机关申报缴纳印花税;纳税人为个人的,应当向应税凭证书立地或者纳税人居住地的主管税务机关申报缴纳印花税。

不动产产权发生转移的,纳税人应当向不动产所在地的主管税务机关申报缴纳印花税。

纳税人为境外单位或者个人,在境内有代理人的,以其境内代理人为扣缴义务人;在境内没有代理人的,由纳税人自行申报缴纳印花税,具体办法由国务院税务主管部门规定。

证券登记结算机构为证券交易印花税的扣缴义务人,应当向其机构所在地的主管税务机关申报解缴税款以及银行结算的利息。

（三）印花税纳税征收管理

印花税由税务机关依照《印花税法》和《税收征收管理法》的规定征收管理。纳税人、扣缴义务人和税务机关及其工作人员违反《印花税法》规定的,依照《税收征收管理法》和有关法律、行政法规的规定追究法律责任。

（四）印花税纳税申报

纳税人应当根据书立印花税应税合同、产权转移书据和营业账簿情况,填写"印花税税源明细表",进行财产行为税综合申报。

印花税按季、按年或者按次计征。实行按季、按年计征的,纳税人应当自季度、年度终了之日起 15 日内申报缴纳税款;实行按次计征的,纳税人应当自纳税义务发生之日起 15 日内申报缴纳税款。

证券交易印花税按周解缴。证券交易印花税扣缴义务人应当自每周终了之日起 5 日内申报解缴税款以及银行结算的利息。

（五）印花税的缴纳

印花税可以采用粘贴印花税票或者由税务机关依法开具其他完税凭证的方式缴纳。印花税票粘贴在应税凭证上的,由纳税人在每枚税票的骑缝处盖戳注销或者画销。印花税票由国务院税务主管部门监制。

三、印花税应纳税额的计算

印花税应纳税额＝应税凭证记载的金额×比例税率

【例 9-1】 纳税人甲按季申报缴纳印花税,2022 年第三季度书立买卖合同 5 份,合同所列价款(不包括列明的增值税税款)共计 100 万元,书立建筑工程合同 1 份,合同所列价款(不包括列明的增值税税款)共计 1000 万元,书立产权转移书据 1 份,合同所列价款(不包括列明的增值税税款)共计 500 万元。该纳税人应在书立应税合同、产权转移书据时填写"印花税税源明细表",在 2022 年 10 月纳税申报期,进行财产行为税综合申报。要求:计算纳税人甲 2022 年第三季度应缴纳的印花税。

解答:

纳税人甲 2022 年 10 月纳税申报期应缴纳印花税:

100 万元×0.3‰＋1000 万元×0.3‰＋500 万元×0.5‰＝5800(元)

因此,纳税人甲 2022 年第三季度应缴纳印花税 5800 元。

【例 9-2】 纳税人乙按季申报缴纳印花税,2022 年第三季度书立财产保险合同 100 万份,合同所列保险费(不包括列明的增值税税款)共计 100 000 万元。该纳税人应在书立应税合同时填写"印花税税源明细表",在 2022 年 10 月纳税申报期,进行财产行为税综合申报。要求:计算纳税人乙 2022 年第三季度应缴纳的印花税。

解答:

纳税人乙 2022 年 10 月纳税申报期应缴纳印花税:

100 000 万元×1‰＝100(万元)

【例 9-3】 纳税人丙按季申报缴纳印花税,2022 年 8 月 25 日书立钢材买卖合同 1 份,合同列明了买卖钢材数量,并约定在实际交付钢材时,以交付当日市场报价确定成交价据以结算,2022 年 10 月 12 日按合同结算买卖钢材价款 100 万元,2023 年 3 月 7 日按合同结算买卖钢材价款 300 万元。该纳税人应在书立应税合同以及实际结算时填写"印花税税源明细表",分别在 2022 年 10 月、2023 年 1 月、2023 年 4 月纳税申报期,进行财产行为税综合申报。要求:计算纳税人丙应缴纳的印花税。

解答:

纳税人丙 2022 年 10 月纳税申报期应缴纳印花税:

0×0.3‰＝0(元)

纳税人丙 2023 年 1 月纳税申报期应缴纳印花税:

1 000 000×0.3‰＝300(元)

纳税人丙 2023 年 4 月纳税申报期应缴纳印花税:

3 000 000×0.3‰＝900(元)

第二节　车辆购置税纳税实务

一、车辆购置税的基本规定

(一)车辆购置税的概念

车辆购置税是以在中国境内购置应税车辆为征税对象,在特定环节向车辆购置者征收的一种税。

现行的车辆购置税基本规范是《中华人民共和国车辆购置税法》(中华人民共和国第十三届全国人民代表大会常务委员会第七次会议通过,自 2019 年 7 月 1 日起施行,以下简称《车辆购置税法》)。

(二)车辆购置税的纳税人

车辆购置税的纳税人是指在中华人民共和国境内购置汽车、有轨电车、汽车挂车、排气量超过 150 毫升的摩托车(以下统称应税车辆)的单位和个人。

这里所称购置,是指以购买、进口、自产、受赠、获奖或者其他方式取得并自用应税车辆的行为。

（三）车辆购置税的征税对象

车辆购置税的征税对象是在中国境内购置的汽车、有轨电车、汽车挂车、排气量超过150毫升的摩托车。

（四）车辆购置税的税率与计税依据

1. 税率

车辆购置税的税率为10%。

2. 计税依据

车辆购置税的计税依据为应税车辆的计税价格。根据应税车辆来源不同,主要有以下几种情况。

（1）纳税人购买自用应税车辆的计税价格,为纳税人实际支付给销售者的全部价款,不包括增值税税款。

计税价格＝全部价款÷（1＋增值税税率或征收率）

（2）纳税人进口自用应税车辆的计税价格,为关税完税价格加上关税和消费税。

计税价格＝关税完税价格＋关税＋消费税

（3）纳税人自产自用应税车辆的计税价格,按照纳税人生产的同类应税车辆的销售价格确定,不包括增值税税款。

（4）纳税人以受赠、获奖或者其他方式取得自用应税车辆的计税价格,按照购置应税车辆时相关凭证载明的价格确定,不包括增值税税款;没有同类应税车辆销售价格的,按照组成计税价格确定。组成计税价格计算公式如下:

组成计税价格＝成本×（1＋成本利润率）

上述公式中的成本利润率,由国家税务总局各省、自治区、直辖市和计划单列市税务局确定。

纳税人申报的应税车辆计税价格明显偏低,又无正当理由的,由税务机关依照《税收征收管理法》的规定核定其应纳税额。

（五）车辆购置税税收优惠

下列车辆免征车辆购置税。

（1）依照法律规定应当予以免税的外国驻华使馆、领事馆和国际组织驻华机构及其有关人员自用的车辆。

（2）中国人民解放军和中国人民武装警察部队列入装备订货计划的车辆。

（3）悬挂应急救援专用号牌的国家综合性消防救援车辆。

（4）设有固定装置的非运输专用作业车辆。

（5）城市公交企业购置的公共汽电车辆。

根据国民经济和社会发展的需要,国务院可以规定减征或者其他免征车辆购置税的情形,报全国人民代表大会常务委员会备案。

二、车辆购置税应纳税额的计算

车辆购置税的应纳税额按照应税车辆的计税价格乘以税率计算。

车辆购置税应纳税额＝计税价格×10%

（一）购买自用

车辆购置税应纳税额＝全部价款÷(1＋增值税税率或征收率)×10%

（二）进口自用

车辆购置税应纳税额＝(关税完税价格＋关税＋消费税)×10%

（三）其他自用

车辆购置税应纳税额＝纳税人生产的同类应税车辆的销售价格(不含增值税)×10%

【例9-4】　李某2022年7月购买一辆小轿车,机动车销售统一发票上"价税合计"为22.6万元。要求：计算李某应缴纳的车辆购置税。

解答：

增值税税率为13%,机动车销售专用发票的购车价中均含增值税税款。

计税价格＝22.6÷1.13＝20(万元)

财政部、税务总局2022年5月31日发布通知：对购置日期在2022年6月1日至2022年12月31日期间内且单车价格(不含增值税)不超过30万元的2.0升及以下排量乘用车,减半征收车辆购置税。

李某应纳车辆购置税＝20×10%×0.5＝1(万元)

三、车辆购置税的征收管理

（一）车辆购置税纳税义务发生时间

车辆购置税纳税义务发生时间为纳税人购置应税车辆购置的当日。

纳税义务发生时间按照下列情形确定：购买自用应税车辆的为购买之日,即车辆相关价格凭证的开具日期；进口自用应税车辆的为进口之日,即"海关进口增值税专用缴款书"或者其他有效凭证的开具日期；自产、受赠、获奖或者以其他方式取得并自用应税车辆的为取得之日,即合同、法律文书或者其他有效凭证的生效或者开具日期。

（二）车辆购置税纳税期限

纳税人应当自纳税义务发生之日起60日内申报缴纳车辆购置税。

（三）车辆购置税纳税地点

车辆购置税由税务机关负责征收。

购置应税车辆的纳税人,应当到下列地点申报纳税：需要办理车辆登记的,向车辆登记地的主管税务机关申报纳税；不需要办理车辆登记的,单位纳税人向其机构所在地的主管税务机关申报纳税,个人纳税人向其户籍所在地或者经常居住地的主管税务机关申报纳税。

（四）车辆购置税纳税申报

车辆购置税实行一次性征收。购置已征车辆购置税的车辆,不再征收车辆购置税。纳税人办理纳税申报时应如实填写"车辆购置税纳税申报表",同时提供车辆合格证明和车辆价格相关凭证。

（五）车辆购置税的税款缴纳

车辆购置税税款应当一次缴清。纳税人应当在向公安机关车辆管理部门办理车辆登记注册前,缴纳车辆购置税。购买已经办理车辆购置税免税手续的二手车,购买者应当到税务机关重新办理申报缴税或免税手续。未按规定办理的,按《税收征收管理法》的规定处理。

（六）车辆购置税的退税制度

纳税人将已征车辆购置税的车辆退回车辆生产企业或者销售企业的,可以向主管税务机关申请退还车辆购置税。退税额以已缴税款为基准,自缴纳税款之日至申请退税之日,每满一年扣减 10%。

第三节　城市维护建设税和教育费附加纳税实务

一、城市维护建设税

（一）城市维护建设税的概念

城市维护建设税（以下简称城建税）是指以单位和个人实际缴纳增值税、消费税的税额为计税依据征收的一种税。

现行的城建税基本规范是《中华人民共和国城市维护建设税法》（2020 年 8 月 11 日中华人民共和国第十三届全国人民代表大会常务委员会第二十一次会议通过,自 2021 年 9 月 1 日起施行）。

（二）城建税的纳税人和征税范围

在中华人民共和国境内缴纳增值税、消费税的单位和个人都是城建税的纳税人,都应当按规定缴纳城建税。

（三）城建税的税率

城建税的税率如下。

（1）纳税人所在地为市区的,税率为 7%。

（2）纳税人所在地为县城、镇的,税率为 5%。

（3）纳税人所在地不在市区、县城或者镇的,税率为 1%。

城建税的适用税率,应当按纳税人所在地的规定税率执行。但是,对下列两种情况,可按缴纳增值税、消费税所在地的规定税率就地缴纳城建税。

（1）由受托方代扣代缴、代收代缴增值税、消费税的单位和个人。

（2）流动经营等无固定纳税地点的单位和个人。

（四）城建税的计算

城建税的纳税义务发生时间与增值税、消费税的纳税义务发生时间一致，分别与增值税、消费税同时缴纳。城建税的扣缴义务人为负有增值税、消费税扣缴义务的单位和个人，在扣缴增值税、消费税的同时扣缴城建税。

城建税的计税依据为纳税人实际缴纳的增值税、消费税的税额。

城建税应纳税额大小是由纳税人实际缴纳增值税、消费税税额决定的。城建税应纳税额的计算公式为：

城建税应纳税额＝纳税人实际缴纳的增值税、消费税税额×适用税率

【例 9-5】　甲公司设在某城市市区，5 月份应缴纳增值税 200 000 元、消费税 150 000元，在规定的纳税时间内，应缴增值税已按时缴纳，应缴消费税款滞纳 8 天。计算该公司城建税应纳税额及应缴纳城建税滞纳金。

解答：

城建税应纳税额＝（200 000＋150 000）×7％＝24 500（元）

应缴纳城建税滞纳金＝150 000×7％×0.5‰×8＝42（元）

（五）城建税的征收管理

城建税由税务机关依照《中华人民共和国城市维护建设税法》和《税收征收管理法》的规定征收管理。纳税人、税务机关及其工作人员违反《中华人民共和国城市维护建设税法》规定的，依照《税收征收管理法》和有关法律法规的规定追究法律责任。

二、教育费附加

教育费附加是对缴纳增值税、消费税的单位和个人，就其实际缴纳的税额为计算依据征收的一种附加费。现行的教育费附加基本规范是《征收教育费附加的暂行规定》（1986 年 4月 28 日国务院发布，2011 年第三次修订）。

（一）教育费附加的征收范围及计征依据

凡缴纳消费税、增值税的单位和个人，除按照《国务院关于筹措农村学校办学经费的通知》（国发〔1984〕174 号文）的规定，缴纳农村教育事业费附加的单位外，都应当依照《征收教育费附加的暂行规定》缴纳教育费附加。

教育费附加，以各单位和个人实际缴纳的增值税、消费税的税额为计征依据，分别与增值税、消费税同时缴纳。

（二）教育费附加率

教育费附加率为 3％。

（三）教育费附加的计算

应纳教育费附加＝（实际缴纳的增值税＋实际缴纳的消费税）×征收比率

【例9-6】 甲市有一内资企业5月份实际缴纳增值税500 000元,缴纳消费税300 000元,请计算该企业应缴纳的教育费附加。

解答:

应缴纳教育费附加＝(实际缴纳的增值税＋实际缴纳的消费税)×3%

＝(500 000＋300 000)×3%＝24 000(元)

（四）教育费附加的征收管理

教育费附加的征收管理,按照消费税、增值税的有关规定办理。

第四节　环境保护税纳税实务

一、环境保护税的基本规定

（一）环境保护税的概念

环境保护税是对直接向环境排放应税污染物的企业事业单位和其他生产经营者征收的一种税。

现行的环境保护税基本规范是《中华人民共和国环境保护法》(2016年12月25日第十二届全国人民代表大会常务委员会第二十五次会议通过,2018年修正,以下简称《环境保护税法》)和《中华人民共和国环境保护税法实施条例》(2017年中华人民共和国国务院令第693号发布,2018年1月1日起施行,以下简称《环境保护税法实施条例》)。

（二）环境保护税的纳税人

在中华人民共和国领域和中华人民共和国管辖的其他海域,直接向环境排放应税污染物的企业事业单位和其他生产经营者为环境保护税的纳税人,应当依照《环境保护税法》规定缴纳环境保护税。

（三）环境保护税的征税范围

我国环境保护税的征税范围是应税污染物。应税污染物,是指《环境保护税法》所附"环境保护税税目税额表""应税污染物和当量值表"规定的大气污染物、水污染物、固体废物和噪声。

依法设立的城乡污水集中处理、生活垃圾集中处理场所超过国家和地方规定的排放标准向环境排放应税污染物的,应当缴纳环境保护税。

企业事业单位和其他生产经营者贮存或者处置固体废物不符合国家和地方环境保护标准的,应当缴纳环境保护税。

有下列情况之一的,不属于直接向环境排放污染物,不缴纳相应污染物的环境保护税。

（1）企业事业单位和其他生产经营者向依法设立的污水集中处理、生活垃圾集中处理场所排放应税污染物的。

（2）企业事业单位和其他生产经营者在符合国家和地方环境保护标准的设施、场所贮存或者处置固体废物的。

（四）环境保护税的税目、税额

环境保护税的税目、税额，依照《环境保护税法》所附的"环境保护税税目税额表"（见表9-2）执行。

表9-2　环境保护税税目税额表

税目		计税单位	税额	备注
大气污染物		每污染当量	1.20元至12元	
水污染物		每污染当量	1.40元至14元	
固体废物	煤矸石	每吨	5元	
	尾矿	每吨	15元	
	危险废物	每吨	1000元	
	冶炼渣、粉煤灰、炉渣、其他固体废物（含半固态、液态废物）	每吨	25元	
噪声	工业噪声	超标1~3分贝	每月350元	1.一个单位边界上有多处噪声超标，根据最高一处超标声级计算应纳税额；沿边界长度超过100米有两处以上噪声超标，按照两个单位计算应纳税额。2.一个单位有不同地点作业场所的，应当分别计算应纳税额，合并计征。3.昼、夜均超标的环境噪声，昼、夜分别计算应纳税额，累计计征。4.声源一个月内超标不足15天的，减半计算应纳税额。5.夜间频繁突发和夜间偶然突发厂界超标噪声，按等效声级和峰值噪声两种指标中超标分贝值高的一项计算应纳税额
		超标4~6分贝	每月700元	
		超标7~9分贝	每月1400元	
		超标10~12分贝	每月2800元	
		超标13~15分贝	每月5600元	
		超标16分贝以上	每月11200元	

应税大气污染物和水污染物的具体适用税额的确定和调整，由省、自治区、直辖市人民政府统筹考虑本地区环境承载能力、污染物排放现状和经济社会生态发展目标要求，在《环境保护税法》所附"环境保护税税目税额表"规定的税额幅度内提出，报同级人民代表大会常务委员会决定，并报全国人民代表大会常务委员会和国务院备案。

（五）环境保护税的减免

（1）下列情形，暂予免征环境保护税。

① 农业生产（不包括规模化养殖）排放应税污染物的。

② 机动车、铁路机车、非道路移动机械、船舶和航空器等流动污染源排放应税污染物的。

③ 依法设立的城乡污水集中处理、生活垃圾集中处理场所排放相应应税污染物，不超过国家和地方规定的排放标准的。

④ 纳税人综合利用的固体废物,符合国家和地方环境保护标准的。

⑤ 国务院批准免税的其他情形。

其中,⑤所述的免税规定,由国务院报全国人民代表大会常务委员会备案。

(2)纳税人排放应税大气污染物或者水污染物的浓度值低于国家和地方规定的污染物排放标准30%的,减按75%征收环境保护税。纳税人排放应税大气污染物或者水污染物的浓度值低于国家和地方规定的污染物排放标准50%的,减按50%征收环境保护税。

应税大气污染物或者水污染物的浓度值,是指纳税人安装使用的污染物自动监测设备当月自动监测的应税大气污染物浓度值的小时平均值再平均所得数值或者应税水污染物浓度值的日平均值再平均所得数值,或者监测机构当月监测的应税大气污染物、水污染物浓度值的平均值。

按照(2)的规定减征环境保护税的,应税大气污染物浓度值的小时平均值或者应税水污染物浓度值的日平均值,以及监测机构当月每次监测的应税大气污染物、水污染物的浓度值,均不得超过国家和地方规定的污染物排放标准。

依照《环境保护税法》的规定减征环境保护税的,应当对每一排放口排放的不同应税污染物分别计算。

二、环境保护税应纳税额的计算

(一)环境保护税的计税依据

应税污染物的计税依据,按照下列方法确定。

(1)应税大气污染物按照污染物排放量折合的污染当量数确定。

(2)应税水污染物按照污染物排放量折合的污染当量数确定。

(3)应税固体废物按照固体废物的排放量确定。

(4)应税噪声按照超过国家规定标准的分贝数确定。

应税大气污染物、水污染物的污染当量数,以该污染物的排放量除以该污染物的污染当量值计算。每种应税大气污染物、水污染物的具体污染当量值,依照《环境保护税法》所附"应税污染物和当量值表"执行。

每一排放口或者没有排放口的应税大气污染物,按照污染当量数从大到小排序,对前三项污染物征收环境保护税。

每一排放口的应税水污染物,按照《环境保护税法》所附"应税污染物和当量值表",区分第一类水污染物和其他类水污染物,按照污染当量数从大到小排序,对第一类水污染物按照前五项征收环境保护税,对其他类水污染物按照前三项征收环境保护税。

省、自治区、直辖市人民政府根据本地区污染物减排的特殊需要,可以增加同一排放口征收环境保护税的应税污染物项目数,报同级人民代表大会常务委员会决定,并报全国人民代表大会常务委员会和国务院备案。

纳税人有下列情形之一的,以其当期应税大气污染物、水污染物的产生量作为污染物的排放量:① 未依法安装使用污染物自动监测设备或者未将污染物自动监测设备与生态环境主管部门的监控设备联网;② 损毁或者擅自移动、改变污染物自动监测设备;③ 篡改、伪造污染物监测数据;④ 通过暗管、渗井、渗坑、灌注或者稀释排放以及不正常运行防治污染设施等方式违法排放应税污染物;⑤ 进行虚假纳税申报。

固体废物的排放量为当期应税固体废物的产生量减去当期应税固体废物的贮存量、处置量、综合利用量的余额。

固体废物的贮存量、处置量,是指在符合国家和地方环境保护标准的设施、场所贮存或者处置的固体废物数量;固体废物的综合利用量,是指按照国务院发展改革、工业和信息化主管部门关于资源综合利用要求以及国家和地方环境保护标准进行综合利用的固体废物数量。

纳税人有下列情形之一的,以其当期应税固体废物的产生量作为固体废物的排放量:① 非法倾倒应税固体废物;② 进行虚假纳税申报。

应税大气污染物、水污染物、固体废物的排放量和噪声的分贝数,按照下列方法和顺序计算。

(1) 纳税人安装使用符合国家规定和监测规范的污染物自动监测设备的,按照污染物自动监测数据计算。

(2) 纳税人未安装使用污染物自动监测设备的,按照监测机构出具的符合国家有关规定和监测规范的监测数据计算。

(3) 因排放污染物种类多等原因不具备监测条件的,按照国务院生态环境主管部门规定的排污系数、物料衡算方法计算。

(4) 不能按照上述(1)至(3)规定的方法计算的,按照省、自治区、直辖市人民政府生态环境主管部门规定的抽样测算的方法核定计算。

属于(2)中规定情形的纳税人,自行对污染物进行监测所获得的监测数据,符合国家有关规定和监测规范的,视同(2)中规定的监测机构出具的监测数据。

从两个以上排放口排放应税污染物的,对每一排放口排放的应税污染物分别计算征收环境保护税;纳税人持有排污许可证的,其污染物排放口按照排污许可证载明的污染物排放口确定。

（二）环境保护税应纳税额的计算

环境保护税应纳税额按照下列方法计算。
(1) 应税大气污染物的应纳税额为污染当量数乘以具体适用税额。
(2) 应税水污染物的应纳税额为污染当量数乘以具体适用税额。
(3) 应税固体废物的应纳税额为固体废物排放量乘以具体适用税额。
(4) 应税噪声的应纳税额为超过国家规定标准的分贝数对应的具体适用税额。

三、环境保护税的征收管理

（一）环境保护税的征收

环境保护税由税务机关依照《税收征收管理法》和《环境保护税法》《环境保护税法实施条例》的有关规定征收管理,依法履行环境保护税纳税申报受理、涉税信息比对、组织税款入库等职责。

生态环境主管部门依法负责应税污染物监测管理,制定和完善污染物监测规范。

县级以上地方人民政府应当加强对环境保护税征收管理工作的领导,及时协调、解决环境保护税征收管理工作中的重大问题。建立税务机关、生态环境主管部门和其他相关单位分工协作工作机制,加强环境保护税征收管理,保障税款及时足额入库。

（二）环境保护税纳税义务发生时间与申报缴纳

纳税义务发生时间为纳税人排放应税污染物的当日。

纳税人应当向应税污染物排放地的税务机关申报缴纳环境保护税。应税污染物排放地是指：① 应税大气污染物、水污染物排放口所在地；② 应税固体废物产生地；③ 应税噪声产生地。

环境保护税按月计算，按季申报缴纳。不能按固定期限计算缴纳的，可以按次申报缴纳。纳税人按季申报缴纳的，应当自季度终了之日起 15 日内，向税务机关办理纳税申报并缴纳税款。纳税人按次申报缴纳的，应当自纳税义务发生之日起 15 日内，向税务机关办理纳税申报并缴纳税款。

纳税人申报缴纳环境保护税时，应当向税务机关报送所排放应税污染物的种类、数量，大气污染物、水污染物的浓度值，以及税务机关根据实际需要要求纳税人报送的其他纳税资料。

纳税人应当依法如实办理纳税申报，对申报的真实性和完整性承担责任。

税务机关应当将纳税人的纳税申报数据资料与生态环境主管部门交送的相关数据资料进行比对。

税务机关发现纳税人的纳税申报数据资料异常或者纳税人未按照规定期限办理纳税申报的，可以提请生态环境主管部门进行复核，生态环境主管部门应当自收到税务机关的数据资料之日起 15 日内向税务机关出具复核意见。税务机关应当按照生态环境主管部门复核的数据资料调整纳税人的应纳税额。纳税人的纳税申报数据资料异常，包括但不限于下列情形：① 纳税人当期申报的应税污染物排放量与上一年同期相比明显偏低，且无正当理由；② 纳税人单位产品污染物排放量与同类型纳税人相比明显偏低，且无正当理由。

纳税人从事海洋工程向中华人民共和国管辖海域排放应税大气污染物、水污染物或者固体废物，申报缴纳环境保护税的具体办法，由国务院税务主管部门会同国务院生态环境主管部门规定。

（三）违反《环境保护税法》的法律责任

纳税人和税务机关、生态环境主管部门及其工作人员违反《环境保护税法》规定的，依照《税收征收管理法》《中华人民共和国环境保护法》和有关法律法规的规定追究法律责任。

第五节　烟叶税纳税实务

一、烟叶税的基本规定

（一）烟叶税的概念

烟叶税是以纳税人收购烟叶实际支付的价款总额为计税依据征收的一种税。现行的烟叶税基本规范是《中华人民共和国烟叶税法》（2017 年 12 月 27 日第十二届全国人民代表大会常务委员会第三十一次会议通过）。

（二）烟叶税的纳税人

在中华人民共和国境内,依照《中华人民共和国烟草专卖法》的规定收购烟叶的单位为烟叶税的纳税人。纳税人应当依照《中华人民共和国烟叶税法》规定缴纳烟叶税。

（三）烟叶税的征税范围

烟叶税征税范围：晾晒烟叶、烤烟叶。

（四）烟叶税的税率与计税依据

烟叶税的税率为20%。

烟叶税的计税依据为纳税人收购烟叶实际支付的价款总额,包括纳税人支付给烟叶销售单位和个人的烟叶收购价款和价外补贴。其中,价外补贴统一按烟叶收购价款的10%计算。

烟叶收购金额＝收购价款×（1＋10%）

二、烟叶税应纳税额的计算

烟叶税的应纳税额根据纳税人收购烟叶的收购金额和规定的税率计算。

烟叶税应纳税额＝烟叶收购金额×税率
＝烟叶收购价款×（1＋10%）×20%

【例9-7】　2021年10月,增值税的一般纳税人某烟草公司向烟农收购晾晒烟叶,增值税普通发票注明收购价格5万元。货款从银行转账支付。同时,支付了价外补贴。计算该公司的烟叶税应纳税额。

收购金额＝收购价款×（1＋10%）＝5×（1＋10%）＝5.5（万元）

烟叶税应纳税额＝烟叶收购金额×税率＝5.5×20%＝1.1（万元）

三、烟叶税的征收管理

（一）烟叶税的纳税地点

纳税人收购烟叶,应当向烟叶收购地的主管税务机关申报纳税。

（二）烟叶税的纳税义务发生时间

烟叶税的纳税义务发生时间为纳税人收购烟叶的当日。

（三）烟叶税的纳税期限

纳税人应当自纳税义务发生月终了之日起15日内申报并缴纳税款。

综 合 练 习

一、单项选择题

1. 某钢铁公司与机械进出口公司签订融资租赁合同,租赁费 1000 万元,该厂应缴纳印花税为(   )元。

A. 5000 B. 10000 C. 3000 D. 500

2. 某电厂与某水运公司签订一份运输保管合同,合同载明的运输及保管费用为 500 000 元。该项合同双方共应缴纳的印花税为(   )元。

A. 250 B. 375 C. 150 D. 1000

3. 下列关于印花税说法错误的是(   )。

A.《中华人民共和国印花税法》实施后,纳税人不再享受印花税优惠政策,不再实行"自行判别、申报享受、有关资料留存备查"的办理方式。

B. 纳税人为境外单位或者个人,在境内有代理人的,以其境内代理人为扣缴义务人

C. 境外单位或者个人的境内代理人应当按规定扣缴印花税,向境内代理人机构所在地(居住地)主管税务机关申报解缴税款

D. 印花税按季、按年或者按次计征

4. 纳税人甲按季申报缴纳印花税,2022 年第三季度书立买卖合同 5 份,合同所列价款(不包括列明的增值税税款)共计 500 万元,书立建筑工程合同 1 份,合同所列价款(不包括列明的增值税税款)共计 3000 万元,2022 年第三季度该公司应缴纳印花税(   )元。

A. 10 500 B. 10 000 C. 17 500 D. 16 500

5. A 公司实收资本 1000 万元,资本公积 500 万元,应缴纳印花税(   )元。

A. 3750 B. 4500 C. 7500 D. 15 000

6. 实行按季、按年计征印花税的,纳税人应当自季度、年度终了之日起(   )内申报缴纳税款。

A. 3 天 B. 30 天 C. 15 天 D. 20 天

7. 某汽车贸易公司 2020 年 6 月进口 11 辆小轿车,海关审定的关税完税价格为 25 万元/辆,当月销售 8 辆,取得含税销售收入 240 万元;2 辆企业自用,1 辆用于抵偿债务。合同约定的含税价格为 30 万元。该公司应纳车辆购置税(   )万元(小轿车关税税率 28%,消费税税率 9%)。

A. 5.00 B. 7.03 C. 7.05 D. 10.55

8. 某汽车制造厂将自产轿车 10 辆向某汽车租赁公司进行投资,将自产轿车 3 辆转作本企业固定资产,将自产轿车 4 辆奖励给对企业发展有突出贡献的员工。该汽车制造厂应纳车辆购置税的计税依据为(   )。

A. 投资作价 B. 轿车销价
C. 核定的最低计税价格 D. 核定的最高计税价格

9.《中华人民共和国车辆购置税法》的征收范围不包括(   )。

A. 大卡车 B. 汽车挂车

C. 有轨电车 D. 自行车

10. 关于车辆购置税的计算,下列说法正确的是( )。

A. 进口自用的应税小汽车的计税价格包括关税完税价格和关税,不包括消费税

B. 纳税人购买自用的应税车辆的计税依据为纳税人购买应税车辆而支付给销售方的全部价款和价外费用(含增值税)

C. 纳税人自产自用、受赠使用、获奖使用和以其他方式取得并自用的应税车辆一般以国家税务总局核定的最低计税价格为计税依据

D. 进口自用的应税小汽车,其计税价格=关税完税价格+关税+消费税

11. 纳税人新购置车辆,其车辆购置税的纳税义务发生时间为( )。

A. 车辆购置的当天 B. 车辆购置的次月

C. 车辆购置的当年 D. 车辆购置的次年

12. 下列关于车辆购置税的说法中,错误的是( )。

A. 直接税 B. 间接税

C. 征收环节单一 D. 税率单一

13. 城建税按纳税人( )的不同,设置了不同税率。

A. 生产规模大小 B. 会计制度健全与否

C. 所在地 D. 是自然人还是法人

14. 下列经营者中,不需缴纳城建税的是( )。

A. 加工、修理、修配的私营企业

B. 生产、销售货物的国有企业

C. 生产化妆品的集体企业

D. 外贸企业在进口由海关代征增值税、消费税的产品时

二、多项选择题

1. 下列属于印花税的纳税人有( )。

A. 借款合同的金融机构

B. 发放商标注册证的国家商标局

C. 在国外书立,在国内使用技术合同的单位

D. 签订加工承揽合同的两家中外合资企业

2. 下列合同中,属于印花税征收范围的有( )。

A. 融资租赁合同 B. 运输合同

C. 建设工程合同 D. 财产保险合同

3. 下列说法中符合《中华人民共和国印花税法》相关规定的有( )。

A. 应税合同的计税依据为合同所列的金额,包括列明的增值税税款

B. 应税营业账簿的计税依据为账簿记载的实收资本(股本)、资本公积合计金额

C. 证券交易的计税依据为成交金额

D. 应税合同、产权转移书据未列明金额的,印花税的计税依据按照实际结算的金额确定

4. 根据《中华人民共和国印花税法》的规定,按0.05‰税率征收印花税的是( )。

A. 营业账簿 B. 借款合同

C. 融资租赁合同   D. 证券交易

5. 下列凭证中免征印花税的有( )。

A. 中国人民解放军、中国人民武装警察部队书立的应税凭证

B. 应税凭证的副本或者抄本

C. 财产所有权人将财产赠与政府、学校、社会福利机构、慈善组织书立的产权转移书据

D. 个人与电子商务经营者订立的电子订单

6. 下列各项中,应按"产权转移书据"税目征收印花税的有( )。

A. 股权转让书据

B. 土地经营权转让书据

C. 专利权转让书据

D. 土地使用权、房屋等建筑物和构筑物所有权转让书据

7. 下列各项中,按 0.3‰税率征收印花税的是( )。

A. 买卖合同   B. 承揽合同

C. 建设工程合同   D. 租赁合同

8. 车辆购置税应税行为有( )。

A. 购买使用国产应税车辆

B. 购买使用进口应税车辆

C. 直接进口使用应税车辆

D. 汽车经销商购进的待销售汽车

9. 下列各项中,属于车辆购置税应税行为的有( )。

A. 购买使用行为   B. 进口使用行为

C. 受赠使用行为   D. 获奖使用行为

10. 某机关 2021 年 4 月购车一辆,随购车支付的下列款项中,应并入计税依据征收车辆购置税的有( )。

A. 控购费   B. 增值税税款

C. 零部件价款   D. 车辆装饰费

11. 下列关于车辆购置税的相关特点,表述正确的有( )。

A. 车辆购置税属于直接税的范畴,属于特定目的税类

B. 车辆购置税,是以购置的特定车辆为课税对象,范围窄

C. 车辆购置税实行一次课征制

D. 车辆购置税根据纳税人购置应税车辆的计税价格实行从量定额,采用定额税率

12. 下列关于车辆购置税的征收范围说法正确的有( )。

A. 车辆购置税以列举的车辆作为征税对象,未列举的车辆不纳税

B. 车辆购置税征收范围的调整,由国家税务总局决定,其他任何部门、单位和个人无权擅自扩大或缩小车辆购置税的征税范围

C. 车辆购置税对同一课税对象的应税车辆不论来源渠道如何,都按同一比例税率征收

D. 车辆购置税的征税范围包括汽车、摩托车、电车、挂车、农用运输车

13. 下列选项中,符合车辆购置税计税依据的有( )。

A. 购买自用应税车辆时,支付的车辆装饰费不并入计税依据中计税

B. 免税、减税条件消失的车辆,超过使用年限的车辆,不再征收车辆购置税

C. 汽车销售公司使用本公司发票的代收款项并入计税价格计征车辆购置税

D. 非贸易渠道进口车辆的最低计税价格,为同类型新车最低计税价格

14. 纳税人办理车辆购置税纳税申报时,除填写"车辆购置税申报表"外,还应同时提供( )。

A. 车主身份证明   B. 车辆价格证明

C. 保险缴纳证明   D. 车辆合格证明

15. 下列关于车辆购置税的征收管理中,不正确的有( )。

A. 纳税人购置不需办理车辆登记注册手续的应税车辆,向车辆销售商所在地税务机关申报纳税

B. 纳税人购置需办理车辆登记注册手续的应税车辆,向车辆登记注册地税务机关申报纳税

C. 纳税人购置自用的应税车辆,应自购买之日起 30 日内申报纳税

D. 纳税人进口自用的应税车辆,应自进口之日起 90 日内申报纳税

16. 已缴纳车辆购置税的纳税人在办理车辆登记注册手续前,发生下列情形,可以申请办理退还车辆购置税的有( )。

A. 应当办理车辆登记注册的车辆,公安机关车辆管理机构不予办理车辆登记注册手续的

B. 将购买的车辆又卖出的

C. 购买的车辆发生损毁的

D. 因质量原因退回所购车辆的

17. 车辆购置税的征收管理依照( )的规定执行。

A.《中华人民共和国税收征收管理法》

B.《中华人民共和国车辆购置税法》

C.《中华人民共和国车船税法》

D.《中华人民共和国车船税暂行条例实施细则》

18. 城市维护建设税是国家对缴纳( )的单位和个人就其实际缴纳的税额为计税依据而征收的一种税。

A. 增值税   B. 关税

C. 消费税   D. 资源税

19. 下列关于烟叶税的说法,正确的有( )。

A. 在我国境内收购的烟叶的单位需要代扣代缴烟叶税

B. 烟叶税的税率为 20%

C. 烟叶的应纳税额等于烟叶收购金额乘以税率

D. 烟叶税的纳税义务发生时间为纳税人收购烟叶的当日

三、判断题

1. 根据《中华人民共和国印花税法》的规定,农民、家庭农场、农民专业合作社、农村集体经济组织、村民委员会购买农业生产资料或者销售农产品书立的买卖合同和农业保险合同免征印花税。( )

2. 应税凭证的副本或者抄本免征印花税。( )

3. 证券交易印花税按月解缴,证券交易印花税扣缴义务人应当自每月终了之日起5日内申报解缴税款以及银行结算的利息。（　　）

4. 印花税的纳税义务发生时间为纳税人书立应税凭证或者完成证券交易的当日。（　　）

5. 我国对金融机构与小型、微型企业签订的借款合同免征印花税。（　　）

6. 已缴纳印花税的营业账簿,以后年度记载的实收资本（股本）、资本公积合计金额比已缴纳印花税的实收资本（股本）、资本公积合计金额变更的,按照实收资本和资本公积之和计算应纳税额。（　　）

7. 同一应税凭证由两方以上当事人书立的,按照各自涉及的金额分别计算印花税应纳税额。（　　）

8. 车辆购置税是对所有的车辆征税。（　　）

9. 车辆购置税税率的调整,由国务院决定并公布。（　　）

10. 车辆购置税纳税义务发生时间为车辆购置的当天。（　　）

11. 纳税人自产、受赠、获奖或者以其他方式取得并自用的应税车辆,计税价格由主管税务机关参照规定的最高计税价格核定。（　　）

12. 车辆购置税征收范围的调整,由省、自治区人民政府决定。（　　）

13. 海关对进口产品代征的增值税、消费税,同时要征收教育费附加。（　　）

14. 烟叶税纳税人应当自纳税义务发生之日起30日内申报纳税。（　　）

四、实务题

1. 纳税人某公司按季申报缴纳印花税,2022年9月10日书立钢材买卖合同1份,合同列明了买卖钢材数量,并约定在实际交付钢材时,以交付当日市场报价确定成交价据以结算,2022年11月20日按合同结算买卖钢材价款200万元,2023年3月15日按合同结算买卖钢材价款100万元。该纳税人应在书立应税合同以及实际结算时填写"印花税税源明细表",分别在2022年10月、2023年1月、2023年4月纳税申报期,进行财产行为税综合申报。要求：计算该公司应缴纳的印花税。

2. 四通汽车贸易公司经批准从美国进口某种汽车两辆,到岸价格为3万美元,进口关税税率为30%,消费税税率为8%。该公司进行车辆购置税纳税申报当日,人民银行公布的基准价为1美元折合人民币6.80元。请计算该公司车辆购置税应纳税额。